U0476665

图书在版编目（CIP）数据

心有大我 至诚报国：黄大年精神闪耀着旗帜的光芒 / 韩喜平主编 .—长春：吉林大学出版社，2019.11

ISBN 978-7-5692-5878-3

Ⅰ.①心… Ⅱ.①韩… Ⅲ.①黄大年—1958-2017—生平事迹 Ⅳ.① K826.14

中国版本图书馆 CIP 数据核字 (2019) 第 269125 号

书　　名	心有大我 至诚报国——黄大年精神闪耀着旗帜的光芒
	XIN YOU DAWO ZHICHENG BAOGUO——HUANG DANIAN JINGSHEN SHANYAO ZHE QIZHI DE GUANGMANG
作　　者	韩喜平　主编
策划编辑	张维波
责任编辑	张维波
责任校对	段凤娇
装帧设计	刘瑜
出版发行	吉林大学出版社
社　　址	长春市人民大街 4059 号
邮政编码	130021
发行电话	0431-89580028/29/21
网　　址	http://www.jlup.com.cn
电子邮箱	jdcbs@jlu.edu.cn
印　　刷	吉广控股有限公司
开　　本	787mm × 1092mm　1/16
印　　张	18.75
字　　数	250 千字
版　　次	2019 年 11 月第 1 版
印　　次	2023 年 8 月第 2 次
书　　号	ISBN 978-7-5692-5878-3
定　　价	128.00 元

版权所有　翻印必究

黄大年同志秉持科技报国理想，把为祖国富强、民族振兴、人民幸福贡献力量作为毕生追求，为我国教育科研事业作出了突出贡献，他的先进事迹感人肺腑。

我们要以黄大年同志为榜样，学习他心有大我、至诚报国的爱国情怀，学习他教书育人、敢为人先的敬业精神，学习他淡泊名利、甘于奉献的高尚情操，把爱国之情、报国之志融入祖国改革发展的伟大事业之中、融入人民创造历史的伟大奋斗之中，从自己做起，从本职岗位做起，为实现"两个一百年"奋斗目标、实现中华民族伟大复兴的中国梦贡献智慧和力量。

习近平

2017年5月24日

编 委 会

主　　任　邴　正
委　　员　王国强　王爱民　代　磊　白大范　巩英春
　　　　　全　华　齐晓亮　刘岩峰　李洪明　杨　洲
　　　　　杨印生　余国友　张广翠　张兴林　张国兴
　　　　　陆志东　陈希贵　周　强　姚毓春　顾旭东
　　　　　高淑贞　康永刚　韩喜平　魏鹤影

主　　编　韩喜平
执行主编　李荣茂
编　　委　王　巍　白　宇　沈　季　季洪涛　张　雪
　　　　　曲家伟　韩　帅　金光旭　陈慧羲

用崇高精神集聚实现中国梦的磅礴力量

中共吉林省委书记 巴音朝鲁

（2017年8月12日）

习近平总书记对黄大年同志先进事迹作出的重要指示思想深刻、内涵丰富，高度评价了黄大年同志的高尚品格、奉献精神和卓越贡献，对向黄大年同志学习提出明确要求，充分体现了党中央对广大教育科技工作者的重视与关爱，饱含对广大党员干部牢记宗旨、忠诚报国的谆谆教导和殷切希望。黄大年同志生前在吉林省学习、工作、生活了21年，是吉林成长起来的时代楷模，是吉林省优秀共产党员的杰出代表，习近平总书记对黄大年同志先进事迹和崇高精神的充分肯定，更是对吉林广大党员干部群众的极大激励和鼓舞。深入学习贯彻习近平总书记重要指示精神，大力弘扬黄大年同志先进事迹和崇高精神，对于坚决贯彻习近平总书记走出振兴发展新路的战略思想，决胜全面小康、建设幸福美好吉林，具有十分重要的意义。

习近平总书记对黄大年同志先进事迹作出的重要指示，深刻阐明了黄大年同志崇高精神的时代内涵。伟大的时代呼唤伟大的精神，伟大的时代产生伟大的精神。黄大年同志心有大我、至诚报国的爱国情怀，凝聚着以爱国主义为核心的民族精神。在中华民族几千年绵延发展的历史长河中，爱国主义始终是激昂的主旋律。在革命、建设和改革的各个历史时期，都涌现出一批批自觉担负起民族重任的代表人物，在各个领域以不同方式追逐着救亡图存、民族振兴的梦想。现在，我国已经进入全面建成小康社会的决胜阶段，我们比历史上任何时期都更接近实现中华民族伟大复兴的宏伟目标。创新正当其时，圆梦适得其势。黄大年同志怀着一颗为中国梦澎湃的赤子之心,从"海漂"到"海归",把爱国之情、报国之志融入祖国改革发展的伟大事业,融入人民创造历史的伟大奋斗,这既是他个人命运的转折,也是实现中国梦伟大时代进程的一个折射。把个人梦与中国梦紧密联系在一起,正是新时期以爱国主义为核心的民族精神的最鲜明特征。黄大年同志教书育人、敢为人先的敬业精神,蕴含着以改革创新为核心的时代精神。他洞察中国从科技大国向科技强国迈进的发展大势,带领几百名科学家奋力创造多项国际领先的科研成果,潜心为祖国培养后继创新人才,充分展现了当代知识分子身上敢为人先、开拓创新、赶超世界一流的历史担当和时代豪情。黄大年同志淡泊名利、甘于奉献的高尚情操,体现了当代共产党人的不变初心。他回国后的7年中,想国家之所想、急国家之所急,不求个人名利、不计个人得失,夜以继日、忘我工作,拼搏至生命最后一息。"只要祖国需要,我必全力以赴",这是黄大年同志人生的写照,更是一个共产党人的初心所在,必将载入共产党人的精神史册。

深入贯彻落实习近平总书记重要指示精神,以黄大年同志为榜样,为决胜全面小康、实现中华民族伟大复兴的中国梦集聚磅礴的精神力量。伟大的事业需要伟大的精神,伟大的精神助力伟大的事业。深入贯彻习近平总书记系列重要讲话精神和治国理政新理念新思想新战略,全面落实习近平总书记提出的走出振兴发展新路的战略思想,实现决胜全面小康、建设幸福美好吉林的奋斗目标,谱写中华民族伟大复兴中国梦的吉林篇章,需要黄大年精神,需要更多的"黄大年"接续奋斗。我们要通过报告会、新闻报道、文艺作品等多种形式广泛宣传黄大年同志先进事迹,在全省进一步掀起学习黄大年同志先进事迹和崇高精神的热潮,引导广大党员干部从自己做起、从本职岗位做起,敢于担当、积极作为、无私奉献,深入贯彻落实省十一次党代会精神,汇聚起强大力量,转化为推动吉林新一轮全面振兴的具体实践。要把学习宣传黄大年同志先进事迹纳入"两学一做"学习教育常态化制度化重要内容,在全省各级党组织深入组织开展"学习习近平总书记重要指示精神,争做黄大年式共产党员"主题教育活动,引导党员干部学习先进、争当先进、赶超先进,做合格共产党员。要把学习宣传黄大年同志先进事迹同培育和践行社会主义核心价值观、加强和改进高校思想政治工作结合起来,引导广大教育工作者把社会主义核心价值观融入教育教学各环节,用战略视野和高尚师德培育和造就社会主义合格建设者和可靠接班人。要把学习宣传黄大年同志先进事迹同激发人才创新创造活力、服务经济社会发展结合起来,深化人才发展体制机制改革,创新人才政策,激发人才活力,关心关爱人才,打造良好环境,鼓励和引领广大人才以黄大年同志为榜样,做实现中华民族伟大复兴中国梦的追梦者和筑梦者,在决胜全面小康、建设幸福美好吉林中建功立业,以优异成绩迎接党的十九大胜利召开。

以使命担当谱写教育改革发展新篇章

教育部党组书记、部长 陈宝生

（2017年7月15日）

习近平总书记对黄大年同志先进事迹作出的重要指示，是对广大党员、干部、知识分子的巨大鼓舞和鞭策，饱含对教育科技工作者的重托与期待，对于紧密地团结在以习近平同志为核心的党中央周围，凝聚起实现中华民族伟大复兴中国梦的强大力量具有十分重要的意义。黄大年同志是教育系统涌现出来的杰出榜样，广大教育工作者要在学习贯彻习近平总书记重要指示和弘扬黄大年精神上做出表率、干出实绩，奋力谱写教育改革发展新篇章。

深刻理解习近平总书记重要指示内涵。一是要有对国家民族的责任和担当。黄大年同志始终以祖国需要为最高追求，毅然放弃国外优越的科研生活条件回到祖国，为深地资源探测和国防安全建设作出突出贡献，承担起一名教育科研工作者为祖国富强、民族振兴贡献力量的责任和担当。这种责任和担当，正是习近平总书记多次强调的知识分子"国家至上、民族至上、人民至上"的家国情怀。二是坚守教书育人的本分。无论有多少头衔和职务，黄大年同志都不忘自己首先是教师，始终以"为祖国培养人才"为己任，恪尽教书育人本分。教书育人是习近平总书记时刻不忘的对教师的叮嘱，他在多个场合指出，教师要时刻铭记教书育人的使命，以人格魅力引导学生心灵，以学术造诣开启学生的智慧之门。三是守住知识分子的精神家园。黄大年同志把所有的热诚和才华奉献给祖国，把生命最绚丽的部分献给他钟情的教育科研事业，用实际行动践行了习近平总书记提出的"好老师要有捧着一颗心来、不带半根草去的奉献精神,自觉坚守精神家园、坚守人格底线"要求。

深入领会黄大年精神。黄大年和黄大年精神植根于中国特色社会主义事业的沃土和人民群众的丰富实践,是时代的见证,是爱国精神、时代精神、科学精神的集中体现和升华。我们要认真学习贯彻习近平总书记重要指示精神,把黄大年精神学习好、发扬好、实践好。一是涵养心有大我、至诚报国的爱国情怀。为将所学应用于中国特色社会主义建设,黄大年同志积极响应祖国号召,成为国家"千人计划"入选专家。他刻苦钻研,带领团队突破国外禁运和技术封锁,取得一系列重大成果,填补多项国内技术空白。我们要学习黄大年同志热爱祖国、至诚报国的高尚情操,学习他不懈追赶国际前沿科技的可贵担当。要以他为榜样,脚踏祖国大地、胸怀人民期盼,服务国家需求、勇挑历史重担,办好有中国特色、世界水平的现代教育。二是弘扬教书育人、敢为人先的敬业精神。黄大年同志主动担任本科层次"李四光试验班"班主任,甘守三尺讲台、争做"四有"老师,鼓励学生将个人价值与国家前途命运紧密联系在一起,培养了一批"出得去、回得来"的人才。我们要学习黄大年同志为国家培养、凝聚人才的高尚风范,学习他爱才惜才、为师为范的执着坚守。要以他为榜样,牢记使命、忠于职责,做学生健康成长的引路人,培养实现中华民族伟大复兴中国梦的主力军。三是培育淡泊名利、甘于奉献的高尚情操。为尽快缩小与国外差距,黄大年同志忘我工作,生病住院期间还在病房中与团队师生研究项目。别人建议他参评院士时,他说"这不是我的追求,我只想做更多事"。他的心中是"振兴中华,乃吾辈之责"的豪情,是"青春无悔、中年无怨、老年无憾"的洒脱。我们要学习黄大年同志忘我拼搏、无怨无悔的奉献精神,学习他兢兢业业、心无旁骛的人生态度。要以他为榜样,怀着对教育事业的忠诚与热爱,立足本职、踏实勤勉,勇于创新创造、大胆施展才华,干出不平凡的业绩。

努力做到"四个结合"。贯彻习近平总书记重要指示,弘扬黄大年精神,贵在融会贯通、持之以恒、务求实效。广大教育工作者要以黄大年同志为榜样,为加快推进教育现代化、培养社会主义建设者和接班人贡献智慧和力量。一是与学习贯彻习近平总书记对教育工作的系列重要论述结合起来,将对黄大年同志先进事迹的重要指示作为习近平总书记对教育工作重要论述的组成部分,结合起来学、作为整体悟,打通前后,融会贯通。二是与学习贯彻习近平总书记对李保国同志先进事迹的重要批示结合起来,深刻体会他们身上共同闪耀的精神之光,深刻认识广大教育工作者肩负的使命和责任,大力宣传弘扬教师典型先进事迹,让教育的天空群星灿烂,让优良的师德师风始终引领社会风尚。三是与推进"两学一做"学习教育常态化制度化结合起来,通过报告会、专题学习、组织生活、座谈交流等多种方式,坚持学做结合,学在日常,做在平时,用黄大年同志感人事迹和崇高精神引领党员干部教师做合格党员、当时代先锋,彰显共产党人本色。四是与干事创业的思想实际和工作实际结合起来,通过开展向黄大年同志学习活动,动员广大教育工作者对照标杆查找在使命、责任和精神等方面存在的差距,不断改造主观世界,激发奋斗热情,以更加昂扬的精神状态和务实的工作作风投身教育改革发展的具体实践,全力推动我国由教育大国向教育强国迈进。

坚守大地深处的报国初心

中国科协党组书记 尚 勇

（2017年7月15日）

"科学的春天又到了，国家对科技创新、科技人才更加重视，我内心十分振奋，很受鼓舞。作为科技领军人才要牢记使命、不负重托、勇担重任，勇当科技创新的排头兵，始终不忘当年立志振兴国家科技的初心，始终保持开拓事业的初衷和攻坚克难的激情，把论文写在祖国大地上，为国家高精尖科技发展作出新的贡献。"这是2016年7月，黄大年同志在中国科协与中央党校联合举办的"学习习近平总书记系列重要讲话精神科技领军人才专题研修班"上所作的发言。在这次研修班上，我初识黄大年同志，感觉他为人敦厚朴实，话语不多。在小组交流发言中，他对科学研究的痴迷和对国家、人民的深深依恋之情，引起了他所在的"千人计划"学员组强烈共鸣。之后，他被大家一致推举到研修班总结大会上作交流发言，对深化科技体制改革和优化创新环境发表了许多真知灼见，留下了一段珍贵视频。这也是大年同志在生命的最后阶段对国家和人民许下的千钧诺言和矢志担当。

习近平总书记对黄大年同志先进事迹作出重要指示，充分体现了党中央对广大科技工作者的重视和关怀，是对科技工作者的极大鞭策和鼓舞。中国科协积极响应习近平总书记号召，于2017年5月25日联合科技部追授黄大年同志"杰出科学家"荣誉称号，并将学习黄大年同志先进事迹活动作为5月30日首个全国科技工作者日的重要内容，号召广大科技工作者开展向黄大年同志学习活动，为建成创新型国家、建设世界科技强国创新争先。在学习中，我们深刻感受到，习近平总书记的重要指示高度概括了黄大年同志始终心系国家人民的大我情怀，矢志创新敢为人先的大家风范，生命不息创新不止的昂扬斗志。黄大年同志用有限的生命，诠释了为党和人民事业无限奋斗的伟大精神，树立了当代科学家的时代丰碑。习近平总书记的亲切关怀和殷切勉励，必将进一步激发广大科技工作者的创新争先热情，弘扬黄大年精神正日益成为科技界的自觉行动。

心有大我、至诚报国的爱国情怀是科技工作者首要也是最宝贵的精神内涵。科学无国界，科学家有祖国。2009年，黄大年同志毅然放弃国外优越的科研条件和安逸生活，成为东北地区第一批"千人计划"归国者，为的就是不忘当年立志振兴国家科技的初心，体现了他深厚的家国情怀和责任担当。黄大年同志说："现在国家需要我们，我们要勇敢地站出来，听从祖国的召唤，不负众望，把自己在国外掌握的先进理念、知识、技能带回来，为建设科技强国发挥应有的作用，实现自己在国外不能实现的抱负。"他始终将这一信念贯穿在科研工作中，把个人成就与国家需求紧密结合，成就了一种超越个人快乐的伟大志趣。他对祖国的真挚感情，已深入骨髓、融于血液，成为勇攀科技高峰的不竭动力，并以强大的感召力激励更多人投身中华民族伟大复兴中国梦的伟大事业中。

教书育人、敢为人先的敬业精神是科技工作者应率先垂范并大力践行的事业准则。黄大年同志是科学研究崎岖山路上的探险者，更是领军团队的将帅大才。他深知人才竞争在科技竞争中的极端重要性，始终以为祖国培养人才为己任，把目标定在祖国未来几十年发展的人才需求上，倾尽心血打造了一支有创新力的科研团队，培养了一批"出得去、回得来"的人才，用行动阐释了师德。在科研上，他始终是一个被追赶者。回国后，他以服务国家重大战略和经济社会发展需求为目标，带领团队填补了一项又一项国家空白，占领了一个又一个国际科技竞争制高点。他以领军科学家的国际视野，把准研究方向，抓紧核心前沿，带领团队引领行业，在激烈的世界科技竞争舞台上，与国际同行论伯仲、争高下，充分体现了当代中国科学家的创新气魄和使命担当。

淡泊名利、甘于奉献的高尚情操是科技工作者应始终坚守并大力弘扬的价值追求。只要把为加快国家科技发展作为最高目标，就可以不为任何名利所羁绊，使个人价值与党和人民的利益实现高度统一。黄大年同志被同行们称作"拼命黄郎"，他以高度的责任感和使命感，与日新月异的科技变革浪潮展开了竞赛。回国后，他始终在科研一线躬身前行，领军团队持续创新，争分夺秒、夜以继日地工作，即使在住院治疗期间，还在病房中与团队师生研究项目、布置工作。他如春蚕一般织就深探科研的锦绣文章，为国家科技追赶的脚步赢得了更多时间。他以生命的长度，兑现了自己的誓言。

共和国不会忘记，人民不会忘记。黄大年同志留给我们的精神财富，必将激励和鞭策广大科技工作者不忘初心、砥砺前行。中国科协将认真学习领会习近平总书记重要指示精神，把学习宣传黄大年同志先进事迹作为一项长期工作；深入挖掘黄大年同志的先进事迹，通过"共和国的脊梁——科学大师名校宣传工程"，组织吉林大学师生以舞台剧形式展示黄大年同志的科学精神和报国情怀；将黄大年同志纳入"老科学家学术成长资料采集工程"，以激励更多的后来者以黄大年同志为榜样，奋力投身到进军世界科技强国的伟大征程中，不断谱写中华民族伟大复兴中国梦的宏伟篇章！

继承光大黄大年精神

吉林大学党委书记 杨振斌

（2017年7月22日）

习近平总书记对黄大年同志先进事迹作出的重要指示，既是对黄大年同志先进事迹的充分肯定，也是对当代留学归国人员、广大知识分子，特别是吉林大学广大师生的殷切期望。黄大年同志是红色基因浓厚的吉林大学培养出的杰出校友和优秀教师，他精忠报国、勇于创新、教书育人、无私奉献的精神品质和卓越贡献，深深激励着吉林大学广大师生。

黄大年同志曾经在入党志愿书中写道："若能做一朵小小的浪花奔腾，呼啸着加入献身者的滚滚洪流中，推动历史向前发展，才是一生中最值得骄傲和自豪的事情。"他还曾说过："我是带着梦想回来的，梦想和现实应该在同一个地方找到完美的闭合……在科研的黄金期，回国报效祖国，是情结、是必然。"黄大年同志用生命树立起了一座丰碑——一座标示着知识分子高尚情怀的爱国报国丰碑。他的很多名言已经深深镌刻在吉林大学师生的心中，比如他曾对自己的学生说："你们一定要出国，出国一定要回来；你们一定要有出息，有出息了一定要报国。"再如，他常常讲起父亲在弥留之际对他的叮嘱，"你可以不为父母尽孝，但一定要为国尽忠"，等等。黄大年同志用自己无悔的选择和一生的实践，展现了爱国报国知识分子的品格和风骨。

深入贯彻落实习近平总书记重要指示精神，就是要努力学习和践行黄大年精神。黄大年精神的内核是以家国之情养报国之志，以报国之志蓄奉献之力，以奉献之力助民族之强，将个人梦想融入实现中华民族伟大复兴中国梦的壮丽篇章之中。我们吉林大学全体师生要学习黄大年同志的优秀品质与高尚情操，学习他强烈的爱国主义情怀，把祖国和人民的需要放在人生价值的首位；学习他坚定的科技报国理想，矢志不渝地追求国际最前沿的科技水平，把自己全部的智慧和经验奉献给祖国；学习他深沉的人民教师底蕴，以传道授业解惑的大爱，把培养人才、打造团队作为自身的职业目标；学习他优秀的共产党员本色，坚持为人民服务的根本宗旨，用毕生努力实现了爱国之情、报国之志的有机统一。黄大年同志留给我们的精神财富具有强大的感召力，必将激励和鞭策我们不忘初心、砥砺前行。

深入研究总结黄大年精神，使其在吉林大学开花结果。目前，吉林大学党委正在号召广大师生把开展向黄大年同志学习活动同"两学一做"学习教育常态化制度化结合起来，同激发人才创新创造活力、推动吉林大学建设中国特色世界一流大学结合起来，同加强和改进高校思想政治工作、培育和践行社会主义核心价值观结合起来。我们组织师生进行座谈研讨，开展主题党日团日活动，召开基层党组织专题学习会，深入研究总结黄大年精神；通过设立黄大年创新班与黄大年基金、在校史馆设置黄大年先进事迹专题、编辑纪念文集、排演话剧等多种形式，学习好、落实好习近平总书记的重要指示，宣传好、弘扬好黄大年精神，激励广大师生为实现"两个一百年"奋斗目标和中华民族伟大复兴中国梦不懈奋斗。作为黄大年同志的同事、学生和校友，我们有义务继承好黄大年精神，使其在吉林大学开花结果，让它所蕴含的核心价值与时代精神薪火相传、代代承续、永葆光辉。

目 录

用黄大年精神铸造新时代高校师魂 1

黄大年精神在学生思政工作中的育人价值与实践探索 9

黄大年精神的时代意义、价值意蕴和实践路径 19

传承模范人物精神的时代价值
——兼论高校弘扬黄大年精神的现实意义 29

至诚铸师魂
——论黄大年精神的文化内核和时代内涵 37

用黄大年精神培养当代大学生的家国情怀 43

学习黄大年三个"情"字，回归教师四"求"秉性 51

学习黄大年精神，推动"双一流"建设 57

大爱无痕
——黄大年"心有大我"的家国情怀 63

从黄大年精神看社会主义建设者和接班人的价值观与行为培养 71

大写的人与大写的精神
——追忆吉林大学黄大年教授 79

发挥榜样力量，全力推进"双一流"建设步伐 85

黄大年精神，新时代吉大精神的红色传承 93

传承黄大年精神，做好新时期高校电视宣传工作 99

弘扬黄大年精神，激发起立德树人的磅礴力量 107

传承黄大年精神，建设以立德树人为己任的教师队伍 113

践行黄大年精神 做爱校爱岗爱生的教职工 121

弘扬黄大年精神，夯实"文化荣校"战略 129

黄大年的育人情结 135
坚持立德树人根本任务
——践行黄大年精神 努力提高育人质量 141
基于黄大年精神的食品专业人才培养体系探究 149
将黄大年精神融入新形势下高校思想政治工作的路径探析 155
弘扬黄大年精神，汲取心有大我力量 161
以黄大年精神为引导，做学生思想的引路人 169
让黄大年精神成为新时代师德师风建设的新指引 177
黄大年精神传承在通信工程学院 183
论种子的赤子情怀 189
学习贯彻黄大年精神内涵，立足本职建功立业新时代 195
弘扬黄大年精神，构建培养优秀体育人才体系 203
弘扬黄大年精神 勇担民族复兴大任 213
浅谈黄大年精神在高等教育中的实践意义 221
黄大年精神在高校师生教育中的作用 229
黄大年：我是一颗种子
——黄大年精神的引领与传承 235
论学习黄大年的时代意义 241
黄大年精神与学生工作团队建设 249
黄大年先进事迹宛如一部有血有肉的教科书
——协助拍摄电视剧《黄大年》有感 255
高校要将发展教育事业作为践行黄大年精神的根本遵循 261
黄大年精神，风中的蜡烛 267
将黄大年精神融入高校教育 273

用黄大年精神铸造新时代高校师魂

杨宝泉

内容摘要：黄大年精神具有丰富的内涵，特别是作为其精神内核，至诚报国的理想信念、甘于奉献的道德品质、扎实肯干的敬业精神和爱生如子的育人典范，是新时代高校师魂的坚强柱石和基本要素。用黄大年精神铸造新时代高校师魂，必须加强高校教师爱国主义教育、爱岗敬业教育和情感操守教育，让黄大年精神成为知识分子共同的精神品质和价值追求。

关键词：黄大年；高校；师德；师魂

作者简介：杨宝泉，吉林大学生物与农业工程学院党委书记。

黄大年同志的先进事迹在社会上广泛流传，黄大年精神正在成为新时代知识分子共同的精神品质和价值追求，鼓舞着广大学人不断投入实现中华民族伟大复兴中国梦的壮丽事业。深入挖掘黄大年精神的丰富内涵，探索黄大年精神与高校师魂的内在联系，在师德建设中发挥黄大年精神的示范带动作用，使其成为铸造新时代高校师魂的坚强柱石和基本要素，是高校师德建设的有效途径。

一、黄大年精神是与历代优秀知识分子家国情怀一脉相承的高尚情操

黄大年是我国著名战略科学家、地球物理学家，曾任吉林大学地球探测科学与技术学院教授、博士生导师。2009年4月，黄大年毅然放弃国外的优越条件回到中国，带领团队在航空地球物理领域刻苦钻研，填补了多项国内技术空白。2017年1月8日因病医治无效在长春逝世，年仅58岁。黄大年逝世后，被授予全国优秀共产党员、全国优秀教师、杰出科学家、"至诚报国归侨楷模"、时代楷模、感动中国年度人物等荣誉称号。2017年5月，习近平对黄大年同志先进事迹作出重要指示，习近平总书记强调："我们要以黄大年同志为榜样，学习他心有大我、至诚报国的爱国情怀，学习他教书育人、敢为人先的敬业精神，学习他淡泊名利、甘于奉献的高尚情操，把爱国之情、报国之志融入祖国改革发展的伟大事业之中、融入人民创造历史的伟大奋斗之中。""大地之子"黄大年崇高的家国情怀被全国人民广为传颂，其事迹现以电视剧、电影、话剧、戏曲、漫画等多种形式呈现，在社会上广为流传，产生了很好的社会影响。

黄大年精神既有历史渊源，又具备时代特征。国家的利益大于一切，是中国历代仁人志士的共同选择。上有"苟利国家生死以，岂因祸福避趋之"的古训，下有我国的知识分子用忘我的精神为国奉献的情怀。20世纪50年代，钱学森用强大的毅力顶住外国的无理扣押，

最终回国效力,将中国导弹、原子弹的发射向前推进了至少20年,被誉为"中国航天之父"。与钱学森有着同样家国情怀的,还有钱伟长、钱三强、华罗庚、程开甲等著名科学家,他们把国家、民族和人民的利益放在第一位,怀着一腔热血到祖国需要的地方去,将全部精力投到报效祖国的工作之中,凝聚成"两弹一星"精神、"载人航天"精神等,使中国知识分子的爱国精神得以传承发展,在国家富强的道路上创造奇迹。科学没有国界,但科学家有祖国。黄大年心有大我、至诚报国的爱国情怀,正是老一辈科学家的报国之志在新时代的传承和体现。黄大年身上体现出来的崇高精神不是个别现象,是中国优秀知识分子的共同品质和集中表现。黄大年精神有着红色的血脉,深深地凝结于以爱国主义为核心的民族精神、以改革创新为核心的时代精神之中,这种中国精神具有无比巨大的生命力,无论过去、现在还是将来,黄大年精神在中国知识分子中必将层出不穷地涌现出来。

二、黄大年精神是新时代高校师魂的坚强柱石和基本要素

1.新时代对高校教师师德提出了新的更高的要求

师德即教师的职业道德,它是教师和一切教育工作者在从事教育活动中必须遵守的道德规范和行为准则,以及与其相适应的道德观念、情操和品质。[①]高校教师肩负着教书育人的使命,教师的师德代表着一个学校的社会形象,更反映了国家和社会的文明程度。2014年9月9日,习近平总书记视察北京师范大学与师生代表座谈时提出,要积极引导广大高校教师做有理想信念、有道德情操、有扎实学识、有仁爱之心的党和人民满意的好老师。[②]同年,教育部出台了《关于建立健全高校师德建设长效机制的意见》,明确指出要以社会主义核心

[①] 潘云智、陈省平、宁曦等:《第一课堂与第二课堂协同育人模式探讨》,《科教导刊》2017年第10期,第98-100页。
[②] 习近平:《做党和人民满意的好老师——同北京师范大学师生代表座谈时的讲话》,《人民日报》2014年9月10日。

价值观为导向来引领高校教师师德建设，不仅要解决当前高校教师师德建设存在的问题，还要遵循师德建设规律，着眼未来，以规范化、制度化和法制化为目标将师德建设全面推进，培育具有高尚道德情操的高校教师。[①] 当前，我国处于发展的关键时期，正在从东方大国向世界强国迈进。在新时代背景下，高校教师的师德建设更关乎中国特色社会主义事业建设者和接班人的培养质量，关乎"科教兴国"战略的实施和我国现代化战略目标的实现。因此，新时代对高校教师师德提出了新的更高的要求，实现立德树人的根本任务，高校教师师德建设是关键。

2.黄大年精神对高校师德建设的启示

（1）至诚报国的理想信念

在国外期间，黄大年一直有坚定回国的理想信念，曾表示，一定要把国外先进的技术带回国。在收到祖国的邀请后，黄大年毅然放弃国外优越的工作环境和安稳的生活，选择回到祖国的怀抱。面对公司"不准拿走一张纸"的无理刁难，黄大年初心不改，带着"只要祖国需要，我就义无反顾"的坚定信念回到母校吉林大学，带领团队没日没夜地进行科学研究。黄大年怀着一颗赤诚之心，在祖国的热土上刻苦钻研，锐意进取，用毕生的精力投入地球物理研究之中，用极短的时间填补了我国多项技术空白。爱国主义是中华民族精神的核心和精髓，是指引全国各族人民团结奋斗的精神支柱。[②] 黄大年是一位有着至诚报国的理想信念的人，其灵魂深处的家国情怀及政治责任担当，是广大高校教师应具有的精神品格。

---

① 教育部官网：教育部制定出台《关于建立健全高校师德建设长效机制的意见》，http://www.moe.gov.cn/publicfiles/business/htmlfiles/moe/s5987/201410/175745.html，2014年10月9日。
② 杨怀彦：《黄大年精神融入高校大学生思想政治教育的路径探析》，《开封教育学院学报》2018年第38期，第178—180页。

(2)甘于奉献的道德品质

1982年,黄大年在本科毕业之际就曾给同学赠言:"振兴中华,乃我辈之责。"在国家有需要的时候,黄大年毅然放弃国外的成就和荣誉,将个人命运同国家命运紧紧地联系在一起,淡泊名利,潜心学术。在回国之前,他牺牲小我,放弃国外温馨舒适的家,留女儿一人在国外读书,与妻子卖掉用心经营的诊所,回到祖国北方的土地。"甘为春蚕吐丝尽,愿做红烛照人寰",这种淡泊名利,甘于为国奉献的道德品质,是每一位高校教师应该具有的优良品德。

(3)扎实肯干的敬业精神

面对国家深部探测技术与国际水平明显的差距,黄大年废寝忘食地工作,努力用最快的时间出成果,在科研竞争中争分夺秒。在国内的7年里,他三分之一的时间都在出差,为了不影响白天工作,他经常将航班订在午夜,第二天正常与同事和学生进行学术交流。黄大年常说:"中国要由大国变成强国,需要有一批'科研疯子',这其中能有我,余愿足矣!""走多远算多远,倒下就地掩埋。""看到中国由大国向强国迈进,一切付出都是值得的!"[1]短短几年,黄大年将我国深部探测装备从落后推进至世界领先水平,带领中国进入了"深地时代"。直到生命的尽头,黄大年仍然毫不动摇地坚守在工作岗位上,被人们称为"拼命黄郎"。黄大年用他无穷无尽的工作热情和研究动力影响着身边的每一个人。高校教师应具有忘我的奋斗精神和对科研的探索精神,热爱自己的职业,积极投身于科研改革与创新中,带着属于科学家的责任感和使命感,为祖国崛起贡献力量。

(4)爱生如子的育人典范

黄大年非常重视教育,重视自己作为教师的身份,他热爱祖国,热爱自己的专业,愿意把所学的一切传授给每一名学生,引领学生成长成才,为国奉献。7年里,黄大年培训了300余位青年教师,指导

---

[1] 任波:《不忘初心 心有大我 至诚报国》,《新长征》2018年第8期,第52—53页。

了44名研究生。他针对学生不同的个体化差异进行培养，爱护每一名学生甚至其家人，努力为学生及团队成员创造最好的学习环境，还曾自己出资为"李四光试验班"的每名学生买电脑和学习资料。黄大年真正做到了为人师表、爱生如子。"学高为师、身正为范"，他出差时，也利用休息时间与学生沟通，召开电话、视频会议，批阅邮件等，这种忘我的科研精神及对学生无微不至的关爱深深地影响着他身边的每一个人，体现着新时代知识分子立德树人、化育英才的精神风貌。

3. 黄大年精神与新时代高校师德、师魂的关系

黄大年精神中所蕴含的至诚报国的理想信念、甘于奉献的道德品质、扎实肯干的敬业精神和爱生如子的育人典范，是新时代高校师德的典型代表，是每一个知识分子在科研和教育事业中所必须具有的基本品质。黄大年精神是伟大且值得传颂的，但其是一个生活中的"普通人"，是众多热爱祖国的知识分子中的一员，他既伟大又平凡，伟大是因为他的爱国担当与无私大爱，平凡是因为，他的精神必将与中国古今无数知识分子心中的民族自豪感、使命感与责任感产生共鸣，为我国革命、建设、改革事业贡献巨大的力量。黄大年是当代教师的精神楷模，以黄大年精神为引领，才能更好地实现高校师德的"长治久安"。

师魂，是指一位教师纯粹而伟大的灵魂，它包含教师的责任感、使命感、敬业精神和奉献精神，以及教师坚定的理想信念和科学的世界观、人生观、价值观。高校教师应不断加强自身的师德修养，以师德标准为工作底线，铸造伟大的师魂。教师是人类灵魂的工程师，要想培育优秀的灵魂，首先，自己的灵魂应是崇高的、伟大的、不可侵犯的。黄大年精神是新时代高校师魂的集中体现。铸造新时代高校师魂，必将有黄大年一般坚定不移的爱国信念、勇于牺牲的崇高品德、潜心钻研的敬业态度及诲人不倦的育人情怀，将黄大年精神作为高校师魂的坚强柱石和基本要素，方能完成高等教育的千秋伟业。

三、用黄大年精神铸造新时代高校师魂

黄大年精神不是天上的星辰，不是高不可攀、遥不可及的，是可推崇、可复制，可学可做，可实现，甚至是可超越的。黄大年精神应该成为新时代知识分子追求的精神境界，也完全可以成为学习的榜样和效仿的对象。铸造新时代高校师魂，应通过教育引领，让黄大年精神成为新时代知识分子共同的价值追求。

首先，应加强爱国主义教育，提升高校教师的家国情怀。当前很多高校教师，尤其是中青年教师，都拥有留学经历或深受国外思想理念的影响，在外国文化与中华传统文化强烈碰撞的今天，爱国主义是鼓舞和凝聚中国力量的来源。新时期的爱国主义教育，一方面要求高校教师在拥有国际视野的同时，将个人发展与国家利益联系在一起，拥有崇高的家国情怀；另一方面，高校教师应培养学生坚定的爱国信念和宽广的大国胸怀，用自己的家国情怀影响培育学生，实现爱国主义理念的传承和发展。

其次，应加强爱岗敬业教育，提高高校教师的职业自豪感和敬业精神。目前，仍有部分教师存在重科研论文而轻教学工作、重兼职创收而轻本职工作、忽视自身修养在育人过程中的影响等问题，因此，应以黄大年精神为引领，加强高校教师的爱岗敬业教育，学习黄大年兢兢业业、刻苦拼搏、以身示教的职业操守，加强自身专业素养和品行修养，在教师这一岗位上拥有甘于奉献的职业自豪感和恪尽职守的敬业精神。

最后，应加强情感操守教育，提高高校教师的精神境界。一名优秀的教师，应该拥有完整的品格和热爱生活的情操。在现实生活中，黄大年热爱运动，热爱音乐，懂得生活，是一位听到《我爱你，中国》就会热泪盈眶的海归赤子。他将自己爱国、爱家、爱学生的崇高品格完整地展现给大家，影响着身边的人。高校教师走在祖国科技创新与

国家发展的前列，更应加强情感操守教育，注重自身精神境界的培养，崇尚科学，严谨自律，博学睿思，做一名既有人格魅力又有学识魅力的新时代教育工作者。

高校教师应以黄大年精神为导向，加强个人师德修养，提高思想自觉和行动自觉，主动用黄大年精神铸魂。高校教师要遵守高等学校教师职业道德规范，爱岗敬业，爱生如子，无私奉献，使高校师魂与中华民族的进取精神相一致，努力培养新时代的社会主义建设者和接班人，承担起为中华民族伟大复兴培养人才的历史重任。

黄大年精神在学生思政工作中的育人价值与实践探索

张国兴　肖文旭

内容摘要：黄大年精神生动诠释了至诚报国的爱国情怀，深刻彰显了勇于担当的奋斗意志，传承弘扬了甘于奉献的高尚情操，集中体现了敢为人先的创新精神，具有深刻、独特的育人价值。将黄大年精神融入高校学生思想政治工作是时代要求、现实需要和价值所向，需要注重四个融入，即融入思想政治教育主阵地、融入学生思想政治工作队伍建设、融入校园文化建设、融入学生创新实践。

关键词：黄大年精神；学生思政工作；育人价值；实践探索

作者简介：张国兴，吉林大学学生工作部、大学生思想政治教育发展研究中心，副研究员。肖文旭，吉林大学学生工作部、大学生思想政治教育发展研究中心，讲师。

心有大我 至诚报国
——黄大年精神闪耀着旗帜的光芒

黄大年同志是享誉世界的战略科学家。2009年,他毅然放弃国外优越条件回到祖国,成为东北地区第一位"千人计划"专家。多年来,他刻苦钻研、勇于创新,在地球物理国际前沿科技领域取得一系列重大科技成果,填补多项国内技术空白,部分成果达到国际领先水平。他夜以继日、忘我工作,为国家事业奋斗至生命最后一息,2017年1月8日不幸因病去世,年仅58岁。同年5月25日,习近平总书记做出重要指示,强调"要以黄大年同志为榜样,学习他心有大我、至诚报国的爱国情怀,学习他教书育人、敢为人先的敬业精神,学习他淡泊名利、甘于奉献的高尚情操,把爱国之情、报国之志融入祖国改革发展的伟大事业之中、融入人民创造历史的伟大奋斗之中,从自己做起,从本职岗位做起,为实现'两个一百年'奋斗目标、实现中华民族伟大复兴的中国梦贡献智慧和力量"[①]。习近平总书记的重要指示是对黄大年同志先进事迹和崇高精神的总结凝练与高度概括,深刻阐明了黄大年精神的丰富内涵,具有深刻、独特的育人价值,是新时代做好高校学生思想政治工作的精神引导和价值所向。

一、黄大年精神的育人价值

1. 生动诠释了至诚报国的爱国情怀。爱国主义是中华民族生生不息的精神基因和赓续传承的精神动力。回顾黄大年同志58岁的生命历程,他的事迹和精神之所以令人感动,就是因为他在人生历次选择前,始终把祖国和人民利益摆在最重要的位置,把对祖国和人民的爱作为最深沉的情结。大学毕业,他以"振兴中华,乃我辈之责"谱写爱国之情、报国之志;海外求学,他在情感上"从未和祖国分开过",时刻强调"我是国家培养出来的,我的归宿在中国""国家在召唤我们,我应该回去";回国期间,他夙兴夜寐、以身许国,成为"只要祖国需要,我必全力以赴"的"拼命黄郎",以搏命精神叩开"地球之门",

---

① 习近平:《习近平对黄大年同志先进事迹作出重要指示》,新华社[N],2017-05-25。

以累累硕果报效祖国。时代在变，但是爱国主义精神薪火相传、弦歌不辍，祖国终将选择那些选择祖国的人，祖国终将铭记那些奉献祖国的人。黄大年用实际行动诠释了爱国之心、强国之志、报国之情，这是他不变的初心和永恒的使命，更是新时代培育高校学生形成坚定爱国情怀的价值标杆，是爱国主义教育的鲜活范本。

2．深刻彰显了勇于担当的奋斗意志。历史只眷顾坚定者、奋进者、搏击者，而不会等待犹豫者、懈怠者、畏难者。新时代是奋斗者的时代，梦想需要靠奋斗实现。"若能做一朵小小的浪花奔腾，呼啸着加入献身者的滚滚洪流中，推动历史向前发展，才是一生中最值得骄傲和自豪的事情"，这既是黄大年入党志愿书中的铮铮誓言，也是他人生的夙愿与写照。回国第6天，黄大年就与吉林大学签下全职教授合同，"一切归零"的黄大年再次起航，带领科研团队日夜奋战。"中国要由大国变成强国，需要有一批'科研疯子'，这其中能有我，余愿足矣！"为此，黄大年始终保持生命不息、奋斗不止的进取姿态，经常自我加压，每天工作到凌晨，出差也总是选择最晚的一趟航班，甚至重病住院时，还不忘跟进项目进程、指导学生科研，并对团队成员说，"哪天倒下，就地掩埋"。黄大年用矢志奋斗定位了人生的价值坐标，标明了人生的道路方向，是教育引导广大学生以奋斗之青春书写人生华章的楷模。

3．传承弘扬了甘于奉献的高尚情操。奉献是中华民族的传统美德，也是全人类共同的价值追求。泰戈尔曾说过："我们必须奉献于生命，才能获得生命。"黄大年回国后一心一意投身科学研究，不兼任任何行政职务，全身心投入学术科研和人才培养中。他掌握数亿的项目经费，但从不计较个人利益得失；他主动担任本科"李四光试验班"班主任，为让学生潜心研究，自费为24名同学购买笔记本电脑；他身为中科院院士评审专家，自己却不是院士，他总说"时间有限，先把事情做好"；他严谨治学、因材施教，亲自指导了44名研究生，培养了一批"出得去、回得来、用得上"的优秀人才。黄大年一生淡泊名利、躬身前行、夙夜在公、无私付出，把自己的一生奉献给了祖国，充分展示了共产党员的道德情操和精神追求，是高校学生思想政治工作的精神路标，学习好、培育好、传承好这种高尚情操，也是高校学生思想政治工作者的时代责任。

4. 集中体现了敢为人先的创新精神。创新是引领发展的第一动力。对科技工作者而言，投身祖国科技创新的时代洪流，为建设世界科技强国做出应有贡献，既是使命担当，也是荣誉褒奖。其实，黄大年在国外早已功成名就，但他并没有"吃老本"，而是勇挑重担，带领400余名科技人才投身科技创新的竞技赛场。7年时间里，他带领团队参照国际最高水平、瞄准核心关键技术，牢牢抓住创新这个"弯道超车"的关键点和牛鼻子，用短短5年时间实现了50年的技术飞跃，填补了多项国内技术空白，不断赶超世界一流和抢占科技制高点，创造了多项全国第一、乃至亚洲第一。从白手起家，到赶超先进，再到突破极限，黄大年始终凭着敢闯敢试、敢作敢为的创新精神，走前人没有走过的路，这也激励和引导着广大学生敢于打破陈规，提出新思想、新问题、新见解，走在创新创造的前列，勇做锐意进取、开拓创新的时代先锋。

二、黄大年精神融入高校学生思想政治工作的重要意义

榜样的力量是无穷的。黄大年同志以祖国的需要为最高追求，是爱国主义的坚守者和传播者；瞄准国际前沿创新创造，是科技报国的践行者和示范者；用战略视野和高尚人格培养凝聚高端人才，是高瞻远瞩的教书者和育人者；无私忘我工作到生命最后一息，是实现中华民族伟大复兴中国梦的追梦者和筑梦者。他用实际行动诠释了中华儿女的爱国之情、强国之志、报国之行，融入黄大年精神对于切实加强和改进新形势下高校学生思想政治工作，培养又红又专、德才兼备的

中国特色社会主义建设者和接班人具有重要意义。

1. **高校学生思想政治工作的时代要求**。当前，我国正处于全面建成小康社会的决胜阶段，处于实现"两个一百年"奋斗目标、实现中华民族伟大复兴中国梦的伟大时代，迫切需要一代又一代有志青年紧跟时代、肩负使命、锐意进取、接续奋斗。每个时代都有每个时代的精神。黄大年同志把爱国之情、报国之志融入祖国改革发展的伟大事业之中、融入人民创造历史的伟大奋斗之中，是时代勇于负重的先行者，是中国"强国梦"的践行者，他以大我为人生境界，以至诚报国为毕生追求，诠释了时代精神的内涵。伟大时代需要弘扬黄大年精神，我们要积极响应习近平总书记的号召，深刻理解、大力弘扬黄大年精神，学有方向、做有楷模、赶有标杆，并将其精神实质贯穿学生思想政治工作全过程、各环节。

2. **高校学生思想政治工作的现实需要**。习近平总书记2014年在北京大学师生座谈会上的讲话中指出："青年的价值取向决定了未来整个社会的价值取向，而青年又处在价值观形成和确立的时期，抓好这一时期的价值观养成十分重要。"当前，面对国际形势的复杂深刻变化，面对各种思潮的相互激荡，面对纷繁多变、泥沙俱下的社会现象，由于"掌声"陷阱的诱导、精致利己主义的主导和消费主义的侵蚀，部分青年学生有时会出现理想信念淡漠、奋斗精神缺失、盲目追求名利等现象，忽视了内在精神层面的充盈与完善。黄大年是爱国报国的先进楷模，是践行社会主义核心价值观的优秀代表，他的光辉事迹中所蕴含的正能量、大情怀以及时代精神，是坚定青年学生理想信念、树立正确价值观，加强爱国主义、集体主义、社会主义教育的鲜活教材，必须大力弘扬。

3. **高校学生思想政治工作的价值所向**。思想政治工作从根本上说是做人的工作，只有围绕学生、关照学生、服务学生，不断给予学生思想启迪和文化滋养，才能培育又红又专、德才兼备、全面发展的优秀人才。党的十八大以来，习近平总书记站在党和国家事业发展薪火相传、后继有人的战略高度，关心青年的成长进步，围绕理想信念、价值追求、为人修身、练就本领、创新奋斗等方面，从"五点希望"到"八字真经"，从"十六字诀"到"四点要求"，既是对青年学生的殷切嘱托，更是为学生思想政治工作指明了前进方向。黄大年把为祖国富强、民族振兴、人民幸福贡献力量作为毕生追求，他的精神所映射出的爱国情怀、敬业精神和高尚情操，与学生思想政治工作价值同轨、目标同向、精神同源。

三、黄大年精神融入高校学生思想政治工作的实践探索

1. **融入思想政治教育主阵地。** 黄大年是具备浓厚家国情怀、强烈社会责任感和重道义、勇担当、敢创新的杰出代表，他的身上闪耀着时代楷模的精神光辉，他的事迹是一部用身边人讲身边事、用身边事教育身边人的思想政治教育鲜活案例。学习、弘扬、融入黄大年精神，必须贯穿爱党爱国爱人民这条主线，围绕建国70周年这一伟大时间节点，把黄大年的爱国之情、报国之志、强国之行"基因式"地贯穿思想政治教育各个环节，切实增强价值引领。要融入思政课程主渠道，通过黄大年事迹口述、影像播演、实地参观等多种方式，夯实大学生的政治信仰、政治认同，实现知识教育、价值引领、能力培养的有机统一。要融入日常思想政治教育，通过班团活动、学习报告会、分年级分层次教育等多种载体，大力推广宣传黄大年先进事迹，积极营造崇德向善、见贤思齐的良好氛围，发挥"点亮一盏灯，照亮一条路"的辐射效果，引导学生坚定爱党信念、厚植爱国情怀。如吉林大学组建黄大年先进事迹报告团，在校内外先后举办近百场报告会；设立黄大年雕像、建立黄大年纪念室，召开多场"弘扬黄大年精神"座谈会；成立"黄大年精神研究会"，与黄大年就读的中学"港北高中"共建育人基地等，引导学生把报国为民化作学习奋斗的不竭动力。

2. 融入学生思想政治工作队伍建设。 黄大年曾说，他最看重的身份是教师。学为人师、行为世范，他始终用自己的默默付出立德树人、哺育英才，用崇高的信念和真挚的情感扮演着师者"筑梦人、引路人"的角色。学生思想政治工作效果如何，队伍建设是关键，师德师风是根本。学习、弘扬、融入黄大年精神，必须坚守为党育人、为国育才的初心和使命，把黄大年的敬业精神、战略视野和高尚师德融入学生思想政治工作队伍建设全过程，与"四有""四个统一"的要求紧密结合起来，进一步提高育德意识和育德能力。要强化理论养成，通过系统性培训，提升工作队伍的政治素养、政治意识、政治觉悟，从而聚焦学生所思、所想、所惑，旗帜鲜明地讲政治、谈爱国，既要"高大上"，也要"接地气"。要深化仁爱之心，像黄大年一样严慈相济、一视同仁、理解尊重，发自内心地关心关爱学生，想方设法地解决学生难题，让学生"亲其师""信其道"。要优化评价体系，注重以身作则、立德垂范、为人师表，实行师德师风一票否决制，坚守住这支工作队伍的底线和红线。如吉林大学将学习黄大年精神作为岗前培训、日常学习、骨干培养的"必修课"；打造"黄大年式"教师团队，强化师德师风的首要地位，积极营造全校上下关心关爱学生的良好氛围。

3. 融入校园文化建设。 习近平总书记2016年在谈全国高校思想政治工作要点中强调"要更加注重以文化人以文育人，广泛开展文明校园创建，开展形式多样、健康向上、格调高雅的校园文化活动"。文化是最深沉、最持久的力量，校园文化则是一所大学的灵魂。黄大年精神所昭示出的文化底蕴和文化要素，是高校校园文化建设中不可或缺的重要部分，是发挥高校文化育人功能的重要体现。学习、弘扬、融入黄大年精神，必须注重发挥校园文化的浸润、感染、熏陶作用，在"贯穿结合融入""落细落小落实""传承发展创新""宣传引导研究"四方面下功夫，发挥好先进典型的示范引领功能。要注重文化沁润，将黄大年精神与校训校歌校风等育人资源有机结合，提炼出大学的精神气质，强化与社会主义核心价值观、中华优秀传统文化、革命文化、先进文化的共融共鸣，推动以文化人、以文育人。要打造文化产品，以黄大年精神等时代精神为蓝本，推出制作精良、育人功能显著、学生喜闻乐见的文艺作品，使学生在享受校园文化大餐时自觉接受思想政治教育。如吉林大学参与拍摄的第25届电视文艺"星光奖"纪录片《黄大年》，中央一套黄金时段电视剧《黄大年》，电影《黄大年》等；排演原创话剧《黄大年》，举办"归来，黄大年主题音乐诗会""'地质宫的灯光'专题晚会"等高质量的文艺作品，形成学习宣传黄大年精神的广泛热潮。

4. 融入学生创新实践。创新是实现中华民族伟大复兴中国梦的重要引擎，也是青春的标志、青年的灵魂。黄大年在求学深造、科学研究、教书育人的各个环节，都始终强调创新与实践的极端重要性。在改革开放和创新型国家建设的伟大征程中，黄大年等当代科技工作者，以服务国家重大战略需求为目标，把论文写在祖国大地上，以丰硕的创新成果和扎实的实践探索，生动诠释了知识分子的赤子情怀。学习、弘扬、融入黄大年精神，必须要厚植创新文化沃土，培育实践锻炼氛围，引导学生在创新创造的竞技场和社会实践的大熔炉中经风雨、见世面、长才干。要培养学生创新能力，通过科研立项、双创竞赛、进实验室、创新孵化等多渠道多形式开展教育、搭建平台、提供机遇，引导学生树立科学精神、培养创新思维、挖掘创新潜能。要加强学生实践锻炼，通过广泛开展社会实践、基层锻炼、实习实训等活动，推动理论联系实际，补齐青年学生缺乏社会历练这块"短板"，在服务社会、实践养成中砥砺品质、完善自我。如吉林大学实施《黄大年学术成长资料采集》项目，开设"黄大年创新试验班"，用黄大年精神教育感染学生，以点带面、逐步深化；打造新时代"黄大年式科研团队"，延续黄大年的科研创新之路；广泛开展社会实践活动，每年组织万余名学生走向基层、走向田野、走向人民需要的地方。

黄大年同志对党、对祖国无限热爱，矢志不渝地实践科技报国理想，把毕生精力奉献给祖国的教育科研事业，爱国之情、报国之志自觉融入中华民族伟大复兴宏伟事业，是国之栋梁、学界楷模。斯人已去，精神永存。黄大年精神以其强大的穿透力、凝聚力、感染力，将永远铭记于每名高校学生思想政治工作者的内心深处。我们一定要牢记习近平总书记的重要指示，大力弘扬黄大年精神，从本职岗位做起，勇于担当、开拓创新、扎实工作，为实现中华民族伟大复兴的中国梦贡献智慧和力量。

黄大年精神的时代意义、价值意蕴和实践路径

张蓼红　李荣茂

内容摘要：习近平总书记对黄大年同志先进事迹作出重要指示："我们要以黄大年同志为榜样，学习他心有大我、至诚报国的爱国情怀，学习他教书育人、敢为人先的敬业精神，学习他淡泊名利、甘于奉献的高尚情操。"学习贯彻习近平总书记的重要指示精神，学习宣传、继承弘扬、丰富发展黄大年精神是新时代高校一项长期的重要政治任务。弘扬黄大年精神，就要充分认清黄大年精神的时代意义，深刻认识黄大年精神的价值意蕴，积极探索黄大年精神的实践路径，全面落实立德树人根本任务，努力培养担当民族复兴大任的时代新人。

关键词：新时代；弘扬黄大年精神；时代意义；价值意蕴；实践路径

作者简介：张蓼红，吉林大学党委组织部副部长、副研究员。李荣茂，吉林大学党委宣传部副部长，吉林大学中国特色社会主义理论体系研究中心副研究员。

心有大我 至诚报国——黄大年精神闪耀着旗帜的光芒

黄大年同志是新时代吉林大学的杰出代表,是新时代教育工作者的杰出榜样,是新时代留学归国人员爱国报国的先进典范,是践行社会主义核心价值观的时代楷模。2017年5月,习近平总书记对黄大年同志先进事迹作出重要指示:"黄大年同志秉持科技报国理想,把为祖国富强、民族振兴、人民幸福贡献力量作为毕生追求,为我国教育科研事业作出了突出贡献,他的先进事迹感人肺腑。我们要以黄大年同志为榜样,学习他心有大我、至诚报国的爱国情怀,学习他教书育人、敢为人先的敬业精神,学习他淡泊名利、甘于奉献的高尚情操,把爱国之情、报国之志融入祖国改革发展的伟大事业之中、融入人民创造历史的伟大奋斗之中,从自己做起,从本职岗位做起,为实现'两个一百年'奋斗目标、实现中华民族伟大复兴的中国梦贡献智慧和力量。"深入学习贯彻习近平总书记重要指示精神,学习践行黄大年精神,传承弘扬黄大年精神,是当前和今后一个时期重要的政治任务,是新时代教育工作者的责任使命,对推进高校"双一流"建设,落实立德树人根本任务,培养担当民族复兴大任的时代新人具有重大的现实意义和深远的历史影响。

一、黄大年精神的时代意义

2017年5月24日,习近平总书记号召向黄大年同志学习,把黄大年精神概括凝练为"心有大我、至诚报国的爱国情怀""教书育人、敢为人先的敬业精神""淡泊名利、甘于奉献的高尚情操"三句金句,既便于我们学习理解,又便于我们传播颂扬。习近平总书记对黄大年同志先进事迹作出的重要指示,高度评价了黄大年先进事迹,赞扬了黄大年崇高精神,树立了黄大年英雄形象,为新时代教育工作者向谁学、学什么、怎么学确立了杰出榜样和先进模范,具有重大的时代意义。

1. 黄大年精神具有高度契合的时代性。时代需要精神引领,民族呼唤英雄辈出。习近平总书记指出:"每个时代都有每个时代的精神,每个时代都有每个时代的价值观念。"①黄大年的一生是与这个时代高度契合的一生，黄大年因这个时代而精彩，这个时代因黄大年而多彩。黄大年是踏着改革开放之路、乘着改革开放春风成长起来的，他1978年参加高考，1990年出国深造，2009年回国尽忠，2017年离开我们，他把人生最美好的青春和生命、智慧和力量献给了改革开放、献给了这个时代。随着东西方文化交融的加深和各种文明冲突的加剧，随着改革开放的持续和改革攻坚的深入，人们的世界观、人生观和价值观已以发生了嬗变，出现了政治理想实用化、生活理想享乐化、职业理想趋利化等现象。黄大年不管乱云飞渡、风吹浪打，不为世俗所诱惑所侵蚀所沾染，出淤泥而不染，他胸怀远大抱负、勇立改革潮头、筑梦崭新时代，他坚定理想信念、坚守道德良心、坚持科技报国，为这个时代树起了一面旗帜，树立了英雄形象，为世人所景仰，为后人所追崇。

2. 黄大年精神具有特色鲜明的传承性。爱国主义是中华民族的优良传统，是中国共产党的优秀特质。习近平总书记2019年在春节团拜会上指出："在家尽孝、为国尽忠是中华民族的优良传统。"黄大年是这个时代在家尽孝、为国尽忠的杰出楷模，他"心有大我、至诚报国"，彰显着新时代爱国主义的崇高情怀。从国家层面看，他以钱学森、邓稼先、王淦昌、赵九章、朱光亚等"两弹一星"元勋为典范，继承了老一辈科学家爱国至上、科技报国的伟大爱国主义精神。从学校层面看，他以长春地质学院老校长、中国现代地质学的开拓者和新中国地质事业的主要奠基人之一的李四光为楷模，继承弘扬李四光精神，学习践行李四光精神，把自己的一生献给了祖国和人民。从家庭层面看，他以自己的父母为榜样，继承父母"隐忍克己、朴实包容，只讲奉献、不图回报，对祖国自始至终表现出忠诚与责任"的家传爱国精神。他母亲病危临终前通过越洋电话嘱咐他："大年，你在国外

---

① 习近平：《习近平谈治国理政》，外交出版社，2014。

工作，一定要照顾好自己，早点儿回来，给国家做点儿事情……"父母的谆谆教诲，黄大年从未忘记。黄大年是新时代中国先进知识分子爱国报国的杰出代表，是新时代中国科学家的一面爱国主义旗帜。

3. 黄大年精神具有先进文化的代表性。"物质生活的生产方式制约着整个社会生活、政治生活和精神生活的过程。"经济基础决定上层建筑，生产方式决定生活方式。作为精神生活的文化形态，总是与它所处的时代密切相关、协调一致。黄大年精神是一种文化形态和文化现象，它产生的背景是改革开放，改革开放为孕育和涵养黄大年精神提供了丰厚的土壤和滋养。习近平总书记在庆祝改革开放40周年大会上的讲话中指出："改革开放是我们党的一次伟大觉醒，正是这个伟大觉醒孕育了我们党从理论到实践的伟大创造。"改革开放以来，我们坚持发展社会主义先进文化，传承和弘扬中华优秀传统文化；坚持以科学理论引路指向，以正确舆论凝心聚力，以先进文化塑造灵魂，以优秀作品鼓舞斗志；坚持弘扬爱国主义、集体主义、社会主义精神，培育时代楷模，树立英雄模范。黄大年精神就是新时代爱国主义、集体主义和社会主义精神的集中体现，就是新时代中国特色社会主义先进文化的杰出代表。黄大年精神产生于这个文化繁荣的伟大时代，同时又引领着这个伟大时代的文化繁荣。

二、黄大年精神的价值意蕴

"心有大我、至诚报国的爱国情怀""教书育人、敢为人先的敬业精神""淡泊名利、甘于奉献的高尚情操"是黄大年精神的核心要义，蕴含着丰富的思想内涵和价值意蕴。新时代新任务新使命，我们必须准确把握和深刻理解黄大年精神的价值内涵，大力培育和努力践行社会主义核心价值观，建设具有强大引领力、凝聚力和创造力的中国特色社会主义先进文化。

1. 爱国情怀的塑造价值。心有大我、至诚报国是黄大年精神的爱国主义价值。爱国是一个民族的永恒主题，爱国主义是一种崇高的社会存在。人无精神不强，国无精神必衰。黄大年精神蕴含着伟大的爱国情怀，是新时代爱国主义精神的最高表现，对于塑造新时代爱国主义精神具有重大价值意义。当前，面对从站起来、富起来到强起来的中华民族，敌对势力抛出所谓的"中国威胁论""中国霸权论""中国渗透论"，企图扰乱我党心民心军心。意识形态工作是一项极端重要的工作，关乎旗帜、关乎道路、关乎国家政治安全，必须牢牢掌握意识形态工作领导权。高校是意识形态工作的前沿阵地，是培养担当民族复兴大任时代新人的重要阵地，是培育塑造爱国主义精神的主要阵地。弘扬黄大年精神，培育爱国情怀，就要在厚植爱国主义情怀上下功夫，让爱国主义精神在青年学生心中扎根，教育引导青年学生热爱和拥护中国共产党，听党话、跟党走，扎根人民、奉献国家；激励鼓舞青年学生自觉把个人理想追求融入国家和民族的事业发展中，勇做走在新时代前列的奋斗者和开拓者，唱响新时代爱国主义伟大赞歌。

2. 敬业精神的培育价值。 教书育人、敢为人先是黄大年精神的职业品质价值。教师是人类灵魂的工程师，承担着教书育人的神圣使命。传道者自己首先要明道、信道。高校教师要坚持教育者先受教育，努力成为先进思想文化的带头传播者、党执政的坚定支持者、中国特色社会主义的积极实践者，担负起青年学生健康成长指导者和引路人的责任。黄大年立足讲台、蜡炬成灰，为人师表、甘为人梯，教书育人、为国育才，传播知识、传播思想、传播真理，培养出了一大批优秀学子。黄大年说，他最看重的身份是教师。黄大年视学生为己出，给每个学生配笔记本电脑，给实验室安暖气和风扇，给丢了钱包的学生掏生活费，给学生的母亲拿钱治病，躺在病床上还给学生解难答疑，鼓励推荐学生出国读书、青年教师出国深造，黄大年用点滴之行诠释着师之大爱。当前，教师队伍总体是好的，但也不同程度地存在学术不端、道德失范、唯利是图，破底线、碰红线、触高压线等问题。弘扬黄大年精神，培育职业品质，就要把三尺讲台看成是实现人生价值的舞台，教书育人、爱岗敬业，"捧着一颗心来，不带半根草去"；时刻铭记立德树人责任担当，不忘初心、牢记使命，把全部精力和满腔热情献给教育事业；努力成为学生做人的镜子，以身作则、率先垂范，以高尚的人格魅力赢得学生敬仰和爱戴。

3. 高尚情操的涵养价值。淡泊名利、甘于奉献是黄大年精神的道德品行价值。淡泊名利、甘于奉献的高尚情操是黄大年精神的厚重底色。人生有底色，不同的底色决定着不同的人生路径。人生在世，面对各种思潮的影响、各种利益的诱惑、各种情绪的干扰，怀疑什么、坚信什么，犹豫什么、坚定什么，选择什么、放弃什么，索取什么、奉献什么，就像是一把无形的标尺，量出品格的宽度，刻出底色的厚度，标出境界的高度。"非淡泊无以明志，非宁静无以致远。"黄大年不求名利、不计得失、无私付出，对学生他呕心沥血，对事业他鞠躬尽瘁，对国家他死而后已。他说，"如果祖国需要，我必全力以赴""常思奋不顾身，而殉国家之急""我是活一天赚一天，哪天倒下，就地掩埋"。他把自己光辉的一生奉献给了祖国，他的青春和生命闪耀着最绚丽的光芒。弘扬黄大年精神，培育高尚情操，就要淡泊名利、夙夜在公、一心为公，做到事业至上、人民至上、国家至上；淡泊明志、宁静致远、涵养定力，板凳要坐十年冷，寂寞空山雨后新；勤于耕耘、勇于奉献、甘于牺牲，树立高尚的道德情操和精神追求。

4. 先进文化的引领价值。厚德载物、自强不息是黄大年精神的文化涵养价值。《周易》曰："天行健，君子以自强不息；地势坤，君子以厚德载物。"黄大年精神应天道，刚毅坚卓、发愤图强、永不停息；顺地势，厚实和顺、增厚美德、容载万物。黄大年精神作为一种精神形态的文化存在，传承了中华民族的优秀基因，赓续了中华民族的优秀文化血脉，接续了中华民族的优秀精神命脉，是新时代中国特色社会主义先进文化的一面旗帜。黄大年的一生是继承和弘扬、学习和实践中华优秀文化的一生。他用生命践行着"天下兴亡，匹夫有责""人生自古谁无死，留取丹心照汗青""挽狂澜于既倒，扶大厦之将倾"；"大学之道，在明明德，在亲民，在止于至善""大道之行也，天下为公""老吾老以及人之老，幼吾幼以及人之幼"；"君子喻于义""君子义以为质""言必信，行必果""人而无信，不知其可也""德不孤，必有邻""出入相友，守望相助"等优秀传统文化精神。弘扬黄大年精神，培育先进文化，就要学习贯彻习近平总书记关于弘扬中华优秀传统文化的重要论述，推动中华优秀传统文化创造性转化、创新性发展，繁荣兴盛中国特色社会主义文化；坚定文化自信，弘扬社会主义核心价值观，提升社会主义文化软实力，筑牢人民群众幸福生活的精神家园；高举新时代中国特色社会主义伟大旗帜，将中华优秀传统文化转化为实现中华民族伟大复兴中国梦的强大精神力量。

三、弘扬黄大年精神的实践路径

实践是人类生活的永恒主题，也是推动人类进步的永恒动力。黄大年精神来源于实践，也必将在实践中得到传承和弘扬、丰富和发展。认真学习贯彻习近平总书记对黄大年同志先进事迹作出的重要指示精神，是当前和今后一个时期的重要政治任务，必须抓紧抓好抓出成效。

1. 在坚定理想信念中弘扬黄大年精神。习近平总书记2015年在纪念陈云同志诞辰110周年座谈会上指出："对马克思主义、共产主义的信仰，对社会主义的信念，是共产党人精神上的'钙'，没有理想信念，理想信念不坚定，精神上就会得'软骨病'，就会在风雨面前东摇西摆。"黄大年同志的理想信念坚如磐石、铁骨铮铮，他用宝贵生命谱写了一曲理想信念之歌。弘扬黄大年精神，一是深入学习贯彻习近平新时代中国特色社会主义思想，增强"四个意识"，坚定"四个自信"，坚决做到"两个维护"，自觉在思想上政治上行动上同以习近平同志为核心的党中央保持高度一致，坚定不移把党中央决策部署落到实处。二是始终坚持马克思主义指导地位，以习近平新时代中国特色社会主义思想为思想指针和行动指南，牢牢掌握意识形态工作领导权，建设具有强大凝聚力和引领力的社会主义意识形态。三是培育和践行社会主义核心价值观，用社会主义核心价值观铸魂聚力，凝聚中国力量、铸造中国价值、涵养中国精神，把社会主义核心价值观转化为人们的思想文化认同、道德情感认同和行为习惯认同。四是持续开展理念信念教育，坚持"两学一做"学习教育常态化制度化，牢固树立共产主义远大理想和中国特色社会主义共同理想，把个人理想追求融入祖国改革发展的伟大事业之中，融入人民创造历史的伟大奋斗之中。

2. 在推进"双一流"建设中弘扬黄大年精神。建设世界一流大学和一流学科，是党中央、国务院作出的重大战略决策，是建设高等教育强国的必然选择，是深化教育改革、加快教育现代化、办好人民满意教育的重要举措。黄大年是新时代教育工作者的杰出典范，黄大年精神是新时代中国特色社会主义教育的宝贵资源。用黄大年精神推动"双一流"建设，在"双一流"建设中弘扬黄大年精神，二者相辅相成、相得益彰。弘扬黄大年精神，一是在构建中国特色上下功夫，坚持扎根中国大地办教育，坚定不移地走中国特色社会主义高等教育道路，坚持教育为人民服务、为中国共产党治国理政服务、为巩固和发展中国特色社会主义制度服务、为改革开放和社会主义现代化建设服务，使中国高等教育彰显中国特色、中国风格和中国气派。二是在体现世界一流上下功夫，要有世界眼光、坚持国际标准、紧跟发展潮流，打开政策之门、制度之门和学术之门，同世界一流大学交流互鉴、竞争角逐、追赶超越。三是在围绕战略布局上下功夫，把高等教育融入国家发展战略，按照"五位一体"总体布局和"四个全面"战略布局，牢固树立创新、协调、绿色、开放、共享的发展理念，服务国家"一带一路"倡议。四是在坚持内涵发展上下功夫，加强以本科为本建设，提高本科教育教学水平，加强学科建设，构建优势学科和特色学科体系，加强制度建设，创建有利于解放教育生产力的制度环境，加强教师队伍建设，激发教师爱岗敬业、教书育人的内在活力。

3. 在繁荣校园文化建设中弘扬黄大年精神。校园文化是社会主义文化的重要组成部分，是新时代学校建设发展的重要软实力。校园文化对教师的立德树人和学生的成长成人具有潜移默化、润物无声的作用和影响。黄大年精神是校园文化盛开的最美花朵，洋溢着高尚和圣洁的气质，呈现出坚韧和质朴的品质，对繁荣校园文化具有十分重要的引领作用。弘扬黄大年精神，一是深入学习黄大年精神，把学习黄大年精神与"两学一做"学习教育活动、"弘扬爱国奋斗精神、建功立业新时代"教育实践活动、"不忘初心、牢记使命"主题教育活动等结合起来，在学习中受教育、知奋进。二是广泛宣传黄大年精神，排演黄大年话剧和小品，观看黄大年电影、电视和纪录片，举办黄大年先进事迹报告会，讲述黄大年故事，举办黄大年诗歌朗诵会，出版黄大年精神论文集，在宣传中深刻领悟、常学常新。三是积极践行黄大年精神，成立黄大年试验班，组建黄大年科技创新团队，开展黄大年式教师团队创建活动，树立黄大年式先进典型，在实践中学先进、赶先进。通过开展一系列内容丰富、形式新颖、思想领先、高雅文明的文化活动，加强中国特色社会主义校园文化建设，创建以文育人、以文化人的良好环境。

4. 在落实立德树人根本任务中弘扬黄大年精神。立德树人是中国特色社会主义的根本要求，是中国特色社会主义高校的根本任务，是检验新时代高校一切工作的根本标准。黄大年是立德树人的先进典范，黄大年精神为立德树人提供了强大的思想动力和精神支撑。黄大年精神所蕴含的爱国情怀、敬业精神和高尚情操，对立德树人具有十分重要的作用。弘扬黄大年精神，一是用黄大年精神激励青年学生成长进步、成人成才，教育他们爱国励志、求真力行，引导他们树立"四个正确认识",做"四有"好学生,成为实现中华民族伟大复兴的生力军,肩负起国家和民族的希望。二是用黄大年精神鼓舞广大教师教书育人、立德树人,引导教师坚持"四个统一",做"四有"好老师,坚持以德立身、以德立学、以德施教,有热爱教育的定力、淡泊名利的坚守。三是把黄大年精神纳入思想政治工作中去,融入思想道德教育、文化知识教育和社会实践教育各个环节,贯穿到全员育人、全程育人和全方位育人过程中,努力培养德智体美劳全面发展的社会主义建设者和接班人。

传承模范人物精神的时代价值

——兼论高校弘扬黄大年精神的现实意义

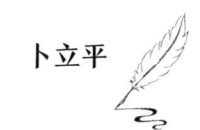

卜立平

内容摘要： 在社会转型期，教育和引导人民群众尤其青年人树立正确的人生观、价值观和世界观，正确认知模范人物社会影响、家国情怀，传承模范人物的社会价值和时代价值，推动在全社会树立自觉主动地学习模范人物精神观成为风尚和标杆。在新时代大潮中，弘扬和践行社会主义核心价值观，与学习弘扬先进模范人物所承载的精神和价值追求一脉相承、同气相求。在建设高等教育现代化强国进程中，高校师生学习践行时代楷模黄大年同志心有大我、至诚报国的爱国情怀，教书育人、敢为人先的敬业精神，淡泊名利、甘于奉献的高尚情操更具现实意义。

关键词： 模范人物；时代价值

作者简介： 卜立平，吉林大学应用技术学院党委书记、研究员。

心有大我 至诚报国
——黄大年精神闪耀着旗帜的光芒

习近平总书记对吉林大学已故"千人计划"专家黄大年同志先进事迹作出重要指示，号召我们要以黄大年同志为榜样，"学习他心有大我、至诚报国的爱国情怀，学习他教书育人、敢为人先的敬业精神，学习他淡泊名利、甘于奉献的高尚情操"①。黄大年是时代奋斗者的生动的音符，也是高等教育工作者中杰出代表之一，他的事迹引起了全社会的广泛关注和强烈共鸣。

一生太短，一瞬很长。黄大年老师离开了他惦记的科研工作、热爱的母校和牵挂的学生，但祖国、人民、吉林大学师生将不会遗忘他。黄大年在入党志愿书中曾写道："若能做一朵小小的浪花奔腾，呼啸着加入献身者的滚滚洪流中，推动历史向前发展，才是一生中最值得骄傲和自豪的事情。"在他看来，相对于人类发展的历史长河，每个人都是一个短暂的存在；同时哪怕是作为融入长河的一朵浪花，只要有所作为、不负此生，瞬间也能很长甚至永恒，成为功昭后人的精神而不朽，历久弥新。在13亿多人口的泱泱大国，教育和引导人民群众尤其青年人树立正确的人生观、价值观和世界观，树立自觉主动地学习模范观尤为重要，探讨传承模范人物的社会价值具有重要的时代价值。

一、弘扬模范人物的社会引领价值

（一）模范人物承载的精神价值认知。 对模范人物的思想、行为产生的强烈共鸣源于内心的最大认同感。这种价值或辐射的精神基于人的一定的思维感官之上而做出的认知、理解、判断或抉择，其具有主观性、稳定性、发展性等特征，蕴含行为取向和精神追求。每个人在社会中不是一个个体，不管从事什么样的职业，都归属于一个有机组织和平台。在中华上下五千年的文明史中，时代虽有不同，但在推进时代进步更迭的过程中，我们都能体会到每个时代都需要一种向上向善、凝聚人心、澎湃心潮、引发共鸣的精神和价值，既有稳定性的

---

① 新华社：《习近平对黄大年同志先进事迹作出重要指示》，2017.05。

传承,也有发展性的弘扬,更有接续性传承。黄大年心有大我、至诚报国,教书育人、敢为人先、淡泊名利、甘于奉献的精神,就体现了新时代知识分子的担当和追求,引领着高校师生社会价值追求的方向。

(二)正确理解模范人物的社会影响。抛开阶级观念,每个时代都在塑造着属于当时的模范人物和榜样群体,这个群体就是时代最直接、最生动的写照,他们体现着那个时代哪怕具有很强局限性的社会所引领的价值,引领社会向预想的方向去无限靠拢。从人类社会不断发展进步的阶段来看,每个阶段都有自己所推崇的人物和人物所承载的价值观,哪怕今天我们看到的古代野史杂谈中人物,或忠勇或仁义,无不爱憎分明,叹为观止。他们距离我们似乎很遥远、毫不相干,但是他们所承载的推动社会发展的社会价值却在情感上能得到共鸣认同,那就是抑恶扬善、弘扬正义、体现价值,这是一个基本的、正向的社会价值判断。

(三)践行模范精神的社会价值。在中国特色社会主义新时代,弘扬模范人物的社会引领价值更为社会所共识。这个时代是中华民族从站起来到富起来、再到强起来的历史进程的飞跃,我们身在其中,何其幸哉。在新思想的引领下在新时代有新作为,模范人物就是我们这个时代的价值取向。不是人人都能成为模范,但要向模范人物学习;做不出模范人物的惊天动地的事业,立足平凡岗位一样问心无愧。在懈怠时、迷茫时、患得患失时、瞻前顾后时,"三省吾身",在思想中、灵魂中、行动中融入个人价值、社会价值、生命担当。有了方向和目标、景仰和追求的人生才有价值,有了这样的理想信念的全体公民,才能看到"人民有信仰、国家有力量、民族有希望"真正成为现实。

二、弘扬将心比心的高尚家国情怀

(一)家国情怀的引领。"功成不必在我。"模范人物共同特点是融入高尚的家国情怀,不为一己之私、不图一己之利、不窃一己之名，站得住、推得开，是民族振兴和时代进步脊梁。在他们看来，家国无异。黄大年只为了那一句"我是有祖国的人"，就毅然放弃了国外优越的生活，说服开诊所的妻子中断事业，告别国际顶尖的科研团队，回到祖国，回到东北这块黑土地；回到母校后，更是全身心投入到教学科研中去，甚至没有节假日概念；有时候，当他听说其他科研单位的重要课题是当前国家急待突破和解决的，就会放下自己的工作，积极帮人家跑项目、跑资金，为的是推动国家科技总体战略向前发展。回国后他始终惦记着做事、做成事，时刻把巡天、探地、潜海的责任与担当扛在肩头，把当代知识分子的责任感、紧迫感和科学强国的使命放在心上。这种情怀积淀不是朝夕间就能形成的，而是思想深处的渴望和自己生长土壤的滋养。黄大年深沉的母校情、师生情，都源于内心的感念和反哺，源于接受哪怕是质朴的父母、树人老师的片言只语和微不足道的举动。

（二）家国情怀的现实意义。"发掘一个好榜样，可以带动一批人；树立一个好榜样，可以感召一代人。"[①]如果抛开社会发展阶段的局限性，纵观各个时代的模范人物，他们也都有一个特质，就是立足时代特点和使命，把个人的奋斗融入时代、融入国家。《孟子》曾云：天下之本在国，国之本在家，家之本在身。"小家"与"大国"休戚与共、同气相求。在新中国成立后，家国情怀更是超越了阶层的桎梏，不同时期、不同领域、不同岗位和不同身份的模范人物，他们的言行都体现了"位卑未敢忘忧国"的高尚的家国情怀。身教胜于言传，榜样们承载的精神就是时代精神的体现，让正能量春风化雨，凝结为一代人的集体记忆，激发起一代人的奋进动力。我们不乏精神感召，井冈山精神、长征精神、延安精神、雷锋精神、抗洪救灾精神、抗击非典精神、航天精神等等，每一个精神的旗帜下都凝聚着一批模范人物，承载和诠释精神的内涵。如今，我们提及无私奉献、助人为善的典范

---

① 崔文佳：《时代需要更多引领价值观的榜样人物》，《北京日报》2017.4。

就会自然而然地想到雷锋，谈到忘我实干依然会想到大庆油田建设者代表"铁人"王进喜，为民服务依然会想到焦裕禄、郑培民等等，包括改革开放40年来各行各业涌现出来的典型代表，每一个熠熠生辉、耳熟能详的名字背后，都承载着忘我奉献和崇高追求。而这种类比和思维的"条件反射"，其现实意义足以证明一份精神财富的持久力、感染力和号召力。[①]

三、弘扬黄大年精神的现实意义

人是社会和时代发展进步的决定因素。时代的发展滚滚向前，身处社会转型期，尤其需要越来越多的模范人物、榜样人物、先进人物的精神来引领社会主流价值观走向，让社会主义核心价值观成为我们自觉选择和主动行为。作为高等教育主阵地，高校师生传承弘扬我们身边的黄大年、郑德荣、李保国等先进模范人物精神格外重要，广大青年学生、教师和干部学习传承黄大年精神具有典型示范意义。

（一）勤学笃志，做奋斗者、好学生。一个时代的精神是青年代表的精神，一个时代的性格是青春代表的性格。青年学生是祖国的未来，是民族的希望，特别是在实现伟大中国梦征程中的年轻一代，是新时代的中流砥柱，是历史的见证者，更是践行者。青年学生正处在人生观价值观世界观形成的关键阶段，他们所接触的、耳濡目染的，需要满满的正能量来助力加油、来坚定信念、来振奋精神。习近平总书记在视察北京大学时殷殷嘱托广大青年，实现中华民族伟大复兴的中国梦，"广大青年生逢其时，也重任在肩""把自己的理想同祖国的前途、把自己的人生同民族的命运紧密联系在一起，扎根人民，奉献国家"。他指出："新时代青年要乘新时代春风，在祖国的万里长空放飞青春梦想，以社会主义建设者和接班人的使命担当，为全面建成小康社会、全面建设社会主义现代化强国而努力奋斗，让中华民族

[①] 崔文佳：《时代需要更多引领价值观的榜样人物》，《北京日报》2017.4。

伟大复兴在我们的奋斗中梦想成真。"①在新时代的广阔的大有可为的平台上，如何大有作为，需要青年人既有仰望星空之志，又有脚踏实地之才，爱国、励志、求真、力行，这与学习黄大年"心有大我、至诚报国"的高尚品质和崇高精神高度一致。

（二）甘为人梯，做引路人、好老师。建设社会主义强国，人才是关键；人才培养，关键在教师。教师队伍素质直接决定着大学办学能力和水平。习近平2014年在北京师范大学考察时指出，教师重要就在于教师的工作是塑造灵魂、塑造生命、塑造人的工作。在我们的求学路上，遇到一个好老师就可能改变我们的人生路径；学校留给我们更重要的财富，就是名师云集和老师们的言传身教；春蚕到死和蜡炬成灰的师道精神的传承放大，拥有得天下英才育之的老师是民族的振兴的希望。中华民族有浓厚的尊师重道传统，老师既是学业导师，又是人生导师。黄大年曾多次回忆求学路上遇到的好老师，哪怕是关心问候、举手之劳，都让他回味感动。如今黄大年的学生们也在回忆着老师的点点滴滴，无不潸然泪下、感念万分。这种感染就是人格的力量、教师的力量、师承的力量。争做有理想信念、有道德情操、有扎实知识、有仁爱之心的好老师，黄大年"教书育人、敢为人先"精神就是对有理想信念、有道德情操、有扎实学识、有仁爱之心的"四有"好老师的最好注解，这种精神在建设"双一流"大学和实现高等教育强国梦的伟大征程上弥足珍贵。

（三）忠诚干净，做践行者、好干部。黄大年去世后被追认为优秀共产党员称号，他是当代共产党员的杰出代表。黄大年在国外有着优越的生活、科研条件，有着实现自己理想甚至梦想的高端平台，但是面对祖国的召唤，他毅然决然放弃已经拥有的让人羡慕的一切，回到魂牵梦萦的祖国。这与无数的模范人物心气共通，那就是在他们的身上都体现出"淡泊名利、甘于奉献"的崇高精神。在高校"双一流"

---

① 习近平：《在北京大学师生座谈会上的讲话》，《人民日报》2018.5。

建设的进程中，在教育大国向教育强国迈进的征程中，奋进精神贯穿始终，而成就奋进和成就"双一流"的因素在于高校的知识分子、师生、党员和干部，这是写好新时代奋进之笔的力量源泉。在这个伟大进程中，需要我们学习践行黄大年精神，政治过硬、思想过硬、工作过硬、作风过硬，把实干兴邦的责任记在心里、扛在肩上、落到实处，把黄大年精神根植心中，不懈怠、不推诿，树立正确的义利观，不畏浮云，以涓涓细流汇入大海的心胸气度和不懈努力，以钉钉子的、锲而不舍的精神在新时代的舞台上，真正为国家、为学校、为师生做出积极贡献。

"高山仰止，景行行止，虽不能至，然心向往之。"黄大年同志和模范人物，用他们的生命付出、现实奋斗和直达人心的精神，树立起了一座座丰碑和一个个标杆，他们既是有血有肉的个体，更是中华民族生生不息的脊梁和灵魂。站在新时代新起点，弘扬好、传承好黄大年精神，激励广大知识分子、青年学生为实现具有中国特色的世界一流大学建设目标，为实现"两个一百年"奋斗目标和中华民族伟大复兴的中国梦不懈奋斗，这是传承模范人物精神的时代价值和社会意义，也是我们学习宣传黄大年等模范人物精神的现实作用。

至诚铸师魂
——论黄大年精神的文化内核和时代内涵

白 宇 关升亮

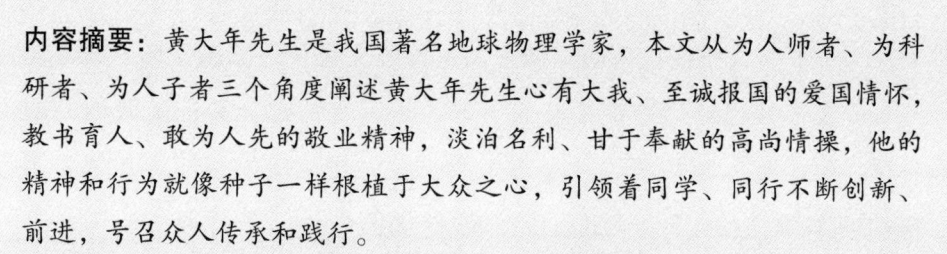

内容摘要：黄大年先生是我国著名地球物理学家，本文从为人师者、为科研者、为人子者三个角度阐述黄大年先生心有大我、至诚报国的爱国情怀，教书育人、敢为人先的敬业精神，淡泊名利、甘于奉献的高尚情操，他的精神和行为就像种子一样根植于大众之心，引领着同学、同行不断创新、前进，号召众人传承和践行。

关键词：黄大年精神；引领；传承

作者简介：白宇，吉林大学党委宣传部副部长，副教授。关升亮，吉林大学党委办公室，正科级秘书。

心有大我 至诚报国——黄大年精神闪耀着旗帜的光芒

黄大年教授是我国地球物理学家、"千人计划学者"、优秀的中国共产党党员，他放弃国外优厚条件毅然回国，将全部身心投入到科研事业中，取得了辉煌的成果，但积劳成疾，重病在身却不肯休养，直至生命终点仍在工作岗位上拼搏，他的感人事迹至今被国人传颂。习近平总书记在对黄大年同志事迹的重要指示中强调3个"学习"："学习他心有大我、至诚报国的爱国情怀，学习他教书育人、敢为人先的敬业精神，学习他淡泊名利、甘于奉献的高尚情操，把爱国之情、报国之志融入祖国改革发展的伟大事业之中、融入人民创造历史的伟大奋斗之中，从自己做起，从本职岗位做起，为实现'两个一百年'奋斗目标、实现中华民族伟大复兴的中国梦贡献智慧和力量"。① 如何更好地贯彻习总书记的指示，学习黄大年精神，本文拟从黄大年精神的文化内核、时代内涵两方面进行初步探讨。

一、黄大年精神的文化内核

（一）黄大年精神中的至诚报国是传统文化中"家国情怀"的体现

黄大年教授的事迹中最感人至深、最闪光的部分是他始终如一的爱国主义品德，可以说，"心有大我、至诚报国的爱国情怀是黄大年精神的本质特征。"② 无论是放弃海外优厚的生活条件毅然回国，投身祖国地球物理科研事业的实际行动，还是当年在毕业纪念册上那句"振兴中华，乃我辈之责"的感人肺腑留言，都是黄大年教授"家国情怀"的生动体现。"为什么回国？"这是经常有人问黄大年教授的问题。而黄大年教授的回答也很简单："回国的根源就是情结问题，我惦记着养育我成长的这片土地。"这是一颗怀着赤子之心的学者最掷地有声的回答。

"家国情怀"植根于传统文化，是所有炎黄子孙共同认可的价值

---

① 新华社评论员：《心有大我 至诚报国——学习贯彻习近平总书记对黄大年同志先进事迹重要指示》，新华网，2017年5月26日。
② 陈宝生：《伟大时代需要弘扬黄大年精神》，《光明日报》2017年8月12日。

观体系，是传承至今仍旧生生不息的全体认知，是中华民族传统文化的重要元素。无论是《礼记·大学》里"修身齐家治国平天下"的人文理想、范仲淹《岳阳楼记》中"先天下之忧而忧、后天下之乐而乐"的忧患意识与责任担当，还是老一辈无产阶级革命家周恩来总理少年时代立下的"为中华之崛起而读书"的宏伟志向，都是"家国情怀"在中华民族各个历史时期的具体体现。那是一种自身的理想、抱负与国家、民族休戚与共的壮怀，是以天下为己任的思想境界。"家国情怀"犹如一条川流不息的江河，塑造了中华民族坚韧不拔的灵魂，也滋养了一代又一代国人的精神家园。我国知识分子历来有着浓厚的"家国情怀"，有强烈的社会责任感，重道义、勇担当。黄大年精神的核心正是这种"家国情怀"的传承。

（二）黄大年精神是社会主义核心价值观的体现

黄大年教授用爱国主义的激情和对科学事业的奉献之火，燃烧自己，用热血和生命践行了社会主义核心价值观，黄大年精神是社会主义核心价值观中"爱国、敬业、诚信、友善"的生动诠释。

黄大年教授的爱国主义精神体现在他"心有大我、至诚报国"的高尚情怀，敬业精神体现在他教书育人、敢为人先上。在他身边的同事和学生的眼里，黄大年教授是位"科研疯子"，这是因为黄大年教授被严重的心脏病等数种疾病缠身，总是随身携带速效救心丸。在他主持的科研项目验收前，他连续熬了三个晚上查遗补漏，该项目成果经鉴定已处在国际先进水平。为了填补国内空白、追赶上世界步伐，他拼命工作，惜时不惜命，根本不考虑自己的身体状况。团队的同事说："他是拿命在做科研啊！这么下去，铁打的身体也扛不住啊！"这位"拼命黄郎"在微信朋友圈里这样说："我是活一天赚一天，哪天倒下，就地掩埋……"这是何等的敬业精神！只有在坚定的理想和信念的支撑下，一个血肉之躯才能如此为祖国科技事业拼搏奉献！黄大年教授的诚信友善体现在他的待人真诚上。在学生们心中，黄大年教授从来不是一个"高高在上的学术权威",而是一个"严师慈父的长辈"、一个"推心置腹的朋友"。黄大年的学生、吉林大学地球探测科学与技术学院青年教师李丽丽说:"当年,黄老师创造各种机会送我去学习英语、参加国际交流,毕业后还为我留校四处奔波。"那些年的傍晚时分,如果走廊里传来大家都熟悉的脚步声,学生们就知道,黄老师来了。他会一间一间屋子走过去,挨个询问大家吃没吃晚饭、有没有问题。"绝不能亏待了这帮孩子,绝不能耽误了这拨人才。"这句话,黄大年教授常挂在嘴边。他用无数次实际行动帮助学生解决学习、生活上的困难。认识黄大年的人都说,他就是这样一位从内心关心别人的人,他就是这样一位善待周围每个人的人。

二、黄大年精神的时代内涵

(一)黄大年精神具有时代性的特征

当前,我国正处于全面建成小康社会的决胜阶段,处于实现"两个一百年"奋斗目标、实现中华民族伟大复兴中国梦的伟大时代。伟大的时代呼唤伟大的精神,因为伟大的精神能起到激励时代前进、树立时代楷模的作用。同样,一种伟大的精神无法脱离伟大时代对其的孕育,是这个日新月异的时代造就了黄大年的伟大精神。

在回国整6年的那一天,黄大年写下的"朋友圈"至今读起来仍让人感慨:"从海漂到海归一晃18年,得益于国家强大后盾,在各国才子强强碰撞的群雄逐鹿中从未言败,也几乎从未败过!拼搏中聊以自慰的追求其实也简单:青春无悔、中年无怨、到老无憾。"这个伟大时代和日益增强的国力,塑造了黄大年精神中的民族自豪感、在科研领域永不言败的自信心、一往无前的拼搏精神。党的十八大以来,习近平总书记立足实现"两个一百年"奋斗目标、实现中华民族伟大复兴的中国梦,再一次从历史和时代的高度来把握科教事业,深刻阐明时代发展对科教工作提出的新要求,以其对社会主义科教事业的发展规律的积极探索和深邃思考，对时代与科教的关系这一重大命题进行了深刻阐述和明晰地回答。黄大年教授让生命为祖国而澎湃，把为祖国富强、民族复兴、人民幸福贡献力量作为毕生的追求，是鼓舞我们不断前行、努力奋进的心灵源泉。

（二）黄大年精神具有创新性的标志

习近平总书记2014年在上海考察时强调，"谁牵住了科技创新这个牛鼻子，谁走好了科技创新这步先手棋，谁就能占领先机、赢得优势。"学习黄大年精神更要把握其创新性这一重要特征。黄大年教授回国后，全身心地投入我国地球物理学的科研事业，创新是他在科研中一直秉持的理念。7年间黄大年教授带领400多名科学家创造了多项"中国第一"，为我国"巡天探地潜海"填补多项技术空白。以他所负责的第九项目——"深部探测关键仪器装备研制与实验"的结题为标志，中国"深部探测技术与实验研究"项目5年的成绩超过了过去50年，深部探测能力已达到国际一流水平，局部处于国际领先地位……国际学界发出惊叹：中国正式进入"深地时代"！所以，我们可以说创新精神是黄大年教授进行科研时的主导思想，也是黄大年精神的重要标志。

（三）黄大年精神具有示范性的作用

榜样的力量是无穷的。黄大年教授的事迹一经报道，很快就传遍大江南北。全国各界都掀起了一股学习黄大年精神的热潮。人们无不为黄大年的"心有大我 至诚报国"的爱国主义情怀所感动，无不自觉地学习他教书育人、敢为人先的敬业精神，学习他淡泊名利、甘于奉献的高尚情操。黄大年精神具有强大的感染力，是因为他放弃国外优越的生活、科研条件，义无反顾地回到祖国；是因为他用自己的全部生命，用强忍不治之症带来的巨大痛苦，依旧进行科研的行动来践行他留在毕业纪念册上"振兴中华，乃我辈之责"的诺言，这是一位知识分子对伟大祖国的殷殷报国之情。黄大年精神有强大的穿透力，是

心有大我 至诚报国——黄大年精神闪耀着旗帜的光芒

因为他没有辞藻华丽的话语，他曾经在飞机上发病昏迷之前，在剧痛中说出的那句"如果我不行了，请把我的电脑留给国家，里面的资料很重要"令听者无不动容的话语，发自一颗多么炽热、多么滚烫的拳拳爱国之心。黄大年精神有巨大的凝聚力，是因为他一心为公，淡泊名利、担当道义、甘于奉献。他带头践行社会主义核心价值观，坚持教书与育人相统一、言传与身教相统一，并以此为凝聚力。黄大年去世后，他的科研团队以更加团结奋进的精神状态继续着黄大年未竟的事业，深探项目顺利完成了验收。

弘扬黄大年精神不能搞一阵风工程，不做面子文章，而要作为一项重要的政治任务落实到细节、扎实推进，以知促行、以行促知、知行合一，真正做到心中有信仰，脚下有力量。对于我校的宣传工作来说，就是要使黄大年精神传播到每个人内心中去，并使之化为实现"两个一百年"奋斗目标、实现中华民族伟大复兴中国梦的伟大时代而奋斗的动力，继续认真贯彻习近平总书记重要指示，广泛开展向黄大年同志学习活动，与深入学习习近平总书记系列重要讲话精神、推进"两学一做"学习教育常态化制度化结合起来，用黄大年同志的感人事迹和崇高精神引领广大党员做合格党员、当时代先锋，彰显共产党人的本色；在宣传工作中还要让黄大年精神化作春雨，滋润青年学子的心灵，使"心有大我、至诚报国"的情怀进心、入脑、形成思想，并指导行动，使他们未来能够成为担负起中华民族伟大复兴的历史重任的栋梁之才。

用黄大年精神培养当代大学生的家国情怀

李善兴　孙　超

内容摘要：本文通过对黄大年精神的阐释，特别是对其家国情怀的论述，结合当代大学生家国情怀的现状，说明了培养大学生家国情怀的重要性。最后，通过将黄大年精神融入高校教师队伍建设、课堂教学、社会实践、校园文化建设等途径，说明了如何用黄大年精神培养当代大学生的家国情怀。

关键词：黄大年精神；家国情怀；大学生；培养

作者简介：李善兴，吉林大学汽车工程学院党委书记。孙超，吉林大学交通学院团委书记。

黄大年同志作为一名从海外归国的科学家，不仅有很高的学术造诣，卓越的科学精神，更有一颗赤子之心。2017年5月，习近平总书记对黄大年同志先进事迹作出了重要指示，"要学习他心有大我、至诚报国的爱国情怀，学习他教书育人、敢为人先的敬业精神，学习他淡泊名利、甘于奉献的高尚情操，把爱国之情、报国之志融入祖国改革发展的伟大事业之中、融入人民创造历史的伟大奋斗之中"。黄大年精神蕴含着深厚的爱国之情和报国之志，正是这种家国情怀激发着人们的共鸣，弘扬着新时代的主旋律。家国情怀是个人对家深厚的感情，是对社会发展的担当，是为了人民幸福所承担的责任。回首中华民族的历史，能够多次历经磨难而浴火重生，能够在面对各种艰难险阻时披荆斩棘，都是因为融入民族血脉的家国情怀起了重要作用。"天下兴亡，匹夫有责"，中国人的气节和情感始终和国家的命运、民族的发展息息相关，而黄大年同志所体现的社会责任感和教师使命感正是对这种家国情怀的阐释。

一、黄大年的家国情怀的具体体现

"你们一定要出去，出去了一定要回来；你们一定要出息，出息了一定要报国。"这是黄大年对学生的要求，也是他人生信念的写照。每一名国人在国际上的自信心和自豪感都来自背后强大的祖国；而祖国的发展也正是因为这些充满爱国热情的有识之士。黄大年的家国情怀也正是体现于此。

（一）心有大我、至诚报国

十多年的国外工作、生活经历，使黄大年拥有了巨大的成就和殷实的家庭。但是当祖国召唤时，他没有纠绊于自身的利益得失，而是辞掉了待遇优厚的工作，离开了舒适的环境，甚至以"威胁离婚"让妻子卖掉了自己的诊所。他将自己的理想与国家利益紧密结合，让自己的未来和祖国的发展融为一体，用实际行动履行了"只要祖国需要，我必全力以赴"的誓言。黄大年"心有大我",这个"大我"就是祖国的发展与强大,人民的幸福和安康。他对这一切充满了使命感和责任感,并用行动展现了爱国知识分子的博大情怀。

(二)潜心科研、甘于奉献

黄大年作为一名归国的知名学者,不计较个人得失,专于学术,淡泊名利;作为一名科研工作者,他恪尽职守,兢兢业业,带领着团队完成了多项重大课题。他还经常说,教师是自己最重要的身份。因此他为人师表,言传身教,培养出了大批的优秀研究生。感悟着黄大年的事迹,便不禁会想起那些在建国初毅然回国的科学家:梁思礼、朱光亚、钱学森、邓稼先、钱三强……正是这一代代血脉中澎湃着爱国激情的知识分子,用刻苦钻研的精神,忘我拼搏的行动,默默无闻的奉献,践行着科技报国的宏愿。

二、家国情怀对当代大学生具有重要价值

青年是祖国的未来,青年强则国家强,培养青年大学生的家国情怀正是实现中国梦的思想助力。大学生作为国家培养的栋梁,只有深怀爱国之情,报国之志,强国之才,才能真正成为民族复兴的脊梁。因此加强对当代大学生家国情怀的培养是十分重要的。

(一)当代大学生自身缺乏家国情怀培养的氛围

在当前文化多元、生活多元、信息多元的时代,越来越多的青年人追求的是个性的张扬和自我的满足。由于家庭环境、成长氛围的影响,一些青年想到的只有"自己的想法""自身的利益",甚至对自己都不珍惜,对父母都不感恩,又何谈对社会、对国家的责任。网络技术的进步,使人们获取信息的渠道更多样,涉猎到的内容更广泛。同时,自媒体的发展使更多的青年专注于"展现自我",这些都会对青年学生在思想上、价值观和世界观的形成上产生不良的影响。另一方面,由于社会大环境,人们受到拜金主义、个人功利主义的影响,

从"读书无用论"到"读书为利论",越来越多的人认为学习只是在为自己谋发展、图利益。而从中学开始,只是把考上好的大学作为教育目标;在大学更多的学生则是把精力放在考研、就业这些关系自身利益的事情,家国天下对于他们来说都是身外之物,又何谈家国情怀。所以,加强对大学生的家国情怀教育已成当务之急。

(二)培养家国情怀是践行社会主义核心价值观的重要内容

习总书记2014年在文艺工作座谈会上的讲话指出:"在社会主义核心价值观中,最深层、最根本、最永恒的是爱国主义。"而家国情怀可以说是爱国主义的源泉。社会主义核心价值观作为社会主义核心价值体系的高度凝练和集中表达,分为国家、社会、个人三个层面,而家国情怀所包含的个人情感、社会责任、国家发展正是这三个方面的有机统一。在中华民族几千年的历史长河中,正是根植于文化精神和民族品质中的家国情怀,才使得我们战胜了一次次的艰难险阻,并即将实现中华民族的伟大复兴。大学生作为新时代中国特色社会主义的重要建设者,只有其思想与时代的精神和历史的要求相统一,才能更好地为国家、为人民服务。所以加强对大学生家国情怀的培养也就是为其践行社会主义核心价值观提供思想引领和内在动力。

(三)培养家国情怀能够抵制西方国家的思想文化渗透

大学生正处于思想相对开放,正在逐渐确立自我感知和社会认知的阶段。而我们能够明显地发现当代西方的文化渗透已经强势融入了人们的日常生活和娱乐中。境外非法宗教的传播、西方的电影"大片"和情人节、复活节、圣诞节等"洋节"无不吸引着众多大学生的关注。当人们的文化生活改变了,精神世界也必然会随之变化。所以,十八大以来,习总书记在多个场合提到了中华优秀的传统文化,提到了"文化自信"。而家国情怀作为中华传统文化和民族思想的精髓,必然能够在抵制西方国家思想文化渗透方面起到积极作用。

三、用黄大年家国情怀思想培养青年大学生

榜样的力量是无穷的。黄大年作为当代优秀科技工作者的代表，作为高校教师的楷模，他所展现出的家国情怀、敬业精神和奉献精神都是值得每一个人学习的。特别是对于当代大学生，这种对祖国充满感情、对社会充满责任、对事业充满热爱的精神，正是他们所需要的精神食粮和信念支柱。

（一）将黄大年精神融入高校教师队伍建设中

韩愈的《师说》中写道："师者，所以传道授业解惑也。"为师者首先就是要"传道"：传做人的道理，传学习的道理。老师所传授给学生的不仅仅是知识，更是要通过为人师表，把正确的三观、积极的人生态度和敬业精神传递给学生。立德树人作为教育的根本任务，首先只有教师自身立德方可立他人之德。黄大年作为当代高校教师的杰出代表，他心有大我的家国情怀，甘于奉献、不计回报的优秀品质，兢兢业业、勤于钻研的科学精神都是值得教育工作者学习的。所以高校要在广大教师当中加强黄大年精神的学习，教师要以实际行动来践行黄大年精神，并用自己的言传身教去培养更多优秀的学生。

（二）将黄大年精神融入课堂教学当中

高校的课堂不仅是传授知识的殿堂，也是对学生进行思想教育的重要阵地。首先，高校的思想政治理论课是对学生进行思政教育的主要渠道，对大学生的思想成长和人生认知有着重要作用。但是这类课程往往得不到学生的重视。那么在教学中，就需要用更鲜活的事例，更感人的事迹来提升课堂效果。黄大年作为新时代的一面旗帜，他的事迹更贴近学生的生活。所以将黄大年精神，特别是他的家国情怀融入思政课的教学实践中，有利于增强思政课的吸引力和实效性，有利于让学生更深入、细致地了解黄大年精神，感悟他的爱国情，报国志。其次，黄大年作为一名高校的科研工作者，他"拼命黄郎"的科研精

神和奉献精神使我国的多项技术走在了世界科学研究的前沿。虽然研究的学科门类不同，但高校教师可以在日常授课、实验、科研中通过自身的言行践行黄大年精神，并把它有意识地传递给学生，使学生在课堂中受到感染和教育。

（三）将黄大年精神融入学生社会实践当中

大学阶段是初步感知社会，形成思想认知的重要时期。认知源自实践，并在实践中得到提升和验证，所以现在教育部门都非常重视学生的社会实践活动。黄大年精神是他将个人理想和国家发展实践融合的产物，是新时代全国各族人民在党的领导下全面建成小康社会的精神旗帜。高校可以组织学生利用课余时间开展社会实践活动，参观黄大年同志生前学习和工作的地方，组织开展专题座谈等，使他们亲身感受到黄大年精神的伟大，从而进行思想和精神上的洗礼。同时在社会实践中，我们也要鼓励学生走进各行各业的平凡岗位。虽然在这些岗位工作的人没有轰轰烈烈的事迹，没有高深的科学素养，没有举世瞩目的成就，但他们用自己的辛勤付出也在实现着自身的价值，在为社会主义建设添砖加瓦。这可以说也是黄大年精神的一种体现，是值得大学生去学习感悟的。

（四）将黄大年精神融入到校园文化建设当中

高校的校园文化是最贴近学生生活的文化，它所具备的思想教育作用能够做到"润物细无声"。但是面对当今各种思想文化的交汇，高校的校园文化也正在逐渐地发生变化。这种变化，有适应当今社会发展的积极因素，也有生活颓废、娱乐人生的消极后果。为了改变这种现状，就需要采取更有效的方式来净化校园的文化环境，构建积极进取的校园氛围。因此，将黄大年精神融入高校校园文化的建设中是十分必要的。学校可以在学生组织中开展宣传、学习黄大年精神的活动，使广大学生了解黄大年精神，使学生活动融入黄大年精神。同时，可以利用新媒体在校园网络加大对黄大年精神的宣传，使学生能够做到随时、随地、随手学习，从而为大学生树立家国情怀营造良好的校园文化氛围。

回顾黄大年同志的一生，家国情怀是始终伴随着他的。他的心中只有祖国的发展、社会的进步、人民的幸福，而没有个人的得失。他所展现出的家国情怀是发自内心的，是和实际行动相统一的。当代大学生作为社会主义事业的建设者和接班人，就需要深入学习黄大年精神，树立家国情怀，激发使命担当，为早日实现中国梦努力奋斗。

学习黄大年三个"情"字，回归教师四"求"秉性

杨印生

内容摘要： 结合学校的要求和对习近平总书记重要指示的学习体会，作者认为学习黄大年精神重在学习黄大年精神的三个"情"字，即心怀爱国之情、科研创新激情、教书育人热情；关键在于回归教师岗位的四"求"秉性，即求本、求真、求实、求善。

关键词： 黄大年精神；学习；回归

作者简介： 杨印生，吉林大学生物与农业工程学院教授、博士生导师。

心有大我 至诚报国
——黄大年精神闪耀着旗帜的光芒

吉林大学党委宣传部在 2017 年 2 月 26 日就发布了《关于开展向我校优秀教师、吉林省特等劳动模范黄大年同志学习的决定》，5 月 25 日中共中央总书记、国家主席、中央军委主席习近平对黄大年同志先进事迹作出重要指示，高度评价了他的突出贡献和崇高精神，发出了向黄大年同志学习的号召。重要指示指出，黄大年同志秉持科技报国理想，把为祖国富强、民族振兴、人民幸福贡献力量作为毕生追求，为我国教育科研事业作出了突出贡献，他的先进事迹感人肺腑。习近平强调，我们要以黄大年同志为榜样，学习他心有大我、至诚报国的爱国情怀，学习他教书育人、敢为人先的敬业精神，学习他淡泊名利、甘于奉献的高尚情操，把爱国之情、报国之志融入祖国改革发展的伟大事业之中、融入人民创造历史的伟大奋斗之中，从自己做起，从本职岗位做起，为实现"两个一百年"奋斗目标、实现中华民族伟大复兴的中国梦贡献智慧和力量。

习近平总书记对黄大年同志先进事迹作出的重要指示，充分体现了党中央对广大知识分子和科技工作者的重视和关爱、重托与期待，在全社会引发广泛共鸣，必将凝聚起爱我中华、共筑梦想的磅礴力量。学校党委要求各级党组织要组织好开展好向黄大年教授学习的活动，并把学习活动同深入学习习近平总书记系列重要讲话精神结合起来，同激发人才创新创造活力、推动学校快速发展结合起来，同加强和改进学校思想政治工作、培育和践行社会主义核心价值观结合起来，教育和引导全校师生脚踏实地、埋头苦干、爱岗敬业、无私奉献、刻苦学习、顽强拼搏、爱校荣校、凝心聚力，深入实施学术立校、人才强校、创新兴校、开放活校、文化荣校战略，为实现高水平研究型大学的办学目标和加速推进世界一流大学建设的伟大事业而努力奋斗。

结合学校的要求和对习近平总书记重要指示的学习体会，我个人认为学习黄大年精神重在学习黄大年三个"情"字上，即心怀爱国之情、科研创新激情、教书育人热情；关键在于回归教师四"求"秉性，即求本、求真、求实、求善。

一、求本

大家知道大学具有四大功能，即人才培养、科学研究、社会服务和文化传承，其中人才培养是第一功能。我这里说的求本其实就是说大学应该回归人才培养，而教师应该回归教书育人，因为教书是天职、育人是义务。如果一个教师连书都教不好，那就不是一个合格的教师。就连黄大年这样一个国际知名的战略科学家，也在恪守教书育人的职责，始终热心于教书育人，对人才培养投入了无比的热情，而且在诸多身份里，黄大年最喜欢"老师"这个称谓。2010年，吉林大学鼓励名师义务担任本科生班主任，他欣然同意担任首届"李四光试验班"班主任，而且根据个人特点和国家需要来规划每个学生的发展方向，还曾资助过26名学生出国交流和参加学术会议。

另外，这里的求本还有一个意思，那就是回归本科教学，回归本科人才的培养。一个大学的生命力就在于对本科人才的永续培养和品牌传播，所以不重视本科教学的大学是会短寿的。中国特色社会主义进入新时代，中国的高等教育呈现出新的特征和内涵。教师本身不仅正处在这个伟大的时代，更重要的是我们正在培养着新时代的弄潮儿，所以我们教书育人的使命更加光荣，立德树人的责任更加重大，要求我们必须始终心怀强烈的时代感和使命感，始终不忘等不起的紧迫感、慢不起的危机感和坐不住的责任感，撸起袖子、只争朝夕，培养出更多的适应新时代和现代化要求的优秀人才。

二、求真

了解黄大年同志的人都说他是一个很真实的人、很坦荡的人，当年他回到母校工作时这样说过："想回来，需要果断，就是这么简单。对我而言，我从未和祖国分开过。只要祖国需要，我必全力以赴，这也是从小父母的教诲——为国担当。"多么朴实无华的言语，折射出黄大年为人做事的本真。中国留学人员联谊会副会长、清华大学时任副校长施一公院士这样评价他："大年是我认识的所有科学家里面，对中国、对中国人的事业、对我们中国的老百姓最赤胆忠心的科学家，具有极其强烈的报国热情，改革开放以后归国科学家的典型。"为了实现祖国在科学技术上的多处弯道超车，黄大年同志回国7年间带领由院士、大学校长、研究所所长等400多名高级别研究人员组成的团队协同攻关，创造了多项"中国第一"，为我国"巡天探地潜海"填补了多项技术空白，我国的深部探测能力已经达到国际一流水平，局部处于国际领先地位，国际学界惊叹中国正式进入"深地时代"。

著名教育家陶行知曾经说过，"千教万教教人求真，千学万学学做真人"。著名哲学家、吉林大学孙正聿教授曾经对我校已经取得了硕士或者博士学位、即将从事教学科研的同学们讲过四个"真"字。第一，真诚。如果你要从事教学科研工作，就必须有一种抑制不住的渴望，不是别人要你怎样做，而是它是你自己的一种生命的意义和价值之所在。第二，真实。作为一个学者，它是一种人格化的学术，而这种学术研究的真正的根基，是一种积累，叫作滴水穿石的积累。一是文献积累，得道于心；二是思想积累，发明于心；三是生活积累，活化于心。如果离开了这样一个坚实的积累，就不可能在科研的道路上取得真实的成就。第三，真切。科学研究当中，如果一个人没有一种真实的高峰的心理体验，你绝对不会有创新性的成果。所谓的真切，就是要有一种举重若轻的洞见，是一种直觉的顿悟和灵感爆发的过程。第四，真理。要做出一种剥茧抽丝的论证。从事科研教学的老师们只有具备真诚、真实、真切和真理的态度，才有可能在教学和科研当中取得真实的成就。所以我们作为高校的教师，应该达到做真人、行真事、说真话、讲真理、搞真学问，避免学术浮躁、严禁学术不端。

三、求实

黄大年教授在科研创新方面一贯秉承求真务实的态度，坚持科学研究既仰望星空又脚踏实地。可以说国家有什么需要，黄老师就做什么，除了他已经承担的大量国家级科研攻关任务，他还做了很多不显眼却很重要的工作。比如，为了提升中国深部探测技术的科学普及度，他在校内四处联络，还组织编纂科普读物，参与科学技术的推广普及。中国科学院院士任露泉教授也多次寄语年轻教师"老老实实做人、实实在在做事、认认真真做学问"。

围绕国家"双一流"建设，面向新时代的"立德树人"，我们应该在思想上敢于创新、效果上实字托底。以农业工程学科建设和农业机械化工程领域人才培养为例，必须学会借力卓越人才培养计划、新工科建设机遇和学校国际化进程，改造现有学科专业和课程体系，不断提高本科生、研究生人才培养质量，提升人才培养的国际化水平。组织标志性科研团队，致力实用性、适用性、先进性的农机装备研制与推广，力争在全程农业机械化主要环节的关键技术上有突破，研制的装备要做到：放在实验室有看点、企业拿去能赚钱、农民买了能种田，更好地服务区域经济、服务农业现代化，为社会做出更大贡献！

四、求善

古人云：百善孝为先。不过我还想加上一句话：欲和先求善。我这里说的善是与人为善，要善待周边。了解熟悉黄大年教授的人都认为他是一个很易相处的学者，而且他对同事、学生都是那样友好可亲。虽然他是一个大家级的科学家，却是那么热忱，怀揣一颗赤子之心，永远把阳光洒向周围的人。与他有过紧密合作的许多知名学者这样评价他："黄大年教授仁厚、善良、真诚，以其人格魅力影响着社会各界人士，与他交往不多，却让人心向往之。"一所高校、一个学院的发展必须要有和谐的氛围和健康的文化，这是基础是保障。如何营造大学和学院的和谐氛围呢？我想应该从善待周边开始，善待学生、善待同事、尊敬老学者、扶持年轻人。正如哲学家孙正聿教授所说，高校同事之间应该做到人格上互相尊重，学术上互相欣赏，工作上互相支持，生活上互相关心。

好的秉性才会有好的氛围，好的氛围才能有好的传承，好的传承才会有好的创新和好的文化，从而才会形成好的大学故事。

学习黄大年精神，推动"双一流"建设

孟文卓

内容摘要："双一流"是建设高等教育强国的重要标志，我们要学习黄大年精神，服务国家发展，立足提升高等教育水平，落实示范引领作用，推动"双一流"建设，为实现中华民族伟大复兴做出贡献。

关键词：学习；黄大年精神；推动；"双一流"建设

作者简介：孟文卓，吉林大学物理学院党委书记。

心有大我 至诚报国——黄大年精神闪耀着旗帜的光芒

黄大年老师离开我们已经两年了，黄大年的精神随着时间的推移越来越厚重，越来越催人奋进，越来越影响深远。2018年，我参加了"心有大我·至诚报国"纪念习近平总书记对黄大年同志先进事迹作出重要指示一周年主题诗话会活动。朗诵者拿着朗诵诗站在舞台上，好像黄大年老师就在我们身旁，关注着吉林大学的发展和中国的兴盛。听着诗人阿紫和电影《黄大年》中黄大年的扮演者张秋歌满含深情的朗诵，我再一次体会到黄大年老师的人格魅力、精神境界和爱国情怀。2017年5月，习总书记对黄大年老师的先进事迹作出了重要指示："我们要以黄大年同志为榜样，学习他心有大我、至诚报国的爱国情怀，学习他教书育人、敢为人先的敬业精神，学习他淡泊名利、甘于奉献的高尚情操。"习总书记的指示全面深刻地总结了黄大年老师的一生，为我们学习黄大年精神指明了方向，为学校"双一流"建设提供了精神食粮。

一、学习黄大年精神，服务国家发展，推动"双一流"建设

党的十九大报告指出："建设教育强国是中华民族伟大复兴的基础工程，必须把教育事业放在优先位置，加快教育现代化，办好人民满意的教育。"高等教育是教育强国的有机组成部分，"双一流"建设是建设高等教育强国的重要标志。打造一批坚持立德树人、致力科学研究、起到多方引领作用的高校，是实现十九大提出的"实现社会主义现代化和中华民族伟大复兴"总任务的必然选择和重要举措。"双一流"建设既着力增强高等教育的自身实力，又全面拓展服务"五位一体"总体布局的能力。要切实担负起为建设教育强国筑牢根基的重要使命，成为加快实现国家现代化的重要支撑。

办好中国的世界一流大学，必须有中国特色。"双一流"建设的根本立足点和出发点，就是要扎根中国大地，建设中国特色的"双一流"。建设中国特色的"双一流"，就是要注重自身优势，有自己的

核心技术、自己的领军人才。黄大年老师用行动做出了表率。"国家在召唤我们，我应该回去！"当他的好友告知他国家需要他回去的时候，他坚定地说出了这句话。无论身在何处，黄大年老师始终心系祖国，秉持科技报国理想。在他心里，国家至上、民族至上、人民至上是不变的信条，祖国需要就是最高的需要，服务国家就是最好的归宿。爱国之情已融入黄大年的血脉之中，就像黄大年在入党志愿书里写的："人的生命相对历史的长河不过是短暂的一现，随波逐流只能是枉自一生，若能做一朵小小的浪花奔腾、呼啸加入献身者的滚滚洪流中，推动历史向前发展，我觉得这才是一生中最值得骄傲和自豪的事情。"这充分体现了黄大年"心有大我、至诚报国"的爱国情怀。正是"祖国高于一切"的信念，才使得一个在国外生活优裕、事业骄人的科学家，历经坎坷，义无反顾回到祖国。归国后黄大年秉持科技报国的理想，作为领军人才，他的团队取得了一系列重大成果：首次推动我国快速移动平台探测技术装备研发，突破国外技术的封锁，国际学界称中国正式进入"深地时代"！

进入新时代，我国在很多领域都取得了骄人的成绩，但是仍面临许多突出问题和挑战。"双一流"建设既要瞄准世界前沿的学科，争取有所突破，又要从国家建设、社会发展的需要出发，为加快建设创新型国家多出成果，多出人才，拓展实施国家重大科技项目，在理论和关键性技术等领域取得丰硕成果。

在这个关键时期，正是需要黄大年精神，需要黄大年这样的信念、这样的精神和这样的家国情怀，争分夺秒，时不我待为实现中华民族伟大复兴的中国梦努力拼搏，忘我奋斗。一是要有大局观念。要关注"双一流"学科建设的大局，以"双一流"建设为工作的主要出发点和落脚点。二是要同呼吸共命运。学校的发展、学科的发展与个人的发展息息相关，要体现学校、学科和个人"命运共同体"，互相支撑，共同发展。要站在服务学科发展和学校发展的角度去认识自己的工作，进一步加强习近平新时代中国特色社会主义思想的学习，从思想上、理论上和认识上对党的大政方针和学校的工作要求加深理解，强化主人翁意识，推动"双一流"建设。

二、学习黄大年精神，立足提升高等教育水平，推动"双一流"建设

"双一流"建设的根本任务是"四个服务"，就是要全面贯彻习近平新时代中国特色社会主义思想，毫不动摇地坚持党对高校的领导，坚持社会主义办学方向，全面贯彻党的教育方针，为人民服务、为中国共产党治国理政服务，为巩固和发展中国特色社会主义制度服务，为改革开放和社会主义现代化建设服务。高等学校要切实肩负起立德树人的核心使命，真正解决好培养什么人、如何培养人以及为谁培养人这个根本问题。"双一流"建设的一个重要的考核因素就是人才培养质量。要看是否培养出热爱祖国、热爱共产党的优秀学生，是否培养出高素质专门人才和拔尖创新人才，是否涌现出学术大师、兴业英才、治国人才。为了实现人才培养的目标，教师是非常重要的，师德、师风、教风就是影响教学质量和人才质量的关键点。

黄大年老师在这个方面为我们树立了榜样。黄大年老师有很多头衔，但他最喜欢的身份是教师，他用实际行动践行了"教书育人、敢为人先"的敬业精神。他对学生挚爱之情体现在方方面面：虽然他工作繁忙，仍然挤出时间做"李四光试验班"班主任，为学生的成长提供国际视角和国际理念；为了让学生更好地利用网络资源进行学习，他自己出资为所带班的全体学生配备了电脑，鼓励学生们发愤图强、努力学习本领。学生给黄大年的评价是"严师慈父的长辈""推心置腹的朋友"。对于学生的事，他从来都是认真细致对待，全心全意落实，他用精益求精的精神和真挚的情感诠释着师者"人生引路人"的内涵；他用鞠躬尽瘁和不断探索的执着实现国家利益高于一切的追求，用无

私奉献和敢为人先肩负着师者胸怀天下的责任。作为吉林大学的教师，站在黄大年老师曾经工作过的土地上，站在黄大年老师曾经授课的讲台上，我们更要努力践行教师的职责，坚持党的教育方针，努力提高教育水平，为国家发展培育又红又专的优秀顶尖人才，实现"双一流"建设的目标。

《论语·述而》载曰："子以四教：文、行、忠、信。"后世学者将德行、政事、文学、言语，视为"孔门四科"。我们也可以理解为教育要以德育为先、综合素质为次，然后才是专业和语言表达。作为高校的教师，要树立良好的师德师风，修齐治平、兼济天下，才能教育我们的学生树立良好的学风，见贤思齐、崇德向善，高等教育才能达到立德树人的教育目的，为推动国家发展、社会进步和"双一流"建设贡献智慧和力量。

三、学习黄大年精神，落实示范引领作用，推动"双一流"建设

2017年9月，教育部等三部委联合发布了全国世界一流大学和一流学科建设高校及建设学科名单，希望通过"双一流"建设，起到引领和带动作用，形成示范带动效应，整体提升中国高等教育质量。"双一流"建设是一个引领、示范性工程。建设"双一流"重在质量和特色，要建设好学科专业群，强化学科高点，培育学科重点，多建"高峰"和"高原"学科。"双一流"学科建设，一方面支持传统优势学科做大做强，另一方面大力促进学科的交叉融合，特别是建设一批能够支撑国家发展急需的新兴学科和交叉学科，形成学科优势带动、多元发展、交融并存的良好态势，全方位带动整个社会落实"四个自信"。在"双一流"建设的过程中，从整体上来说，会出现人才、资金等政策的倾斜，需要集体的奉献精神。在一个大学科中，也需要支持重点研究方向，这需要个人的奉献精神。

心有大我 至诚报国
——黄大年精神闪耀着旗帜的光芒

要有忘我精神，不计较个人得失：服务大我，牺牲小我；服务国家，努力拼搏，黄大年老师为我们做出了榜样。"中国要由大国变成强国，需要有一批'科研疯子'，这其中能有我，余愿足矣！"黄大年老师的话体现了"淡泊名利、甘于奉献"的高尚情操。科技兴则民族兴，科技强则国家强。黄大年回国7年，一直在和时间赛跑，在跟国际领先水平赛跑，惜时不惜命，加班和出差成为他工作的常态。为了搭建科研平台，他在实验场地夜以继日，身先士卒；为了一个科研项目，他昼夜伏案，不知疲倦；他常常奔波于学术会议、科研讨论、实验场地之间，作为担任国家多个技术攻关项目的首席专家，经常工作到凌晨，几乎没有休过寒暑假和节假日，是不折不扣的"科研疯子""拼命黄郎"。7年间，他带领几百名科学家创造了多项"中国第一"，为我国"巡天探地潜海"填补多项技术空白，很多技术处于国际领先地位。

2017年感动中国十大人物黄大年的颁奖词中说道："作别康河的水草，归来作祖国的栋梁。天妒英才，你就在这七年中争分夺秒。透支自己，也要让人生发光。地质宫五楼的灯，源自前辈们的薪传，永不熄灭。"黄大年老师的身上，体现了中华优秀传统文化的血脉相连，体现了诲人不倦、爱才育才的教师风范，体现了不图虚名、潜心钻研的科学精神，有情怀，有品德，有奉献，有担当，为后人留下弥足珍贵的精神财富。

我们学校正面临"双一流"建设的关键阶段，在这样一个发展、机遇和挑战并存的时期，发扬"心有大我、至诚报国""教书育人、敢为人先""淡泊名利、甘于奉献"的黄大年精神，就是推动学校和学科可持续发展的奠基石，我们要以只争朝夕的精神投身学科发展，以矢志创新的勇气推动学科发展，以勇攀高峰的干劲把"双一流"建设推向前进，用优异的工作成绩迎接建国70周年。

大爱无痕

——黄大年"心有大我"的家国情怀

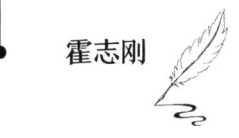

霍志刚

内容摘要：黄大年精神的实质是在他身上所践行的家国情怀与责任担当。这份情怀与担当在黄大年58年的人生历程中洒向他所投身的领域的都是无痕大爱：振兴中华乃我辈之责的爱国之志；回归母校为国效力的吉大情结；超越前沿科技强国的学术追求；砥砺学生学成报国的育人典范。

关键词：黄大年；大爱；家国情怀；理想信念；学术报国；育人典范

作者简介：霍志刚，吉林大学马克思主义学院党委书记，副研究员。

心有大我 至诚报国——黄大年精神闪耀着旗帜的光芒

历史中的每一个人都深受所处时代的影响，恰逢中国特色社会主义新时代的我们更是感受到前所未有的时代巨变与发展期待。我们对这个新时代的强烈情感在很大程度上就是我们所要承担的家国责任。在伟大的中华人民共和国建国70周年来临之际，在共和国的历史上，有无数的华夏儿女在各行各业为振兴中华书写着属于自己的奋斗篇章，其中有一位特殊的科学家——习近平总书记将其誉为"心有大我 至诚报国"的时代楷模——黄大年，这位战略科学家58年短暂人生历程的每一次选择都是追梦：幼年随父母从南宁被下放到桂东南的乡下，到作为1977年恢复高考后长春地质学院地球物理系的大学生；从1992年脱颖而出成为全国仅有的30位公派留学人员中的一员远渡重洋到英国利兹大学师从国际地球物理学大师古宾斯院士，再到1996年获得博士学位并兑现当初的承诺第一时间返回选送单位报到；从1997年重返英伦工作12载的不懈奋斗，发展成为ARKeX航空地球物理公司统帅300人的科研团队的研发部主任，又到以我国国家"千人计划"回归母校吉林大学担任全职特聘教授，黄大年的专业选择是兴趣志向的选择，也是国家发展需要的选择。也正是在一次次的选择中，家国情怀的火种已深植于黄大年的血脉，贯穿于黄大年实践其求学报国、科技强国宏愿的始终。黄大年这位地球之子每一次追梦都体现出他的家国情怀，而每一个梦想成真都彰显了他的大爱无痕！

一、"振兴中华乃我辈之责"的爱国之志

实现中华民族的伟大复兴是新时代中国人民的共同理想，习近平总书记曾说："中国梦归根到底是人民的梦，我们都是追梦人，都有一份对国家的责任与担当。弘扬家国情怀，就要提倡爱家爱国相统一，把实现家庭梦融入民族梦之中，让每个人、每个家庭都为实现梦想行动起来。"① 中国所处的特殊历史期与时代挑战昭示我们要实现"两

---

① 新华社评论员：《弘扬家国情怀 开创远大前程》，人民网2019年2月4日。

个一百年"的奋斗目标:坚定理想信念是关键。黄大年始终铭记父母临终前的嘱咐:"你有自己的祖国,要为祖国做点事!"因此,黄大年个人生活的追求与报效祖国的梦想紧密相连。早在入党志愿书中黄大年就深情写下:"若能做一朵小小的浪花奔腾,呼啸着加入献身者的滚滚洪流中,推动历史向前发展,才是一生中最值得骄傲和自豪的事情。"1982年在给同学的毕业赠言中他曾经激情写下"振兴中华,乃我辈之责"[1]。正是在坚定理想信念的指引之下,爱国之情、报国之志融入黄大年的骨髓,化为他对祖国、对中华民族科技强国的深深的社会责任感。黄大年虽然身在国外,却时刻心系祖国的建设与发展,特别是在科学研究方面,他有自己特殊的理解:"作为中国人,无论你在国外取得多大成绩,而你所研究的领域在自己的祖国却有很大差距甚至刚刚起步,那你都不是真正意义上的成功。"正是对于国家民族利益的责任与担当使黄大年能够在国家需要的时候毅然放弃在英国经过多年奋斗赢得的学术地位、国际顶尖学术团队的科研平台和优渥的个人生活,以身许国满腔热情地回国效力,毫无保留地投身于祖国从人口大国努力向现代化强国迈进的奋斗洪流。作为一位新时代的奋斗者,黄大年面对媒体和世人对自己的选择的追问时,他回答得发自肺腑却表达得云淡风轻:"这只是出于对培育我的这片土地的一个情结——报国的情结——参与祖国迈向社会主义现代化强国建设的伟大征程,需要更多的顶级科学家和各类高端人才投入到祖国建设中来。""家国情怀,责任担当"是黄大年短暂人生的真实写照,他坚定并身体力行的报国之志深深感染并带动了吉林大学的全体师生乃至全国人民,特别是对于青年学生产生了广泛的影响,为吉林大学本就厚重的红色基因增添了更加浓墨重彩的一笔,激励着我们每一个人从现在做起,从自身做起,立足本职工作,爱岗敬业。这是对黄大年最好的纪念,是对黄大年精神最好的诠释与学习。

---

[1] 陈宝生:《伟大时代需要弘扬黄大年精神》,《光明日报》2017年8月12日第6版。

二、"母校召唤""千人计划"回归的吉大情结

全球化浪潮和综合国力的竞争，加剧了各国对新思想和新技术的依赖；信息技术的迅猛发展，带来学生学习和研究范式的转变。全球化背景下，大学在全球化的知识社会运行中，培养的毕业生不仅要满足本国发展需要，也要有能力应对全球化挑战。世界各国无论情愿与否都被裹挟进全球竞争的洪流，高等教育也迎来了从未有过的竞争时代。在全球化浪潮之下，高等教育的发展如何超越本科生教学质量和研究生培养水平提高的桎梏，都面临立足本土和面向世界的挑战与选择。① 为此，2008年12月中共中央启动了"千人计划"，引进海外高层次人才回来为国服务，黄大年作为第二批"千人计划"引进的国际高级专家，成为吉林大学乃至东北地区被引进的首位"千人计划"特聘专家，他与吉林大学签下的是全职教授的合同；从他一踏进吉林大学地学部的那天起，就以国家之所急、国家之所需作为从事教学科研的出发点与落脚点，以为科学而献身的"拼命黄郎"的敬业精神在短短几年内取得一系列前沿科研成果，在高科技敏感技术研究领域为国家填补了多项技术空白。

其实，作为"千人计划"特聘教授回国效力，黄大年也可以有别的选择，但是"吉大情结"让黄大年义无反顾地做出了这个决定：接受母校的召唤并希望在吉林大学以全职教授的身份工作至退休。"求实创新，励志图强"的吉大校训和吉林大学厚重的红色基因的滋养，使吉林大学成为黄大年归国从事科学创新研发的开疆之地。与此同时，他更以"心有大我 至诚报国"的黄大年精神进一步升华和丰富了吉大精神。黄大年从科学研究需要出发，立足吉林大学又不仅限于在吉林大学开展工作。他敢为人先，锐意进取，真正站在国家的层面上、将

---

① 常艳芳：《全球化视阈下中国大学学术职业制度建构路向研究》，《社会科学战线》2018第12期，第237-239页。

国内相关领域的最顶尖研发人员凝聚在一起,永远奔跑在科学研发的路上;在重大科研攻关项目上,作为首席科学家的他牢记使命,不忘初心,静心做科研;在困难面前,他不等、不靠、勇于担当、率先垂范;在利益面前,他不追名逐利、不奢求回报,永远对科学研究、对培养学生满怀激情,充满热爱,以生平所学和所能来回报培育他的这片黑土地。

三、"超越前沿"科技强国的学术追求

诺贝尔奖得主、西班牙的科学家圣地亚哥·拉蒙-卡哈尔曾说:"所有伟大的成就都是耐心和坚持,再加上持久专注于某一问题几个月甚至几年的结果……伟大的科学事业既需要智力上的付出,也要求意志力严格遵守一定的规律,一个人所有的精神力量都应该服务于当前的研究并坚持到底。"[①]黄大年就是这样一位坚信人应该在这个世界中做出有意义的抉择并成就有意义事业的科学家。黄大年作为战略科学家在国内拥有一系列的学术身份与头衔:国家"863"环资领域主题专家、国家深探专项装备研发项目首席科学家、教育部科技委地学部副部长、"千人计划"DARPA工作组副组长、国家"863"航空探测装备主题项目首席科学家等等。但是黄大年不为外物所累,他在乎的不是什么名号,而是如何实实在在、全心全意地为国家国防科学研究和国家安全研发服务,所以他对科学研究的态度和方法的选择也是从战略的高度来开展:以学术为志业,以能力为标准来选择科研攻关的合作单位与伙伴,因为科学研究项目攻关是一项合作的事业。在科学研究领域,设计技术路线,指导研发,他具有宽阔精准的国际视野,了解国外的情况,让他领军的科研团队少走弯路,赢得时间,占领制高点,团结400多人的科研团队共同努力,在关键技术跨代研究上取

---

① [西班牙]圣地亚哥·拉蒙-卡哈尔:《致青年学者:一位诺贝尔奖获得者的人生忠告》,刘璐译,新华出版社,2010,第48页。

得重大突破,达到预期设计目标。黄大年对待科研和项目是完全投入、持久专注。他不仅将国外的先进技术带回来,而且还自己购买了先进的仪器设备带回国。为国家做点事、科技报国、科技强国的追求是黄大年对学生的榜样示范,也是其学术精神的彰显。在吉林大学工作的7年中,黄大年深感科技强国时不我待,因此他"不舍昼夜"地与时间赛跑。作为战略科学家,他在科学研究方面的战略眼光体现在:在国防和国家安全领域核心技术的自主研发,他看得比什么都重要。因此作为高端人才,黄大年选择在其硕果累累、正值国家需要之时回国,带着自己在英国18年积累的想法、技术、追求和经验回国,以投入、忘我的学术态度与工作状态投身于与多家单位联合的科学攻关。不仅取得一系列的前沿突破和研究成果,更重要的是,在黄大年的率领下已经建设成深度探测领域的科研团队,航空重力梯度仪已研发成功并投产使用,地球深度探测能力逐步形成,真正做到为实现科技强国而鞠躬尽瘁,是真正的、当之无愧的新时代英雄。

四、砥砺学生"走出去报国归"的育人典范

今日之大学生存发展于"人类历史上的一个无与伦比且不可抗拒地美妙的、巨大的、分化的知识膨胀中。……今日之世界也有着其突出的优点,这就是偏见、贫穷和堕落的退减,创造性的、亲密的、高尚的学术共同体的兴旺,以及科学的辉煌和奇观。"[①]在这样不寻常的世界,身处继往开来的新时代,更需要伟大的责任与担当。对于黄大年而言,为国家担当的责任、科技创新的努力不是一种负担,相反,这是一种自然流溢出的快乐,这种责任与使命让黄大年在科研团队和学生中,"就像火花那样,闪耀出更明亮的光,直至隐入不可见,它们在不断的活动中变化着。这些火花互相看着彼此,每一个都明亮地

---

① [美]罗伯特·奥本默:《真知灼见——罗伯特·奥本默自述》,胡新和译,东方出版中心,1998,第53页。

闪烁，因为它能看到别的火花"①。黄大年为国担当，为每一位学生负责，他珍视与学生在一起的任何时光，他的科研团队和学生都生活在这样彼此照亮的责任火花之中，激励着师生共同行进在科学探索的远征中。

黄大年以国家富强与民族振兴为己任，他不仅将这一重任落实在自己所专长的科学研究和研发领域，还更有力地落实在为国家培养高精尖爱国人才方面。一是黄大年对学生的培养不是遵循"批量生产标准件"的工业化生产模式，而是尊重学生的兴趣爱好和特长，为学生提供精神引领和物质帮助：用自己的年薪为有培养潜力的博士生缴纳学费，一直到他离世之后工作人员整理其遗物时才被学生知晓，将对学生的无私的爱化为点燃学生去拥抱无限可能性的明天而努力与奋斗。二是无限的沟通与善意的倾听是黄大年与学生最好的师生共处方式。黄大年担任吉林大学本科"李四光试验班"的班主任，是学生眼中的好老师、好父亲、好兄长；黄大年与学生之间的关系不仅是为科学而共处，更是为尊重、为情感而共生；他严格把控学生的学习，同时为学生的未来发展方向把关。在共同追求探索的科学事业中平等交流互动，同时尊重学生的个人尊严与自由选择。三是关爱学生成长成才、引领学生志成报国是黄大年教书育人的不易旨归。他不仅以自身追求卓越的教育研究经历为学生塑造光辉的榜样示范，而且鼓励学生出国深造开阔视野，练就本领归来报国，家国情怀的耳濡目染是黄大年教育引领学生的最坚实的厚重底色。

2019年的春节团拜会上，习近平总书记说："在家尽孝、为国尽忠是中华民族的优良传统，今天，对家庭的深情，对祖国的热爱，更是我们追梦圆梦的力量源泉。"这也正是黄大年这位为地球做CT的国际著名战略科学家永远远去的背影为我们勾勒出他短暂人生的不平凡的生命轨迹：在国家和母校需要和召唤的时候，毅然回国投身科

---

① ［美］汉娜·阿伦特：《黑暗时代的人们》，王凌云译，江苏教育出版社，2006，第72页。

学研究事业；以科技创新和争创一流的研发推动祖国的科研事业问鼎世界；以为国家培养人才的战略高度，关爱学生成长发展，激励学生怀有报国之志，攀登科学高峰；以抱憾家人终了自己的一生：留学国外科研攻关的关键时刻没能在父母身边尽孝，"逼迫"爱人割舍在英国创下的心爱医学事业共同回国，还有心心念念的未能谋面的小外孙……也正是这些让我们真切感受到这位有血有肉、具有浪漫主义精神的一位国际顶尖学者的家国情怀：家事国事难以两全；学术标准与人际关系平衡中的理性选择；挥手康桥的悄然离去与扎根吉林大学"地质宫不灭的灯光"的呕心沥血……也正是黄大年身上所体现出的这种大爱，润物无声地滋养并激励了正在奋斗中的中国新时代的追梦人：爱国敬业、育人奉献。正如马克思在《青年在选择职业时的考虑》中所表达的："如果我们选择了最能为人类福利而劳动的职业……我们的幸福将属于千百万人。"[①]这也正是黄大年精神的中国价值与世界贡献，以此指引中国高校的管理者、学者与学人砥砺前行。

---

① 田学斌：《马克思为什么是最伟大的思想家》，《学习时报》2018年4月16日第1版。

从黄大年精神看社会主义建设者和接班人的价值观与行为培养

马 赫

内容摘要：本文从习近平总书记在全国教育大会上的讲话中提出的"培养德智体美劳全面发展的社会主义建设者和接班人，加快推进教育现代化、建设教育强国、办好人民满意的教育"出发开展研究，认真学习、深刻领会讲话精神，并以习近平总书记在北京大学对青年学生提出的八字要求为切入点，结合黄大年精神从"爱国""励志""求真""力行"等四个方面具体分析高校青年学生作为社会主义建设者和接班人的价值观与行为培养。

关键词：黄大年精神；社会主义建设者和接班人；高校青年培养

作者简介：马赫，吉林大学社会科学处科长，副研究员。

当今的中国正处于实现"两个一百年"奋斗目标与中华民族伟大复兴中国梦的新时代，而教育是国之大计、党之大计，是衡量一个国家发展水平和发展潜力的重要指标。高等教育的育人指向决定了其对增强中华民族创新创造活力、实现中华民族伟大复兴所具有的决定性意义。[①]新时代下，如何培养社会主义建设者和接班人，不仅需要全面综合的立体化教育，同时也需要榜样精神作用的引领。高校如何积极响应习近平总书记的号召，将高校青年培养成合格的社会主义建设者和接班人，可以从理解和弘扬"黄大年精神"出发，培养和树立高校青年"爱国""励志""求真""力行"的价值观念与行为指南。

一、培养德智体美劳全面发展的社会主义建设者和接班人的提出

2018年9月10日，在全国教育大会上习近平总书记发表了讲话，对党的十八大以来我国在教育领域方面取得的成就开展总结，对教育改革发展提出的一系列新理念、新思想、新观点进行阐释，对教育事业发展中重大理论和实践问题给予回答，从教育的地位作用、工作目标、发展规律、根本任务和实现路径等五大方面将我们党对教育工作的认识提升到了新的高度，是我国未来做好教育工作的思想基础、理论指导与行动指南。

习近平总书记发表的重要讲话既有具体的党的教育工作目标，又有努力提高教师政治、社会、职业地位的节日问候；既有优先发展教育事业、加快教育现代化、建设教育强国的十九大部署，又有十八大以来教育方面取得的成绩。讲话中，总书记强调了教育体系的建设，通过努力构建德智体美劳全面培养的教育体系进而形成更高水平的人才培养体系，同时从教师队伍建设，深化教育体制改革，加强党对教

---

① 顾明远：《新时代教育发展的指导思想——学习习近平总书记在全国教育大会上的讲话》，《北京师范大学学报(社会科学版)》2019年第1期，第6页。

育工作的全面领导,家庭、学校、政府、社会的责任等方面阐释了相关问题,对如何做好当前和今后一个时期的教育工作,作出了全面部署。

而对于培养什么人,习近平总书记2018年在北京大学师生座谈会上的讲话中指出要"培养德智体美全面发展的社会主义建设者和接班人"。必须把培养社会主义建设者和接班人作为根本任务,"我国是中国共产党领导的社会主义国家,这就决定了我们的教育必须把培养社会主义建设者和接班人作为根本任务,培养一代又一代拥护中国共产党领导和我国社会主义制度、立志为中国特色社会主义奋斗终身的有用人才。这是教育工作的根本任务,也是教育现代化的方向目标。"① 而社会主义建设者和接班人应如何培养,则提出了6个"下功夫",即"在坚定理想信念上下功夫、在厚植爱国主义情怀上下功夫、在加强品德修养上下功夫、在增长知识见识上下功夫、在培养奋斗精神上下功夫、在增强综合素质上下功夫。"②

二、社会主义建设者和接班人的价值观与行为追求

当代青年是德智体美劳全面发展的社会主义建设者和接班人的生力军,中国梦终将在一代代青年的传承与奋斗中变为现实。而作为当代青年应该有怎样的价值与行为追求,笔者认为习近平总书记在更早的讲话中就给出了明确的答案。

2018年5月2日,习近平总书记在北京大学进行考察,与师生开展了座谈并发表了重要讲话,指出:"今天,党和国家事业发展对高等教育的需要,对科学知识和优秀人才的需要,比以往任何时候都更为迫切。""我们的教育要培养德智体美全面发展的社会主义建设者和接班人。""培养社会主义建设者和接班人,是我们党的教育方针,是我国各级各类学校的共同使命。大学对青年成长成才发挥着重要作

---

① 新华社:《习近平:要弘扬尊师重教的社会风尚》,《人民周刊》2018年第17期,第10页。
② 新华社:《习近平:要弘扬尊师重教的社会风尚》,《人民周刊》2018年第17期,第11页。

用。高校只有抓住培养社会主义建设者和接班人这个根本才能办好，才能办出中国特色世界一流大学。"①对青年学生如何去做，习近平总书记则提出了"爱国""励志""求真""力行"的八字要求，勉励广大青年忠于祖国，忠于人民；立鸿鹄志，做奋斗者；求真学问，练真本领；知行合一，做实干家。

学懂弄通做实"爱国""励志""求真""力行"这八个字，是培养德智体美劳全面发展的社会主义建设者和接班人的关键抓手。爱国和励志是当代青年思想观念的价值指引，求真和力行是青年学生成长成才的行动指南。

三、从黄大年精神看社会主义建设者和接班人的培养

吉林大学黄大年教授以浓厚的家国情怀和强烈的社会责任感，将个人梦想融入实现中国梦之中，用生命书写了一名教师与科学家的伟大，为我国教育和科技事业做出了突出贡献。习总书记对黄大年同志先进事迹作出重要指示："我们要以黄大年同志为榜样，学习他心有大我、至诚报国的爱国情怀，学习他教书育人、敢为人先的敬业精神，学习他淡泊名利、甘于奉献的高尚情操。"值得一提的是，作为新中国成立后中国共产党亲手建立的第一所综合性大学，吉林大学的校训是"求实创新、励志图强"，而吉林大学培养出来的黄大年同志，也正用生命践行了什么是爱国情怀、励志图强、求实创新与身体力行。从黄大年同志的人生轨迹与先进事迹可以看到他"爱国""励志""求真""力行"的方方面面，这正契合了习近平总书记对培养当代青年学生成为社会主义建设者和接班人提出的要求，因此笔者以黄大年精神为例，从"爱国""励志""求真""力行"四个方面阐述高校青年学生的价值观念与行为指南的树立与培养。

---

① 彭宗祥、刘跃铭：《习近平青年观及其对高校育人工作的启示》，《上海理工大学学报（社会科学版）》2018年第4期，第350页。

1. 爱国

习近平总书记2018年在北京大学师生座谈会上讲话中指出,"忠于祖国,忠于人民。爱国,是人世间最深层、最持久的情感,是一个人立德之源、立功之本。"心有大我、至诚报国的爱国情怀是黄大年精神的本质特征。在大学毕业的留念册上,黄大年就写下了"振兴中华,乃我辈之责"的壮语。黄大年一直把邓稼先等老一辈留学报国的科学家作为自己学习的榜样。他说他只是千千万万海归学者中的普通一员,看着中国由大国向强国迈进,一切付出都是值得的。"对我而言,我从未和祖国分开过,只要祖国需要,我必全力以赴。""国家在召唤我们,我应该回去。""作为中国人,无论你在国外取得多大成绩,而你所研究的领域在自己的祖国却有很大差距甚至刚刚起步,那你都不是真正意义上的成功。" 通过这一系列的话语可以看出在黄大年心中,国家强大、民族振兴始终是第一位的,祖国需要是最高的需要,能够为国家做出自己的贡献才是最好的选择与归宿。从为了学校科研放弃出国,到放弃英国优越的生活回国;从听到国歌会流泪,到主动去当北京申奥志愿者;对于爱国这件事,黄大年从来不是应景式表态。

作为高校青年学生,应该学习黄大年这种爱国精神。首先,要具有坚定的政治方向。要把崇高的共产主义理想和强烈的爱国热情和具体的奋斗目标结合起来,把个人的理想同祖国的前途、把自己的人生同民族的命运紧密联系起来。拥护中国共产党的领导,坚定不移地走社会主义道路,建设中国特色社会主义。其次,要具有崇高的理想信念。要树立"为中华之崛起而读书"的远大志向,身处中华民族复兴伟大征程的关键阶段,高校青年都要"位卑未敢忘忧国",心系国家命运,努力在为祖国和人民奉献的过程中实现人生价值。再次,要具有丰富的科学文化知识和研究能力。要勤奋学习,掌握知识,了解中华民族历史,秉承中华文化基因。提高研究和解决问题的能力,锻造过硬的思想作风和个人能力,在探索与实践中保持民族自豪感和文化自信心、彰显爱国之情、诠释报国之志。

2．励志

1988年，黄大年在入党志愿书上写道："人的生命相对历史的长河不过是短暂的一现，随波逐流只能是枉自一生，若能做一朵小小的浪花奔腾，呼啸加入献身者的滚滚洪流中推动历史向前发展，我觉得这才是一生中最值得骄傲和自豪的事情。"树立抱负不自轻，黄大年励志图强，将个人的理想与事业融入国家的发展与事业中："只有在祖国把同样的事做成了，才是最大的满足"。他洞察中国从科技大国向科技强国迈进的发展大势，这样写道："从海漂到海归一晃18年，得益于国家强大后盾，在各国才子强强碰撞的群雄逐鹿中从未言败，也几乎从未败过！有理由相信，回归到具备雄厚实力的母校，只要大家团结和坚持，一定能实现壮校情、强国梦。"黄大年短暂却精彩的一生启示我们，中国梦既是国家富强、民族振兴的"华夏梦"，也是每个人发挥自我价值、实现共同愿景的"奋斗梦"。

学习黄大年励精图治，高校青年应从以下两个方面进行励志。一是立志做大事。中国民主革命的先行者孙中山先生当年曾激励广大青年："要立志做大事，不要立志做大官。"就是希望青年人以国家民族命运为己任，而不要以个人荣华富贵为理想。高校青年要怀揣远大抱负，把国家与民族的前途与命运放在首位，将微小的梦想融入伟大的中国梦中，让个人的目标和追求与社会的需要和人民的利益相一致，在个人成长的同时帮助他人、贡献社会，用个人的一个个梦想共筑成跨越时代的梦想。二是艰苦奋斗去励志。一个国家的发展强大，需要艰苦奋斗的精神；一个民族的自立自强，也需要艰苦奋斗的精神；一个人的成长进步，同样需要艰苦奋斗的精神。励志的过程是一个艰苦奋斗的过程,高校青年要学习黄大年同志树立"为中华之崛起"的志向，拿出"咬定青山不放松"的勇气与"板凳要坐十年冷"的毅力，为实现国家富强、民族振兴而共同奋斗。

3. 求真

黄大年在出差时受到当地专家的邀请吃饭，选择的常常不是大餐而是小吃，在工作时有时候顾不上吃饭，只吃两个烤玉米充饥。他说"吃东西可以汤汤水水，但做事千万不能汤汤水水，唯有认真对待每一个细节，才能成就最好的结果。"在科研团队的管理上，他引用了在线管理系统，把任务层层分解到每个人，团队成员都要在系统上更新自己的进度。每晚 11 点，黄大年都要登录检查。对团队成员如此，对自己更是如此。寻找科研合作单位，他亲自上阵联系与搭建合作关系；采购设备，他要求参与提前调查、分析市场情况，货比三家；他强调"技术指标不能模棱两可"，任何一项说不清楚，他都不予签字；他经手的材料与文件总是经过一遍遍细致认真的修改与检查，保证每一个标点符号都无误，绝不凑合讲究。黄大年回国后不久，就主动担任"李四光试验班"本科班的班主任，他因材施教、倾注关爱，帮助每一名学生设计成长路径，为他们修改每一篇论文，关心学生们的思想和生活。有人说他太"较真儿"，而黄大年的求真正体现在他在敬业中求真学问，在认真中练真本领。也正是这种认真教书育人、潜心科研的求真精神培养出了一大批一流的学生，取得了一系列一流的科研成果。

高校青年做到求真，就要懂真道理，求真学问，练真本领。懂真道理，就是要在学习生活中讲诚信，讲真诚，保持科学精神，不能把个人意愿凌驾于事实与真相之上。求真学问，就是要在学习中不满足于碎片化的信息、快餐化的知识，要掌握扎实的专业知识，同时要真正能够用马克思主义的立场观点和方法观察世界、分析世界、指导实践。练真本领就是要培养创新意识和实践能力。青年时代是思维最活跃的阶段，把握创新特点，遵循创新规律，从接受学习转变到发现学习，同时将理论与实践相结合，以问题为导向，求真务实、学以致用，努力为创新型国家建设贡献智慧和力量。

4. 力行

黄大年特别喜欢花,他说"花长得不好,不是花的问题,是养花的人没用心;事情做得不够好,同样是因为做事的人没有做到全情投入。"他像陀螺一样不知疲倦地旋转,知行合一,是彻彻底底的实干家。黄大年只要不出差,都会在办公室工作,屋内的灯光要亮到凌晨;办公室的墙上贴着一张日程表,几乎每一日的格子里都有安排;超过三分之一的时间在出差,因为不想浪费宝贵的白天,他总订最晚的航班,在飞机上入眠,被人们称为"拼命黄郎"。他在归国后的七年间,带领400多名科学家创造了多项"中国第一",取得一系列重大成果,为我国"巡天探地潜海"填补多项技术空白,多项研究成果处于国际领先地位。

"纸上得来终觉浅,绝知此事要躬行。"高校青年学生要认识到每一项事业都是靠脚踏实地、一点一滴干出来的。在学习、生活与工作中要严谨务实、身体力行、苦干实干,从自己做起,从本职工作做起,践行习近平总书记所说的"奋斗与拼搏应该是年轻人的本色,在挫折中学习,变挫折为动力,用从中吸取的教训启迪为实现中华民族伟大复兴的中国梦而奋斗,是我们人生难得的际遇"。撸起袖子加油干,做新时代的奋斗者。

大写的人与大写的精神
——追忆吉林大学黄大年教授

王东朋

内容摘要：伟大时代呼唤伟大精神，崇高事业需要榜样引领。黄大年作为大写的人实现了伟大的理想与闪亮的品格的统一。其心有大我、至诚报国的爱国情怀，教书育人、敢为人先的敬业精神，淡泊名利、甘于奉献的高尚情操作为大写的精神在当代具有重要价值与意义。在思想上，为我们实现中华民族伟大复兴的中国梦，"两个一百年"奋斗目标提供了精神源泉；在理论上科学地回答了党领导下的高校为谁培养人、怎样培养人以及培养什么样的人的这一根本性问题；在实践上，为推进我校"双一流"建设和各项事业全面发展提出了新的要求。

关键词：黄大年；大写的人；大写的精神；时代价值

作者简介：王东朋，吉林大学东北亚研究院办公室主任。

心有大我 至诚报国
——黄大年精神闪耀着旗帜的光芒

黄大年是我国著名地球物理学家，吉林大学新兴交叉学科学部学部长，地球探测科学与技术学院教授、博士生导师。他以58年的人生完美地诠释了什么是家国情怀，什么是无私奉献的精神，回答了一名中共党员应具有怎样的责任担当和使命意识。他以深厚的学术功底，高尚的道德情操，淡泊名利的人生品格筑就了人生的高度，书写了一段催人泪下的生命历程。这座精神的宝藏是我们取之不尽，用之不竭的精神源泉。

一、大写的人：伟大的理想与闪亮的品格

我国正处于全面建成小康社会的决胜阶段，处于实现"两个一百年"奋斗目标、实现中华民族伟大复兴中国梦的伟大时代。"这是一个需要巨人而且产生了巨人的时代。"[①]黄大年用58载的光阴为我们塑造了一个巨人的形象，集伟大的理想、崇高的志向、闪亮的品格于一身，可谓大写的人。

黄大年在年少时期就确立了伟大的理想，立志为中华之振兴而奋斗，这是他一生的终极追求。1982年，黄大年在给同学的毕业赠言中写道："振兴中华，乃我辈之责。"1988年，黄大年在入党志愿书中写道："若能做一朵小小的浪花奔腾，呼啸着加入献身者的滚滚洪流中，推动历史向前发展，才是一生中最值得骄傲和自豪的事情。"正是确立了为国奋斗的伟大理想，黄大年以优异的成绩到西方深造，不仅习得先进的科学技术，而且积累了丰富的实践经验，为日后填补国内相关技术领域的空白奠定了坚实的基础。黄大年曾说过，"中国要由大国变成强国，需要有一批'科研疯子'，这其中能有我，余愿足矣！""等着我，我一定会把国外的先进技术带回来。""父辈们的祖国情结，伴随着我的成长、成熟和成才，并左右我一生中几乎所

---

① 中共中央马克思恩格斯列宁斯大林著作编译局：《马克思恩格斯选集》（第三卷），人民出版社，2012，第843页。

有的选择。这就是祖国高于一切！"从他的一份工作自述中，也能清晰地管窥他高尚的内心世界。黄大年把人生理想与国家前途命运深深地系在一起，用一生践行了为国家和民族振兴的伟大理想，为我国从科技大国迈向科技强国做出了巨大贡献。

黄大年不仅是地球科学技术领域的巨人，同时也是品格上的巨人，笔直的脊梁撑起了他闪亮的品格。中国人独特而悠久的精神品格深深植根于中华民族优秀的传统文化之中。从"天行健，君子以自强不息"的自立自强，到"天下兴亡，匹夫有责"，"苟利国家生死以，岂因祸福避趋之"的责任担当，生动地诠释了黄大年的一生。黄大年一生以浩气赴事功，在紧要关头置个人生死于度外，始终想国家之所想，急国家之所急，以国家之满足为自己最大之满足的闪亮品格，完美地诠释了一名中共党员的人生信仰和价值追求。这种牺牲小我，超越小我，成就大我的闪亮品格就像高山一样巍峨。这个大写的人，永远是激励我们砥砺前行、奋发向上的时代楷模。

二、大写的精神：感悟黄大年精神的力量

2017年5月25日，习近平总书记对黄大年同志先进事迹作出重要指示。习近平指出，"我们要以黄大年同志为榜样，学习他心有大我、至诚报国的爱国情怀，学习他教书育人、敢为人先的敬业精神，学习他淡泊名利、甘于奉献的高尚情操。"黄大年的实际行动实现了家国情怀与责任担当的统一，个人梦与中国梦的统一。爱国精神、敬业精神、奉献精神贯穿其一生，这种大写的精神为我们在新时代推进中华民族伟大复兴的中国梦，实现"两个一百年"奋斗目标提供了精神源泉和动力支持。

首先，树立心有大我，至诚报国的爱国精神。爱国主义精神是中华民族精神的核心，是一种崇高的思想品德。"国家在召唤我们，我应该回去！"在黄大年的心中，个人至微，国家至上，民族至上，人民至上是他坚定不移的人生信条。"振兴中华，乃我辈之责"，国家

是他最大的归宿，始终是黄大年心中最炽热的情感。黄大年用生命践行了"只要祖国需要，我必全力以赴"的誓言。这种心系祖国，科技报国的爱国主义精神迸发至其生命的最后一刻，为我们树立了价值标杆和光辉榜样。作为行政工作者，我们要同黄大年一样，以国家至上、民族至上、人民至上为人生信条，以身报国，以小我融入大我，让生命为祖国而绽放，把为祖国富强、民族振兴、人民幸福贡献力量作为毕生追求。始终坚持中国特色社会主义道路，坚定理论自信、制度自信、道路自信、文化自信，具有坚定的理想信念，真正做到刻骨而铭心。不忘初心，勇于担当，埋头苦干，坚守正道，在实干苦干、奋力拼搏中彰显爱国之情、诠释报国之志，让个人成功之花开在祖国这棵长青树上，在为祖国和人民的奋斗中实现人生价值。

其次，发扬"立德树人、敢为人先"的敬业精神。敬业是中国人民的传统美德。黄大年回国后，就主动担任"李四光试验班"本科班的班主任，为祖国人才的培养默默地贡献着自己的力量。黄大年慧眼识才、甘为人梯，共培养博士研究生18名、硕士研究生26名。黄大年根据学生的不同情况，采取一对一、点对点的个性化培养模式。学生喜欢什么，他就努力传授什么；学生哪方面有潜力，他就着重去挖掘，最大限度地激发学生的潜能去走适合自己的研究道路，为国家培养和凝聚了一大批创新人才。地质宫不灭的灯光就是黄大年精神最真实的写照。黄大年精神启示我们，要把岗位作为实现人生价值的主阵地，把事业当作报效祖国的"武器"，为国育才，敢为人先。时刻牢记立德树人的根本使命，甘守三尺讲台，甘为人梯，甘当铺路石，"把全部精力和满腔热情献给教育事业，努力做学生锤炼品格、学习知识、创新思维、奉献祖国的引路人。"[①] 从本职工作做起，增强创新意识，力争在自己的研究领域有所突破、有所建树，攀登科学高峰，为建设创新型科技强国贡献自己的智慧和力量。

---

① 陈宝生：《伟大时代需要弘扬黄大年精神》，《光明日报》2017-08-12。

最后，培养"淡泊名利、甘于奉献"的高尚情操。衡量人生有种种标准，我们对待名利的态度就是衡量人生的标准之一，同时也决定了我们人生境界能达到怎样的高度。黄大年始终以祖国是否需要为第一标准，在祖国需要之时，奋不顾身，急国家之急，放弃国外优厚的待遇毅然回国。回国后，淡泊名利，不计头衔，鞠躬尽瘁，日夜工作、无私付出，青丝成雪，将一生最绚丽的时光奉献给了国家的教育和科技事业。作为一名教师，我们应始终秉承"拼命黄郎"这种淡泊名利、无私奉献的精神，从本职工作做起，一心为公、甘于奉献，不为名利所诱惑，默默奉献，传道授业解惑，坚持教书与育人相统一、言传与身教相统一。同时，戒骄戒躁，放下名利，静心做科研，为国家培养一批优秀的创新型和应用型人才。

黄大年的这三种精神，可谓大写的精神，具有强大的穿透力、凝聚力、感染力，在当代具有重大的意义与价值。

三、黄大年精神重大的时代价值

伟大时代呼唤伟大精神，崇高事业需要榜样引领。在当前全面建成小康社会的时代关头更加迫切需要黄大年这样的时代榜样，这将在思想上、理论上和实践上具有重大的价值。

在思想上，榜样的力量是无穷的，黄大年精神穿透了我们每一个人的内心，为广大科研工作者在全面建成小康社会、实现"两个一百年"奋斗目标的新时代条件下，攻坚克难，不断攀登科学高峰，注入了一剂"强心剂"，使我们在前进路上始终保持一股"疯魔劲"，是我们在实现中华民族伟大复兴的征程中取之不尽用之不竭的精神源泉。同时，黄大年作为一名中共党员，其精神更深深地触动了每一名党员的内心，使我们在思想上和内心上得到了净化，在新时代为引领广大党员做合格党员、当时代先锋，彰显共产党人的纯真本色，进行了一次高效的思想教育。

其次，在理论上，黄大年精神科学地回答了高校为谁培养人、怎样培养人以及培养什么样的人这一根本性问题。我们的高校必须是在党领导下的高校，必须坚持社会主义的办学方向。黄大年心有大我、至诚报国的爱国情怀，教书育人、敢为人先的敬业精神，淡泊名利、甘于奉献的高尚情操，深刻地体现了党领导下的高校培养了什么样的人、怎样培养人以及为谁培养人这个根本性问题。为培育和践行社会主义核心价值观，加强和改进高校思想政治理论，形成独具中国特色的哲学社会科学理论体系做出了重要贡献。为我们实现实践育人、科研育人、管理育人、服务育人的全方位育人的大思政格局提供了建设性的想法。

最后，在实践上，为推进我校"双一流"建设以及各项事业全面发展提出了新的要求。黄大年作为新兴交叉学科的战略科学家，是一流大学建设一流师资队伍的核心人才，同时其培养人才的方式、方法亦为一流大学建设培养拔尖创新人才提供了方案和借鉴。为此，一方面，应深入实施人才强校战略，强化高层次人才的支撑引领作用，加快培养和引进一批活跃在国际学术前沿、满足国家重大战略需求的一流科学家、学科领军人物和创新团队，聚集世界优秀人才。遵循教师成长发展规律，以中青年教师和创新团队为重点，优化中青年教师成长发展、脱颖而出的制度环境，培育跨学科、跨领域的创新团队，增强人才队伍可持续发展能力。加强师德师风建设，培养和造就一支有理想信念、有道德情操、有扎实学识、有仁爱之心的优秀教师队伍。另一方面，坚持立德树人，突出人才培养的核心地位，着力培养具有历史使命感和社会责任心，富有创新精神和实践能力的各类创新型、应用型、复合型优秀人才，全面提升学生的综合素质、国际视野、科学精神和创造能力。

伟大的事业需要伟大的精神，让我们继续循着那熟悉的急火火的身影，伴随那和风细雨的谆谆教诲，为推进我校"双一流"建设继续奋进，为实现中华民族伟大复兴的中国梦继续奋斗。

发挥榜样力量，全力推进"双一流"建设步伐

宁德宽　马安洁

内容摘要：以黄大年等模范人物精神为指引，发挥榜样的作用，加强高校党建工作，师德师风建设，立德树人工作，注重学科的文化传承工作，凝聚全体师生员工力量，形成推动"双一流"建设的强大动力。

关键词：黄大年；"双一流"建设；师德师风建设；文化传承；立德树人；思想政治教育

作者简介：宁德宽，吉林大学化学学院党委书记，研究员。马安洁，吉林大学化学学院党委办公室主任，助理研究员。

心有大我 至诚报国
——黄大年精神闪耀着旗帜的光芒

近年来，在以习近平同志为核心的党中央的正确领导下，在全面建成小康社会的伟大征程中，中国社会发生了天翻地覆的变化。伴随着经济的迅猛发展，中华民族的整体道德文明素质也在全面提升，涌现出了一大批感人肺腑的模范人物，他们的名字犹如璀璨的星光一样照亮了我们的心灵，他们的事迹感人至深，他们的人格高大伟岸，他们的精神引导昭示着这个时代。他们是黄大年、李保国、郑德荣、钟扬、王逸平、李德威以及黄群、宋月才、姜开斌、王继才等等。

这些英雄模范人物虽然处在不同的工作岗位上，发挥的作用也不尽相同，但他们拥有一个共同的闪光点就是：为了祖国和人民的利益，为了中华民族伟大复兴的神圣使命，不惜奉献和牺牲自己的一切。如：心有大我、至诚报国的优秀海归科技人才黄大年；倾力于扶贫事业、几十年如一日为民造福的"太行愚公"李保国；毕生追求马克思主义真理的理论专家郑德荣；把爱的种子播撒在祖国雪域高原的生物学家钟扬；始终把解除人民群众病痛作为人生追求的药物学专家王逸平；以"开发固热能、中国能崛起"为己任的构造地质学家李德威；面对台风巨浪、挺身而出的抗灾抢险英雄黄群、宋月才、姜开斌英雄群体，还有守岛卫国32年无怨无悔的哨所所长王继才等等。

毫无疑问，他们是当之无愧的时代楷模，民族脊梁。

伟大时代呼唤伟大精神，伟大的精神需要有赤胆忠心的践行者，这些模范人物，就是这伟大时代、伟大精神的践行者和引领者。

榜样的力量是无穷的，这些模范人物为我们在前进的道路上竖起了一座座不朽的丰碑，为我们国家和社会的发展进步提供了宝贵的精神财富，指引着我们在民族复兴的征途上奋勇前进。

其中，黄大年，就是我们身边最好的榜样。他为了发展祖国的科学事业，毅然决然地放弃了国外舒适的生活和优厚待遇，回到了祖国，回到了培养他的母校——吉林大学，把全身的精力都投入到他所挚爱的这块热土上。黄大年老师曾饱含深情地说，"一定要出去，出去了一定要回来；一定要出息，出息了一定要报国""作为一个中国人，国外的事业再成功，也代表不了祖国的强大。只有在祖国把同样的事做成了，才是最大的满足"！这是一种何等的爱国主义精神和境界啊！他为了这种崇高的追求，不惜废寝忘食、殚精竭虑、拼命地工作，直至生命最后时刻。

斯人已去，但他留给我们的却是无穷的精神力量。

作为一名新时代的党员干部，我们一定要以黄大年等模范人物为榜样，在实际工作和学习中，积极发挥带头作用，要时刻按照党章的要求，认真履行党员义务。坚持党和人民的利益高于一切，个人利益服从党和人民的利益，吃苦在前，享受在后，克己奉公，多做贡献。为了保护国家和人民的利益，在一切困难和危险的时刻挺身而出，英勇斗争，不怕牺牲。

同时，作为一名高等学校的教育工作者，我们一定要做好教书育人工作，推动科教事业不断向前发展。

在当今的大学，就单个学院来说，其发展的形式整体体现在学科的发展，而学科的发展体现在科研教学条件的支撑、人才的支撑以及文化的传承。目前，在全国高校中开展的"双一流"建设战略中提出了一流大学和一流学科的建设要求，一流的大学需要有一流的学科，一流的学科需要依托于一流的大学。而在一流学科的建设当中，文化传承及典型人物的作用是不可或缺的组成要素。

拿笔者所工作的吉林大学化学学院为例，该院始建于1952年，在老一辈化学家和教育家唐敖庆、蔡镏生、关实之和陶慰孙等人的带领下，经历了筚路蓝缕的创业时期，走过了栉风沐雨的发展历程，迎来了如火如荼、方兴未艾的发展局面。历经66年的发展建设，化学学科由无到有，由小变大，由弱到强，今天，成了全国高校化学学科的排头兵。在长期的办学实践中，形成了"献身、创新、求实、协作"的光荣传统。这一传统已经成为化学学院的院训，学科的精神核心。

这是化学学科文化的精髓，也是学科发展的宝贵精神财富。

大学的特色在于文化、在于大学精神、在于一代又一代人的拼搏奋斗。学校的发展建设要始终坚持社会主义办学方向这面大旗，紧紧围绕学校实际和自身办学特色开展好各项工作。在"双一流"的建设工作中，大学的管理者具体应做好以下几个方面工作：

1. 发扬光荣传统，传承榜样的力量，做承前启后、砥砺进取、务实创新的新一代教育工作者。

继承发扬学校的优良传统和红色传承，学习老一辈科学家和教育家的党性情怀和艰苦创业的优良品质，学习他们一生忠诚于党的教育事业，爱国敬业，恪尽职守，甘于奉献的高尚情操。团结、求实、向上，把每一个学科建设好、传承好。

新时代，要以黄大年精神为指引，心有大我，至诚报国，把爱国之情、报国之志融入祖国改革发展的伟大事业之中，融入人民创造历史的伟大奋斗之中。并把这种奉献精神和牺牲精神与我们的实际工作相结合，成为指引和带领全体师生员工拼搏奋进的一面旗帜。广泛开展学习英模事迹活动，学习他们信念坚定、对党忠诚的政治品质，学习他们淡泊名利、无私奉献的高尚情操，将学习成果转化为凝聚师生的智慧力量和巨大热情，转化为推动"双一流"建设的强大动力。

2. 树立师德典范，营造良好育人环境。

以黄大年同志为榜样，始终坚持将师德建设作为师资队伍建设的首要工作，在教师中树立老、中、青三代师德典范，积极传播教书育人正能量，以传、帮、带的形式引领和示范全体教师积极投身到教学科研工作中，为学生的全面成长、成才提供一个良好的师资环境；以"四个统一"为标准全力做好师资队伍建设，增强作为一名教师的光荣感、责任感和使命感，全力提升教书育人水平；以课堂建设为重点，深入学生大课讲堂、实验室、实习基地检查课堂教学效果，及时掌握师德建设的第一手资料，树立三育人优秀典型，整顿不良师德风气。让师德师风建设永远走在路上，贯彻到学生教育始终。

3. 加强思想教育，做好协同育人工作。

把立德树人作为学生培养的中心环节，教师在教好学生学习专业知识，培养学生良好的科学素质的同时，还要把思想政治工作贯穿到学生培养的全过程。要研懂弄通"为谁培养人、怎样培养人和培养什么样的人"这一根本性问题，把课堂作为传播进步思想的主阵地，不断提高学生思想水平、政治觉悟、道德品质和文化素养，把学生培养成为德智体美劳全面发展的社会有用之人。同时，各部门要配合做好学生管理和服务工作，组织丰富多彩的文体活动和社会实践活动，关注学生情感和心理健康问题，关心和帮助困难学生的学习和生活，让每一位学生保持身心健康，人格健全，树立社会责任感，全方位做好协同育人。

4. 学校各级党组织要紧密结合工作实际，把党建工作和学习模范人物的工作有机融入学校"双一流"建设工作中，有效助推"双一流"建设工作。

充分发挥党委的政治核心作用，在保证一流学科各项建设目标正常实施的基础上，注重加强学科的文化传承工作，把其作为一流学科建设的一项内在的动力，营造浓郁的学科文化氛围，丰富"双一流"建设的文化内涵。充分发挥典型人物的引领作用，加强党支部"双带头人"建设和"对标争先"建设，使党建工作凝聚成为全校职工共同拼搏奋进的强大动力，积极推进学校整体办学水平的提高。

中国的发展，离不开中国共产党的坚强领导，高等学校的"双一流"建设，离不开党员的带头作用。我们一定要传承和发扬学校的优良传统，坚持立德树人，抓好师德师风建设，打造党员良好形象，以模范人物为榜样，做好本职工作，在教学科研管理工作中发挥表率作用，团结和带领广大师生员工凝心聚力，苦干实干，那么，我们的学科就一定会早日跻身世界一流学科的先进行列。

为早日实现"双一流"大学建设的目标，作为党的基层组织，作为一名党务工作者，我们还应做到：

1. 加强理想信念教育，坚定共产主义信仰，为实现国家富强、民族复兴、人民幸福的美好目标而努力奋斗。

习近平总书记在党的十九大报告中指出，人民有信仰，国家有力量，民族有希望。

人总是要有信仰的，我们都是共产党员，我们选择了中国共产党，信仰共产主义，就要为之拼搏奋斗一生。因为，我们的党是一个伟大光荣正确的党，无论是在炮火纷飞的战争年代，还是新中国建设时期，无论是改革开放的历史转折期，还是中国特色社会主义新时代，都体现了她无与伦比的先进性和强大的生命力。

实践证明，只有中国共产党才能救中国！

只有中国共产党才能发展中国！

只有中国共产党才能带领中国人民走向民族的伟大复兴！

在中国共产党的身上，我们看到了民族复兴的希望！

所以说，坚定共产主义信念，就是我们最大的信仰，至死不渝！

在中国共产党的领导下，中国人民正在实现从站起来到富起来再到强起来的巨大历史变迁！中华民族五千年文明再一次展现出她的勃勃生机与无穷魅力！

2018年，中国改革开放已走过40载风雨历程，中国社会发生了天翻地覆的变化：中国声音振聋发聩，中国故事广为流传，中华文化历久弥新，中国方案正在为全球各国所认同和赞赏。"一带一路"倡议体现了大国崛起所特有的宏图伟略。中国的外交政策是：扶弱而不畏强，利己而不损邻，对话而不对抗，结伴而不结盟，正在成为新型国际关系和当前国际安全发展中的一个新潮流。广交朋友，互利共信，绝不倚强凌弱，以推动人类社会共同进步为己任，体现了大国的责任与担当。

对此，我们对党的执政能力进一步充满信心，我们要坚持新时代中国特色社会主义道路自信、理论自信、制度自信、文化自信，铁下心来跟党走，撸起袖子加油干，我们民族复兴的大业就一定会早日实现。

2. 正确树立社会主义核心价值观，积极发挥模范带头作用，引领社会新风尚。

作为一名党员，要时刻按照党章的要求，认真履行党员义务，在工作、学习和社会生活中起先锋模范作用。坚持党和人民的利益高于一切，个人利益服从党和人民的利益，吃苦在前，享受在后，克己奉公，多做贡献。发扬社会主义新风尚，带头实践社会主义核心价值观和社会主义荣辱观，提倡共产主义道德，弘扬中华民族传统美德，为了保护国家和人民的利益，在一切困难和危险的时刻挺身而出，英勇斗争，不怕牺牲。

带头弘扬社会主旋律，积极倡导知识引领社会进步的新风尚，在纷繁复杂的社会环境中，要保持清醒的头脑，不为社会低俗文化所左右，要敢于弘扬正气，掀起进步思潮，占领思想道德高地，用进步的思想武装头脑，全面提升社会的道德风尚。

全国高校思政会议强调立德树人，培养具有良好的思想素质、政治觉悟、道德品质、文化素养、德才兼备的人才。今后，我们还要把师生员工的思想政治教育放到一个重要地位上来，全力打造一支素质过硬、业务一流、政治合格、品行优良的师资队伍。厚德载物，德行天下，只要我们共同努力，我们整个学校的面貌就会为之焕然一新，就能够推动各个学科事业迈向更大的进步，就能够实现物质文明和精神文明双丰收。

3. 以党建工作促进"双一流"建设，做好学科文化传承工作。

学院党委要紧密结合工作实际，把党建工作有机融入学校"双一流"建设工作中，有效助推学科建设工作，以此为契机，充分发挥党委的政治核心作用，在保证一流学科各项建设目标正常实施的基础上，注重加强学科的文化传承工作，把其作为一流学科建设的一项内在的动力，继承和发扬黄大年"心有大我，至诚报国"的科学精神，营造浓郁的学科文化氛围，丰富"双一流"建设的文化内涵。

今天，我们身处于伟大的时代，高等学校承担着民族复兴的伟大历史重任，我们一定要传承和发扬好模范人物的精神，坚持立德树人，抓好师德师风建设，打造党员良好形象，做好本职工作，在教学科研管理工作中发挥表率作用，团结和带领广大师生员工凝心聚力，苦干实干，那么，"双一流"大学建设的目标就一定能够早日实现，中国的科技教育水平就一定能够有一个巨大的飞跃。

黄大年精神，新时代吉大精神的红色传承

李 帅　史秀玫

内容摘要："心有大我，至诚报国"是习近平总书记对黄大年同志教书育人不为名、科研报国不逐利、甘于奉献不求荣的高度评价，也是对黄大年老师爱国之情、报国之志的生命诠释，更是黄大年精神的本质内涵。黄大年精神是有着红色基因的吉大精神的时代传承。本文从黄大年精神的源头活水、时代特征和时代昭示三个方面进行深入思考，研究和论证黄大年精神是新时代吉大精神的红色传承，以及对新时代吉大精神、"双一流"建设、中华民族伟大复兴的重要意义。

关键词：黄大年精神；吉大精神；红色基因

作者简介：李帅，吉林大学商学院党委副书记兼副院长，副研究员。史秀玫，吉林大学商学院党办主任，助理研究员。

心有大我 至诚报国——黄大年精神闪耀着旗帜的光芒

黄大年,一个对科学事业执着追求无悔、对振兴中华满腔热血担当、对人民满怀赤子之情的人永远地离开了我们,但他的精神就像一座矗立在海岸任凭风雨巨浪冲刷而历久弥坚的灯塔,感化激励着后来人。他未竟的事业更是感召着全体吉大人、全体教育人、科技人在教书育人、科技报国的道路上乘风破浪、百舸争先。黄大年精神是吉大精神的重要组成部分,是对吉大精神的传承、发展和丰富。这是吉林大学的宝贵财富、也是高等教育的宝贵财富,更是中华民族的宝贵财富。黄大年精神必然激励着全体吉大人用青春、热血和担当去为吉大精神增光添色,助推高等教育"双一流"建设和中华民族的伟大复兴。

一、黄大年精神的源头活水

我们探讨黄大年精神,研究它的时代价值和作用,就必须讲吉林大学、谈吉大精神。因为吉林大学是黄大年学习、成长、生活、工作的"家",吉大精神是黄大年精神的源头活水,黄大年精神是吉大精神的红色传承。吉林大学是一所拥有光荣传统和深厚文化底蕴的综合性大学。吉林大学的变迁,充分展示了我党创办和发展高等教育的光辉历史。[①]尤其是六校合并后重新组建的新吉林大学,更是六脉合一,各有渊源,六校的精神传承融合更是形成了新的吉大精神。"求真务实的科学精神,自由民主的人文精神,开放兼容的认同精神,隆德明法的治校精神,与时俱进的创新精神"[②]构成了吉大精神的核心,同时也更加彰显着吉大的红色基因、白求恩精神的重要内涵。

红色基因是黄大年精神的鲜亮底色。为适应东北解放区急需大批革命干部和专业人才的需要,吉林大学(原名东北行政学院)在东北解放战争的隆隆炮火中诞生。从她诞生的那一天起,就承载了中国革命的红色基因和神圣使命。白求恩精神是吉大精神的重要组成部分,

---

① 吉林大学校史编委会:《吉林大学校史》,吉林大学出版社,2016年,第1页。
② 吉林大学校史编委会:《吉林大学校史》,吉林大学出版社,2016年,第2页。

更是吉大精神红色基因中的一枝傲雪寒梅。白求恩医科大学（原名晋察冀军区卫生学校）的创办者白求恩，为了中国人民的抗战事业，不仅奉献了自己的专业技术，而且献出了自己的宝贵生命。白求恩精神集中体现了"毫不利己，专门利人"的精神。用吉林大学党委书记杨振斌总结白求恩精神的话讲，"白求恩精神就是他对学术专业精益求精，对待伤员满腔热忱"。吉大精神中的革命精神、红色基因是吉大精神传承的最重要也是最宝贵的精神底色。同样诞生在解放战争炮火的长春邮电学院，也流淌着革命的红色血液。这是一所专门为东北解放区培养和输送邮电专业人才的学校，为解放战争做出了重要贡献。中国人民解放军军需大学从清朝的北洋马医学堂到新中国的中国人民解放军兽医大学，现为吉林大学农学部。在解放战争中，该校师生起义，接受党的领导和改组，更是体现了学校的革命性。新中国的建立，开启了兽医学校新的发展时代。吉林工业大学（原名长春汽车拖拉机学院）、长春科技大学（原名长春地质学院）两所学校的诞生同样是为了新中国成立后百废待兴，快速实现工业化的需要。两所学校的改革发展贯穿着党的正确领导、服务国家现代化建设的需要。所以，同样具有红色基因。黄大年正是被国家现代化建设的大潮感召，适应国家发展对科技的需要，报考了原长春地质学院，并用自己的智慧和汗水书写和践行了他"振兴中华，乃我辈之责"的高远之志。回国前，黄大年虽然在异国他乡有着显赫社会地位、丰厚的收入，但他的心是一直漂泊的。时代的感召、祖国的呼唤、使命的期待，直接引导着他冲破重重阻力、放弃优厚待遇，回到祖国、回到吉林大学工作。在长春地质学院学习成长的见闻和感受、在吉林大学教书育人、科技报国的日子里，正是吉大精神的红色基因熏陶和感染着黄大年，也是黄大年所做一切的精神动力和根本原因，更是黄大年精神的鲜亮底色。红色基因、革命精神、白求恩精神就是黄大年精神的源头活水，黄大年精神更是吉大精神的时代传承和重要组成部分。用吉林大学党委书记杨振斌的话来讲，"红、白、黄三种源色，构成了吉大精神的新的内涵和实质"。

二、黄大年精神的时代特征

黄大年精神在具有红色基因源头活水的同时，更具有鲜明的时代特征。黄大年精神的人民性、创造性、先进性鲜明地彰显和体现了黄大年作为一名教育工作者、科技工作者、一名共产党员的家国情怀和责任担当。黄大年作为一名教师，他用立德树人的实际行动践行和诠释了人民性。办人民满意的高等教育、培养好学生，是教师最本分也是最本职的工作。黄大年曾担任吉林大学首届"李四光试验班"班主任，在他担任班主任的那段日子里，他把这些学生当成了他的孩子。班里的同学们由于家境不同，大部分同学没有笔记本电脑用来获取和处理信息数据，他就自掏腰包，给全班24名学生每人买了一台笔记本电脑。地质宫顶楼夏天闷热冬天寒冷，为了保证学生的学习时间，他仍是自费给同学们装了电风扇和电暖气。为了能让学生们走出国门，开阔视野，他全额资助他们参加国际学术会议……。这一切都诠释了他作为一名老师，对孩子们的爱、对人民的爱。黄大年作为一名科技工作者，他用全部的智慧和心血诠释了创造性。他作为航空地球物理领域的顶级科学家，他主持研发的许多成果都处于世界领先地位，那时他才50岁。回国工作后，面对国外长期对"地球深部探测仪器"这样的高端装备的垄断或封锁，他带领他的团队成功研制我国第一台万米科学钻——"地壳一号"，自主研制综合地球物理数据分析一体化的软件系统，提高国家深部探测关键仪器的制造能力。这种设备就像一只"透视眼"，能"看清"深层地下的矿产、海底的隐伏目标，对国土安全具有重大价值。就像外媒报道的一样，"他的回国，让某国当年的航母演习整个舰队后退100海里"。作为一名共产党员，黄大年用生命践行了共产党员的先进性,用满腔热血诠释了"我爱你中国"。

作为我们这样有着9000多万党员的政党,党的先进性体现在哪里?其实就是体现在每一名共产党员的身上。黄大年虽然只是我们9000多万党员这样大党的一分子,但黄大年正是用自己的行动证明了共产党员的先进性。所以,我们可以讲,也必须讲,"振兴中华,乃我辈之责"这不仅是黄大年的一句豪迈誓言,更是他人生的真实写照。

三、黄大年精神的时代昭示

我们探讨了黄大年精神的源头活水、时代特征,强调和激发黄大年精神的重要作用,在于精神对时代和后来人的昭示,在于全体吉大人乃至教育工作者、科技工作者、学生、共产党员怎么去传承和践行黄大年精神,这才是我们学习黄大年精神的重要目的。新时代、新形势、新使命,对于教育工作者来讲,面对中国高等教育争创"双一流"、中华民族伟大复兴的重要历史机遇和伟大征程,学习践行黄大年精神就是要坚持"立德树人"根本任务,在教书育人实践中,努力教好培养好学生,用心用爱用情去关心爱护学生的成长成人成才,让一代代青年学生成为社会主义事业的接班人和建设者,成为中华民族伟大复兴的中国梦的实践者和见证者。高等教育教书育人要让家长满意、社会满意、党和国家满意。对于科技工作者、专家学者来讲,就是要在科技创新的伟大征程中,牢记使命和责任担当,追求卓越、敢于创新,志存高远,把科技报国、科技强国书写在实验室的灯火下、书写在真理求索的道路上、书写在祖国的大地山河中。对于青年学生来讲,学习黄大年精神,就是要以黄大年"振兴中华,乃我辈之责"的豪迈誓言为方向,牢记"青年兴则国家兴,青年强则国家强"[1]的时代嘱托,跟党走、听党话、坚定信仰、青春逐梦、踏实学习、勤奋向上,在课堂和实践中用青春和汗水书写人生精彩华章。对于全体共产党员来讲,

---

[1] 习近平:《决胜全面建成小康社会 夺取新时代中国特色社会主义伟大胜利——在中国共产党第十九次全国代表大会上的报告》,《人民日报》,2017年10月18日。

学习黄大年精神就是要政治上牢记自己党员身份，增强"四个意识"，坚定"四个自信"，在党言党、在党为党、在党功党。学习和工作中更要像黄大年一样，不忘初心，牢记使命，把"心有大我，至诚报国"的精神融入自己的血液里和生命中，用生命和智慧把党的先进性贯彻到自己本职岗位的实际行动中，为建设"双一流"、实现中华民族伟大复兴的中国梦做出自己应有的贡献。

传承黄大年精神，做好新时期高校电视宣传工作

李宏 沈季

内容摘要： 在实际工作中，我们要处处以黄大年老师为榜样，传承他的精神，学习他永远绽放的工作激情，以脚踏实地、无私奉献的热情对待工作，对待身边的同事，像他一样把工作岗位看作实现人生价值的哨位，把事业当成报效祖国的战场。

关键词： 传承；精神；电视宣传；价值体现

作者简介： 李宏，吉林大学电视台新闻主播、主任播音员。沈季，吉林大学电视台副台长，研究员。

心有大我 至诚报国
——黄大年精神闪耀着旗帜的光芒

做好高校新闻宣传工作，不仅能推动高校各项工作又好又快发展，同时也能提升学校在社会上的知名度和美誉度。建设一支政治强、业务精、作风正的新闻宣传工作队伍，是做好宣传思想工作的组织保证。新闻事业能否办好，关键在于是否坚持以马克思主义新闻观为指导，是否拥有一支高素质的新闻队伍，这就要求我们要坚持党性原则，牢牢把握正确的舆论导向，严格按照新闻规律办事。新时期，随着我国社会经济体制的纵深发展，政治、经济、文化和社会生活等各个领域发生巨大的转变，广播电视宣传的组织和管理体制、工作机制以及工作面临的客观形式和受众特点都发生了转变。面对这样的形势，电视新闻宣传工作显得尤为重要。因此，做好新时期高校电视宣传工作，同样是摆在我们面前的一项重要课题。

黄大年，是我们身边实实在在的典型人物。虽共事不多，但工作上也有或多或少的交集，每一次的接触，从他身上都能感受到一种积极向上的力量，一种迸发的工作激情，在他留给我们深刻而难忘印象的同时，我们也为身边有这样不停奋斗的老师而自豪和骄傲。黄大年是著名地球物理学家，生前担任吉林大学地球探测科学与技术学院教授、博士生导师。2009年，他毅然放弃国外优越条件回到祖国，刻苦钻研、勇于创新，取得了一系列重大科技成果，填补了多项国内技术空白，2017年1月8日不幸因病去世，年仅58岁。

习近平总书记在他去世不久，就对他的先进事迹作出重要指示，深刻阐明黄大年精神的丰富内涵，激励全体中华儿女，高扬爱国主义精神旗帜，凝聚起更加磅礴的力量。他指出：黄大年同志秉持科技报国理想，把为祖国富强、民族振兴、人民幸福贡献力量作为毕生追求，为我国教育科研事业作出了突出贡献，他的先进事迹感人肺腑。我们要以黄大年同志为榜样，学习他心有大我、至诚报国的爱国情怀，学习他教书育人、敢为人先的敬业精神，学习他淡泊名利、甘于奉献的高尚情操，把爱国之情、报国之志融入祖国改革发展的伟大事业之中、融入人民创造历史的伟大奋斗之中,从自己做起,从本职岗位做起,为实现"两个一百年"奋斗目标、实现中华民族伟大复兴的中国梦贡献智慧和力量。

因此,在实际工作中,我们要处处以黄大年老师为榜样,传承他的精神,学习他永远绽放的工作激情,以脚踏实地、无私奉献的热情对待工作,对待身边的同事,像他一样把工作岗位看作实现人生价值的哨位,把事业当成报效祖国的战场。做一名既有坚定的政治信仰,又有满腔的工作热情,更有善解人意充满人情味的党员干部。

一、传承心有大我、至诚报国的爱国情怀,在电视宣传工作中更加坚定政治信念和理想追求

心有大我,是一种格局、一种境界,也是一种信念。至诚报国,是一种情怀,是一种感恩,更是一种理想。在黄大年心里,国家至上、民族至上、人民至上是不变的信条,祖国需要就是最高需要,服务国家就是最好归宿。在新闻宣传工作面临新形势、新挑战的前提下,我们要以黄大年的"心有大我,至诚报国"的爱国情怀,更加清醒地认识到宣传思想工作所肩负的使命与责任,牢固树立政治家意识,坚持政治家办台,始终做到旗帜鲜明、立场坚定。习近平总书记2016年,在党的新闻舆论工作座谈会上发表重要讲话中强调,"党和政府主办的媒体是党和政府的宣传阵地,必须姓党"。党管宣传、党管意识形态、党管媒体的原则和制度不能变,必须做到守土有责、守土负责、守土尽责。我们的电视新闻宣传必须体现党的意志、反映党的主张、维护党的权威,做到爱党、护党、为党。必须在政治上维护核心,在行动上紧跟核心,坚决与以习近平同志为核心的党中央保持高度一致,这是对新闻宣传的基本要求。同时,新闻宣传工作承担着"成风化人、凝心聚力"的神圣职责和使命,我们要引导全校增强"四个意识",这就必然要求自己要先学懂弄通、走在前列,内化于心、外化于行。

尤其要宣传好、贯彻好、落实好党的理论和路线方针政策。

严格按照习近平总书记关于新闻舆论宣传工作的48字重要讲话精神要求，通过学习结合实际，学以致用，立足岗位，把所学的内容转化为开展实际工作的思路和方法。

一是要提升舆论引导能力。在继续策划宣传主题、宣传重点的报道基础上，进一步巩固壮大校园舆论阵地，努力做到政治上更强、传播上更强、影响力更强，真正使校园电视成为广大师生喜闻乐见的宣传阵地。

二是要提升精准宣传能力。围绕学校中心工作和"双一流"建设常态化制度化工作，在电视新闻宣传方面，一定要运用贴近师生、贴近学院、贴近基层的接地气的表现形式，组织好校园主题宣传报道，使电视节目让人爱看，耐看。

三是要加强新闻宣传的创新能力。在工作中创新新闻宣传的理念、内容、题材、形式、方法、手段等，找好新闻宣传的切入点、兴趣点，是电视节目的关键所在。讲好吉大的新老故事，进一步增强新闻宣传的吸引力、感染力，用不同特点和方式来传播校园的正能量，以满足广大师生的文化生活需求。

四是要加强制度建设。严格按照新闻从业人员行为准则要求，严把底线，守住阵地。在原有的播出制度、设备管理制度、交接班制度、审片制度、消防安全应急预案等的基础上，每年都要进行完善和修订，并张贴到办公室的墙上，大大规范了电视台人员采访程序和管理机制，使采访过程中的设备安全和管理得到了有力保障。

五是要多多挖掘师生中涌现的先进典型和教学科研等方面取得的突出成绩，不仅要塑造典型人物，也要多反映学校在人才培养、科学研究、服务社会和文化传承创新方面的闪光点。下学院，下基层，挖掘学院师生中涌现出来的凡人小事，以平凡见伟大，让先进典型在校园落地生花。

二、传承敢为人先、勇于担当的敬业精神，在电视节目策划与制作中进一步树立勇于创新的理念

在实际工作中，我们首先要发扬黄大年敢为人先，勇于担当的敬业精神。无论我们担负什么职责、承担什么任务，都要尽自己最大努力，拿出最高的标准、最大的担当。其次，敢于担当就要有坚持原则的勇气。我们做每项工作、干每件事情，都要把坚持党的原则放在第一位。要充分发挥电视媒体优势，策划大量有影响力的节目和大型宣传报道活动，记录学校的发展变化和辉煌成就，反映广大师生团结拼搏的精神风貌，不断推出精品栏目，打造精品力作。再次，敢于担当就要有破解难题的素质能力。干工作就是要解决问题，能不能解决好工作中的难点和棘手问题，是圆满完成工作任务的关键，也是对党员干部能力素质的检验。难点问题突破了、解决好了，就能带动和促进其他工作的落实，就能起到以点带面的作用。

当前，新媒体发展速度之快，给我们的电视宣传工作提出了更高的要求和挑战。如何牢牢把握住媒体核心，坚守宣传阵地，同时又要根据新媒体的形态更为多样、传播更为广泛、渗透力更强的特点，更加注重内容创新，是对我们电视宣传工作的考验。因此，一定要坚持正确导向，探索建立更为高效、快速、灵活的体制机制，充分发挥传统媒体的内容优势，规划建设架构媒体融合平台，建设融媒体中央厨房，推动媒体在内容、渠道、平台、管理的深度融合，这样，才能使电视节目内容丰富，品位高雅，随时提供校园资讯服务的生动活泼的各类新视听产品，实现融合媒体的内容汇聚、生产、发布、全方位覆盖用户，对内加强凝聚力，对外提升战斗力。此外，要不断提高舆论引导水平，必须坚持和巩固马克思主义新闻观在新闻工作领域的指导地位，运用马克思主义的立场、观点、方法，统一认识、指导实践，

并以此武装头脑、规范言行、引领思想，培养一大批政治强、业务精、纪律严、作风正的校园新闻工作者，更好地提升舆论宣传的品质和水平，全方位展示党的十九大以来学校各项事业取得的成就和经验，积极宣传学校以新发展理念引领"双一流"建设新常态的生动实践，为实现中华民族伟大复兴的中国梦营造良好的理论氛围、舆论氛围、文化氛围和社会氛围。

三、传承淡泊名利、甘于奉献的高尚情操，在实际工作中进一步形成真抓实干的浓厚氛围。

教育部部长陈宝生曾评价黄大年："淡泊名利、甘于奉献的高尚情操是黄大年精神的厚重底色。人生有底色，不同的底色往往能决定人生发展的不同路径。如何看待名利，是否甘于奉献，这就像是一把无形的尺子，衡量着底色的厚度，标志着境界的高度。"黄大年把满腔的热血投入到科研工作中，对工作勤勤恳恳、甘于奉献，但他又很"任性"，不唯上不唯权不唯关系，以出世的态度做学问、搞研究，以入世的态度爱国家、爱科学。在他身上，我们感受到一个知识分子心无旁骛、潜心钻研的学术品格。他以出世的态度为人处世，不计得失、坦坦荡荡；以入世的态度做事履职，兢兢业业、恪尽职守。其所思所行，如同一股清流，让学术变得单纯，让人生更加纯粹。

以黄大年为榜样，在工作中，努力营造淡泊名利、甘于奉献、团结向上、风清气正的良好氛围。多年来，电视宣传始终以"五个坚持"为工作准绳，扎实推进学校发展的每一步进程。一是坚持围绕学校的中心工作开展宣传，第一时间将学校重大活动、重大事件、重大决策真实地展现在师生面前；二是坚持用正确的舆论引导师生，及时报道师生中涌现的先进人物、先进事迹，以典型事迹、典型人物营造氛围，凝聚人心，推动学校各项工作的快速开展；三是坚持以传承吉大精神为己任，通过报道校园新事物、新理念和新信息，及时准确反映学校的新变化，引领大学文化健康发展；四是坚持用真实、具体、形象的镜头记录学校秉承校训，向着建成"双一流"大学，接近或跻身世界一流大学行列目标奋进的全部历程；五是坚持发挥文化育人功能，以新闻传媒实践基地为主阵地，加强对大学生记者的队伍建设，努力为国家培养合格的建设者和可靠接班人。

面对身边这样的典型人物，我们深感与之做人的差距之大。虽然高校电视不比社会电视，但同样肩负着国家的重托和人民的希望，同样肩负着党和人民赋予的神圣使命。在实际工作中，我们要始终保持定力、坚守初心，克服急功近利的浮躁，远离追名逐利的彷徨，不谋一己之得失，而忧事业之兴衰；无论从事什么工作，都要始终做到吃苦在前，享受在后，勤奋敬业、任劳任怨，勇于创新、敢于担当，脚踏实地干出一番事业，成就有价值的人生。

伟大的时代呼唤伟大的精神，崇高的事业需要榜样的引领。为做好高校电视宣传工作，也为提升自己在工作中的价值体现，我们要时刻以黄大年为榜样，学习和弘扬黄大年精神，把他的崇高精神转化为自己的信念动力，融入自觉行动，争做埋头苦干的行动者和兢兢业业的奉献者；不忘初心、砥砺前行，把自己的梦想融入实现中国梦波澜壮阔的奋斗之中，书写无愧于时代的人生精彩画卷。

弘扬黄大年精神,激发起立德树人的磅礴力量

季洪涛

内容摘要:本文通过作者回忆与战略科学家黄大年教授的数次交往经历,描绘出黄大年务实为人、低调做事的人格形象;并从微观的视角出发,归纳出黄大年身上具备的四种做人做事美德:忠于祖国、志存高远、言传身教与淡泊名利。由此作者呼吁,大家学习黄大年精神,就是要把爱国之情、报国之志融入立德树人的根本任务中去。

关键词:黄大年;忠于祖国;志存高远;言传身教;淡泊名利

作者简介:季洪涛,吉林大学校报主编,副研究员。

心有大我 至诚报国——黄大年精神闪耀着旗帜的光芒

2017年5月习近平总书记对黄大年同志的高度评价、热情赞扬和充分肯定，既是黄大年同志的光荣，也是全体吉大人的光荣。黄大年是新时代吉林大学改革发展中的一面旗帜，他的闪光事迹感人肺腑，他的心有大我、至诚报国的爱国情怀，教书育人、敢为人先的敬业精神，淡泊名利、甘于奉献的高尚情操，是我们每一位师生员工取之不尽，用之不竭的学习资源。

往事并不如烟，两年多来我曾无数次回忆起战略科学家黄大年教授的音容笑貌，对于他的英年早逝总是扼腕叹息、黯然神伤。我与黄老师的第一次交往大约是在2010年5月中旬，那时，我正在参与学校的《中长期事业发展规划》制定工作。由于黄老师是校内第一个"千人计划"归国人员，他受邀参加有关规划的专家论证会，在那次会上他率先发言，提出了一系列有助于学校发展的真知灼见。无论是电话交谈还是邮件沟通，黄老师始终让人有如沐春风的感觉。

2015年4月间，由于校报采访工作的需要，我与校报的两位记者一起拜访黄老师。记得那天天气晴朗，黄老师神情愉悦。他先领着我们参观了他的实验室，然后在他的"咖啡吧"中促膝长谈。他从自己的童年说起，与我们进行了长达4个小时的愉快交流。他的语言非常具有感染力，雄浑朴实，每当说起报效祖国时他总是滔滔不绝、豪情万丈。通过这次采访，我们深受鼓舞，并于当年5月写下了《战略科学家的中国梦——记吉林大学国家"千人计划"特聘专家黄大年教授》，4500多字的通讯文稿在校报上整版刊发，后又在校园网上全文转载，引发了众多社会媒体的关注。

后来，黄老师的科研秘书反馈说："黄老师对这篇文稿的每一个字都认真审阅，尤其是对战略科学家的称谓，他还建议前面最好用上限定语'我国环资领域'，由此可见黄老师的谦虚。"也就是在那篇通讯稿中，几乎所有的二级标题都是使用黄老师精练的话语："为梦想而行动的人，不会被埋没""从追赶，到被追赶""我从来没有离开过自己祖国""做一位践行者,探索融合之路的未来""这是我的母校,也是我的归宿"。黄老师这些充满感染力的语言,至今还萦绕在我的脑海。

2015年底,获悉黄老师受命组建吉林大学新兴交叉学部,《中国教育报》曾计划约他做个人物专访,后经秘书转述黄老师的反馈是:"还是要等一等,等到有一些成绩,再接受采访不迟!"人物专访就此耽搁下来,但我却一直惦记在心。我们之间最后一次见面,大约是在2017年元旦前夕地探学院举办的迎新晚会暨社会奖学金颁发仪式上,再次握起黄老师粗壮有力的大手,简短的寒暄与问候。不幸的是,新年开学以后就听到了黄老师辞世的噩耗,有关他的点点滴滴、音容笑貌令我永生难忘!

近两年来,为学习贯彻习近平总书记对黄大年先进事迹的重要指示精神,中央媒体以多种形式大力宣传报道黄大年的感人故事,有关黄大年先进事迹的文艺作品也不断将他的精神凝聚升华,激发起全社会的广泛学习。校内也将学习宣传黄大年精神作为一面旗帜,成立了黄大年纪念室,组建黄大年精神报告团赴全国多地巡讲,并归纳总结出"红白黄"三源色精神指导学校的"双一流"建设(即红色革命精神、白求恩精神、黄大年精神)。我校原创话剧《黄大年》、原创音乐剧《黄大年》成功上演,其目的就是要进一步激发与教育新时代年轻人的爱国荣校热情。秋风洗净铅华后,山长水阔放眼明。笔者认为,我们学习黄大年精神,尤其是要学习黄老师身上体现出的四种做人做事的美德:

一是忠于祖国。

科学没有国界,但科学家有自己的祖国。在黄大年看来,自己一刻也没有离开自己的祖国。1977年恢复高考,黄老师成功考入长春地质学院地球物理系,1982年同学毕业留言册上黄大年老师坚定地写下"振兴中华，乃我辈之责"，由于成绩优异，他选择留校任教。1992年在长春地质学院送他出国时，他表示"我学成后一定第一时间回国"。1997年，他在英国利兹大学获博士学位后，第一时间回国。后来又为了国家需要和进一步学习跟踪国际前沿技术，在长春地质学院党委集体决定下，他再次出国学习先进技术。2009年在国家"千人计划"感召下，他毅然回国、回到吉林大学、回到了地质宫。他自己曾说："为国担当，是父母从小的教诲。我是国家培养出来的，我的归宿在中国。"他所以能舍弃国外那么优渥的生活，坚定地回到祖国，就是为了把国家的地球物理事业做大做强。回校工作的七年多的时间里，在他的身上我们看到了一名战略科学家的责任与担当，这也为我们后来者积极投身社会主义现代化建设的伟大实践、共筑伟大复兴中国梦树立了榜样。

二是志存高远。

地质宫作为黄大年梦想启航的地方，他在自己果实累累的时候选择回归母校，落叶归根；作为留学归国人员，黄大年同志在教学科研岗位惜时如金，忘我拼搏，迅速取得科技成果，填补了多项国内技术空白，有的成果达到国际领先水平。回国的7年多时间里，他一直在为做大做强我国的环境资源事业奔走，在国家"863"计划的航空重力梯度仪的研发项目中1个多亿的研究经费，他一分钱没留，都给了具体的研究单位，甚至为这个项目出差，他都自己垫钱。他回国后，抓紧一切时间做科研和人才培养，大家戏称他为"科研疯子"。他从事的地球物理工作是系统工程，主要是解决国家需要的资源和国土安全问题。他规划承担了到目前为止学校体量最大、经费支持最多的一个项目，经费达3.26亿元，组织了国内几十家单位400多人的科研队伍联合攻关，成果填补了多项国内空白，大大提升了我们学科在国内外的地位。尤其是在学科交叉融合领域，他还做出了开拓性探索，牵头组建了吉林大学新兴交叉学部，推进吉林大学智慧海洋研究工作，积极探索推广军民结合的塔帕工作组（又称红、蓝任务分组），有力推进了我国重大科技战略的实施。这一切的努力与拼搏，与他梦想中吉大真正崛起在祖国的北疆，与校训"求实创新、励志图强"的精神完全一脉相承。

三是言传身教。

黄老师出生在一个教师家庭，从小就受到爱国敬业思想的教育，父母的教诲使爱国敬业的思想深深地扎根在他的头脑中。20世纪80年代，留校不久的他想方设法给学生上好每一堂课。为此他利用到北京出差的机会前往北京大学的本科生课堂去听课。用他自己的话来说，就是要亲身了解和学习国内顶尖学校的授课方式，提高自己的教学水平。但他毕竟不是学生，北大有关工作人员很快就发现了他。当他说明来意后，北大的工作人员深深地被他的精神所打动。回国后，他主动要求担任2009级"李四光试验班"班主任，对于刚入学的本科生，他自掏腰包赞助万元经费订阅报刊和书籍，在培养学生理想、责任、操守和合作精神方面，他采用循循善诱的引导方式，用与剑桥大学优秀学生刺激性比对培养方式，激发学生感性做人、理性做事的优良品质。在硕士生和博士生的培养中，黄大年教授充分利用海外培养该类学生的经验和材料，推动学生的自主研发能力和相关的素质培养，鼓励学生参与国家重大科研项目，积累经验，建立信心，树立为国争光的使命和责任感，最终成为国家需要的高层级研发型人才。他严谨治学，因材施教，诲人不倦，把培养人才和建设团队作为倾尽心血的职业理想，培养了一批"出得去、回得来"且用得上的人才，用实际行动阐释了如何当一名教书育人的好老师。

四是淡泊名利。

如何对待名利，是判定一个人境界高下的重要标准。黄大年同志在英国求学、工作18年，已经有了很好的研究平台、研究团队、人脉资源和物质条件，但即便这样，在国家需要和召唤的时候，毅然回国，成为东北地区引进的第一位"千人计划"专家。黄大年同志回国后投身于科学研究，不兼任任何行政职务，把自己的主要精力放在了学术科研和人才培养上。黄老师面对名利的选择，应该成为我们这个时代可贵的精神路标。而我们每一个人，无论在什么岗位，只要学习并坚守这样一种淡泊名利、甘于奉献的精神，也同样能在自己的岗位上作出应有的贡献。当下，我们学习黄大年精神，就是要更好地实现立德树人的根本使命，以时不我待的紧迫感、舍我其谁的责任感，主动担当，积极作为，努力创造出无愧于新时代的业绩。

榜样的力量是无穷的，精神的魅力是相通的。战略科学家黄大年的先进事迹和崇高精神对每一位吉大人都有很深的教育意义和鼓舞作用。大家学习黄大年精神，就是要把爱国之情、报国之志融入立德树人的根本任务中去，践行于使命中，传承于责任中，助推学校的"双一流"建设，让我们的学校真正成为人民群众心目中的好学校，让我们培养的学生真正成为国家建设需要的杰出人才，让我们的伟大祖国更加美好富强，繁荣昌盛！

传承黄大年精神，建设以立德树人为己任的教师队伍

周春国 马 旭

内容摘要：高等学校是人才培养的主体，教师是立德树人的主力军，提升教师的职业素养对于新时期推动高校教育事业发展具有重要战略意义。习近平总书记对黄大年教授先进事迹作出重要批示，全国掀起了学习黄大年精神的热潮。在全国高校认真贯彻落实思想政治工作会议精神和全国教育大会精神，坚持"全员、全方位、全过程"育人，推进"双一流"建设的今天，学习并践行黄大年精神，确保黄大年精神落地生根，从而树立新时代高校教师的"新形象"，培养一支坚持以立德树人为己任的高素养教师队伍就显得极为重要。

关键词：黄大年精神；立德树人；教师队伍

作者简介：周春国，吉林大学法学院党委书记。马旭，吉林大学法学院学生办公室主任。

心有大我 至诚报国——黄大年精神闪耀着旗帜的光芒

一、黄大年精神的深刻内涵

黄大年教授是享誉我国学术界的著名地球物理学家，同时也是我国国家"千人计划"入选专家。在祖国需要他的时候，他毅然放弃国外优越的条件，回到祖国的怀抱，在祖国的热土上刻苦钻研、锐意创新、积极进取、淡泊名利、甘于奉献，带领团队取得了一项又一项的重大科技成果，直到生命的尽头，仍旧坚守在工作岗位上。2017年4月28日，黄大年教授被教育部追授"全国优秀教师"荣誉称号，2017年5月26日，黄大年教授被中宣部追授"时代楷模"荣誉称号。黄大年教授的英雄事迹和伟大精神是新时代广大高校教师树立良好师德师风的生动教材，他曾说过自己最看重的身份是教师。学为人师，行为世范，他始终用自己的默默付出立德树人、华育英才。

（一）矢志不渝的爱国情怀

著名的法国科学家巴斯德曾说："科学虽没有国界，但科学家却有自己的祖国。"爱国主义是中华民族精神的核心和精髓，是指引全国各族人民团结奋斗的精神支柱。"只要祖国需要，我就义无反顾"的满腔热情和"什么职务也不要，就想为祖国做些事"的报国之志，都表达出了他矢志不渝的爱国情怀。无论身处何处，黄大年教授都始终坚持以祖国利益为上，刻苦钻研学术，对祖国怀有一颗拳拳的赤子之心。

（二）坚定不移的理想信念

黄大年秉持科技报国的理想，将自己的全部都奉献给理想和祖国。理想对人生的方向具有重要的指引作用，信念是一个人生活、学习及事业成功与否的基础性因素。他于1992年出国留学，虽身在异乡，但心中仍有着坚定的回国信念。他曾说过，一定会把国外先进的技术学回来。因此，乘着国家"千人计划"的浪潮，黄大年在2009年底毅然放弃国外优越的条件，回到母校吉林大学，开始了7年与时间赛跑的科研之路。他用"黄大年式"的崇高精神铸就了理想信念之魂，载着中国进入了"深地时代"。

（三）甘于奉献的优良品质

习近平总书记指出：黄大年同志始终将祖国富强、民族振兴、人民幸福作为自己的毕生追求，并为之奋斗终生，直到生命的最后一刻。黄大年教授淡泊名利、甘于奉献的优良品质是新时代实现中华民族伟大复兴的精神财富。他早在1982年本科毕业之际的同学毕业赠言中就写道："振兴中华，乃我辈之责。"在国外已经取得重大成就的黄大年，在国家需要他的时候毅然回到祖国的怀抱，将自己的个人理想与国家利益紧密结合在一起，将"小我"融入"大我"。作为一名知识分子，他不计得失，淡泊名利，潜心学术；作为一名高校教师，他恪尽职守，兢兢业业，带领44名研究生完成了各项重大课题。

（四）追求创新的科学态度

科学技术是一个创新型国家建设和发展的核心力量。科技兴则国兴，科技强则国强。作为一名科研工作者，黄大年教授将科学视为自己的"情人"，并将其毕生精力都投入国家科技创新中。在回国期间，黄大年带领400余名科研工作者钻研创新，创造了多项全国第一的技术。作为一名"科研疯子"，他被人们称为"拼命黄郎"，但正是他这种拼搏进取的"疯魔"精神，使中国的多项技术实现了"弯道超车"，走在了世界科技发展的前沿。

二、黄大年精神融入高校师德建设的必要性

在现代社会，高等教育担负着人才培养、科学研究、社会服务、文化传承与创新、国际合作与交流的任务。在高校中，大学教师的一言一行都有很强的示范作用，教师的道德修养对于学生价值观和人生观的形成具有直接影响。教师职业道德是教师在从事教育劳动的过程中形成的比较稳定的道德教育观念、行为规范和道德品质的总和，它

是调节教师与他人、教师与集体及社会相互关系的行为准则，将黄大年精神融入高校师德建设具有重要意义。

（一）学习和弘扬黄大年精神是高校师德建设的情感支撑

黄大年教授自2009年回国后，只争朝夕，潜心科研，带领他的团队克服重重困难，取得了该领域内一项项重大的科研成果，填补了多年来我国在该领域内的空白，有多项成果甚至已经达到世界领先水平。黄大年的一生，兢兢业业，默默奉献，不计得失。高等教育的目的是为了培养具有正确思想道德观念和高尚情操的德智体美劳全面发展的社会主义建设者和接班人，黄大年精神中所蕴含的爱国主义、理想信念、甘于奉献、勇于创新等优秀品质是每一个新时代大学生成长成才必须具有的基本品质，也是引导高校教师培育学生的精神力量。

（二）学习和弘扬黄大年精神是高校师德建设的客观需要

当前，我国经济社会发展迅速，综合实力和国际竞争力日益增强，全面建成小康社会的奋斗目标基本实现。但是在我国逐渐强起来的过程中，面对中美贸易战、从严治党、经济转型等更加复杂的国际国内环境，高校必须高度关注"培养什么人、怎样培养人和为谁培养人"的问题。因此，在新时代背景下，高校大学生思想政治工作必须注重对大学生爱国主义、理想信念等的引导和培育，必须先融入师德建设工作中，打造一支理想信念坚定，品德高尚的教师队伍，从而更好地开展高校大学生思想政治工作。黄大年精神是最好的教材，只有将黄大年精神与师德建设工作融合在一起，才能充分体现出其在师德师风建设和高校思想政治教育工作中的育人价值，从而培养出时代需要的接班人。

（三）学习和弘扬黄大年精神是高校师德建设的时代要求

每一个时代都有代表这个时代的精神，时代精神蕴含在一个时代的创造性实践中，即顺应时代潮流、符合时代要求、引领时代进步的思想观念和价值取向。在当前国际国内形势复杂多变的新时代背景下，黄大年精神应运而生。它与井冈山精神、长征精神、东北抗联精神、西柏坡精神等革命精神既有一脉相承的共通之处，又在实现中华民族伟大复兴中国梦的新时代被赋予了新的内涵。教育部部长陈宝生同志曾经指出，伟大的时代需要弘扬黄大年精神，需要人们将自身梦想融入实现中国梦的壮阔篇章之中。新时代对高校大学生也提出了新的要求：把理想信念、爱国之情、甘于奉献、创新创业等精神品质融入大学生的思想政治工作中，培育出有扎实学识、有政治信仰、有道德情操、不畏艰苦、有创新创业精神的新时代大学生。这既是对高校大学生的要求，也是对高校教师培育学生的时代要求。

三、黄大年精神融入高校师德建设的路径创新

为深入学习和传承黄大年精神，推动高校教师树立牢固的家国情怀和奋斗精神，立足教学科研服务一线岗位建功立业，营造"全员、全方位、全过程"育人的氛围，形成长效育人机制，树立新时代高校教师的"新形象"，就必须在黄大年精神如何"落地生根"上下功夫，结合黄大年精神的实质、时代特点和各高校实际，以"铸师魂、塑师德、强师能、传师道"为抓手，注重践行路径的探索创新，塑造教师群体"学为人师、行为世范"的立体化新形象，激励教师在"双一流"建设中建功立业、贡献力量，形成不懈奋斗、团结奋斗的生动局面。

（一）铸师魂，在坚定理想信念上下功夫

"心中有信仰，脚下有力量"，只有理想信念坚定的人，才能始终不渝、百折不挠，任他风吹雨打，我自岿然不动，不怕千难万险，坚定不移地为实现既定目标而奋斗。民族复兴既是政治、经济、军事等显性表征的复兴，也是文化、科学、精神等隐性内涵的升华。黄大年精神是民族精神与时代精神的高度统一，是科学精神与人文精神的高度统一。

当前，中国特色社会主义事业正处在一个新的历史发展起点上，

高校基层党委要在坚定教师的理想信念上下功夫，学习黄大年教授的光辉事迹和崇高精神，把共产主义、中国特色社会主义和爱国主义作为教师的价值追求导向，提升教师队伍的政治素养，打造一支有理想信念、培养社会主义建设者和接班人的教师队伍，把爱国之情、报国之志融入祖国改革发展的伟大事业之中、融入人民创造历史的伟大奋斗之中，从自己做起，从本职岗位做起，为实现"两个一百年"奋斗目标、实现中华民族伟大复兴的中国梦贡献智慧和力量。

（二）塑师德，在提高道德情操上下功夫

"非澹泊无以明志，非宁静无以致远。"在黄大年教授身上，人们感受到一个知识分子心无旁骛、潜心钻研的学术品格。淡泊名利是黄大年富有人格魅力的高洁品行。在他心中，国家为重、个人为轻；科学最重、名利为轻。不讲索取讲奉献，不谈待遇要作为，黄大年教授这种高尚品行和乐观态度贯穿一生，他以淡然率真的人生态度诠释了一个科学家淡泊名利、甘于奉献的高尚情操。所谓学高为师，身正为范。黄大年教授用自己的实际行动教给学生什么是高尚的道德品行和谦逊的行为态度，他的言传身教赢得了广大学生和社会的广泛赞誉。作为教师和公民之"师者"，黄大年教授是广大教师和科研同事的楷模。

为此，要把政治道德、学术道德和职业道德作为高校教师的师德师风导向，坚持学术研究无禁区、课堂讲授有纪律，坚持向学术致敬、向真理致敬、严谨诚信治学，坚持重视教师身份，把教学摆到重要位置上，引导教师教书育人、言传身教、明理担当、严谨养正，打造一支有道德情操、坚持立德树人的教师队伍。

（三）强师能，在积累扎实学识上下功夫

求索进取是黄大年一生科学实践的生动写照，他身体力行地书写了教书育人、敢为人先的敬业精神。"水之积也不厚，则其负大舟也无力"，在世界多极化、经济全球化、社会信息化、文化多样化的新时代，对教师知识功底的要求进一步提高。要把教学能力、科研能力、服务社会能力和国际交流能力作为教师能力提升导向，教学科研并重，相得益彰，尤其要强调教师科研的服务社会导向，做真学问、实学问，为实现国家和地方发展战略做贡献，切实参与国际合作与交流，讲中国故事、发中国声音、交国际朋友，打造一支有扎实学识、崇智尚学、学为人师的教师队伍。

（四）传师道，在培育仁爱之心上下功夫

爱是教育的灵魂，没有爱就没有教育。习近平总书记2014年，同北京师范大学师生代表座谈时的讲话中指出："好老师的道德情操最终要体现到对所从事职业的忠诚和热爱上来。好老师应该执着于教书育人。"好老师要具备学习、处世、生活、育人的智慧，用爱培育爱、激发爱、传播爱，让每一个学生都健康成长，让每一个学生都享受成功的喜悦。要把爱国、励志、求真和力行作为教师教书育人导向，教育引导学生正确认识世界和中国发展大势、中国特色和国际比较、时代责任和历史使命、远大抱负和脚踏实地，打造一支有仁爱之心、以中华民族伟大复兴为己任的教师队伍。

爱因斯坦说过："如果一个人忘掉了他在学校里所学到的每一样，那么剩下来的就是教育。"师者已逝，精神永存。黄大年教授是榜样，是丰碑，是永远伫立在高校教师心头的精神符号。民族复兴靠人才，人才培养靠教师。让我们共同努力，以黄大年教授为师，"铸师魂、塑师德、强师能、传师道"，坚持立德树人根本任务，为培养德智体美劳全面发展的社会主义建设者和接班人而努力奋斗！

践行黄大年精神 做爱校爱岗爱生的教职工

赵大伟

内容摘要：作为一名普通教职工，践行黄大年精神，应该做到谙熟吉大历史，明细吉大现状，助理吉大未来，爱校知校、同心同德，培树"一日归属吉大，一生念念不忘"的情感认同；应该做好本职工作，尊重教师，爱护学生，努力成为推动学校教书育人事业发展的行家里手；应该做到心有大我、公而忘私，对党对校无限忠诚，自觉摒弃本位主义，抵制圈子文化，将吉林大学的整体利益作为谋事决策的最高标准。

关键词：黄大年精神；情感认同；尊师爱生；公而忘私

作者简介：赵大伟，吉林大学党委巡察工作办公室副主任，副研究员。

心有大我 至诚报国——黄大年精神闪耀着旗帜的光芒

战略科学家黄大年教授于2017年1月8日因病医治无效，在长春逝世，享年58岁。2017年4月28日，教育部追授黄大年教授"全国优秀教师"荣誉称号。2017年5月25日，习近平总书记对黄大年同志先进事迹作出重要指示。2017年5月26日，中央宣传部追授黄大年同志"时代楷模"荣誉称号。当前，学习黄大年精神活动在全国范围内正掀起热潮，作为吉林大学的一名普通教职工，我觉得应该从以下几个方面落实好习近平总书记的指示精神，学习好、践行好黄大年精神，并将其转化为助推学校事业发展的实际行动。

爱校知校、同心同德，培树"一日归属吉大，一生念念不忘"的情感认同。

2009年下半年我在教育部借调期间，具体负责"千人计划"的评审工作，因为黄大年老师也是评审专家之一，所以有了一面之缘。尽管那时他还没有办完回校任教手续，但他仍然利用休息、用餐等一切机会，向与会专家介绍吉林大学的办学情况以及对高端人才的迫切需要，以博得大家对吉林大学的认同和支持。为此，我对这位本校乃至东北三省的首位"千人计划"专家增添了几分格外的亲近，还相约回校后到他办公室去看他。谁知那一面竟是最后一面。吉林大学作为党在祖国东北亲手创建的第一所重点综合性大学，为党和国家培养了大批的优秀人才和行业中坚，吕振羽、匡亚明、李四光、白求恩等先贤德高望重，他们的事迹和精神与祖国的高等教育事业一样薪火相传、万古长青。学校既为我们每位教职工提供了干事创业的平台，也为我们事业发展积累了无价的精神财富，继承实践黄大年精神，就要谙熟昨天的吉大、热爱今天的吉大、助力明天的吉大，做到今天我以吉大为荣，明日吉大以我为荣。

践行大年精神需要我们自觉树立对学校的情感认同，认知、认同学校的历史、现状和未来。**一要谙熟吉大历史。**毛主席在《改造我们的学习》一文中指出，"不论是近百年的和古代的中国史，在许多党员的心目中还是漆黑一团……认真的研究现状的空气是不浓厚的，认真的研究历史的空气也是不浓厚的。"这种重视历史的态度在今天的吉林大学仍然是需要的，我们每位吉大人只有了解了吉大历史上的各类人物和大事件，才能了解吉大教学科研工作的历史沿革和逻辑起点，才能知道吉林大学从何处来，才能因为知悉了吉大的荣光和曲折而去贴近她、珍惜她，并为之贡献力量。**二要明晰吉大现状**。合校后的新吉林大学经过十七年的融合发展，已经进入了快速发展的新航道。学术底蕴深厚、学科门类齐全、本科生培养质量高、校风醇厚是我们的优势，但是地缘经济、体量过大、思维认识的局限仍然深刻影响着我们的发展速度和质量，黄大年老师作为已然蜚声海内外的知名专家，在可以自由选择地方和单位的情况下，毫不犹豫地选择了为他留下青春印记和大学梦想的母校，我们普通教职工更应该准确把握学校、单位、本职工作的现状，体谅学校的难处，居安思危、未雨绸缪，为学校赶超先进、建设"双一流"大学贡献力量。**三要助力吉大未来**。吉大的未来是我们每个吉大人的未来。吉大的使命是我们每个吉大人的使命。黄大年老师在2015年12月30日的朋友圈中写道："有理由相信，回归到具备雄厚实力的母校，只要大家团结和支持，一定能实现壮校情、强国梦。"大学的根本任务在于立德树人，高校立校的根本在于一流的学科和人才。在诸多不利条件下如何培养人才、留住人才就成为每个吉大人的神圣使命。能把自己锻造成学校教书育人事业需要的人才固然最好，如若不能，能够为学校事业发展所需的人才，创造好的工作、学习和生活条件也足以让人尊敬。

尊师爱生、履职尽责，努力成为推动学校教书育人事业发展的行家里手。

黄大年老师之所以能够成为航空地球物理研究领域享誉世界的科

学家，7年间带领400多名科学家创造多项"中国第一"，为我国"巡天探地潜海"填补多项技术空白，让某国的航母演习舰队后退100海里，靠的就是持之以恒的学术积累和不畏困难、敢为人先的科研精神。我们每位教职工，也只有在苦练本领、成为行家里手之后，才能更好地胜任教学、科研和管理岗位，完成立德树人的神圣使命。也许不是每位老师都能做到像黄大年老师那样为学生配备笔记本电脑，为患病的学生家长支付医药费，在生命的最后时刻还坚持在病床上为学生释疑解惑，但是我们应该可以做到认真地准备每一节课，负责地指导每一位学生，严谨庄重地开展每一次学术活动，像对待自己的家人、朋友一样对待每一位来机关部门办事的师生。

首先，要成为行家里手。如果黄大年老师不是地球物理领域首屈一指的科学家，仅靠其拳拳爱国之心恐怕也无法为党和国家做出如此重大的贡献。作为普通管理干部，如果我们不知道我们的工作是在怎样的历史起点上展开，不知道前人将工作开展到了何种高度，如果我们不能熟悉掌握本领域工作的方针政策、工作要求和同行们的工作状态和工作成果，如果我们不能找准所从事工作未来的发展趋势和方向，我们就很难为广大教师和学生提供高质量的教学科研服务，很难为学校领导决策提供有益的参考，爱师、爱生、爱校就会成为空谈。**其次，要真正关心爱护学生。**习近平总书记在全国高校思想政治工作会议上指出："办好我国高校，办出世界一流大学，必须牢牢抓住全面提高人才培养能力这个核心点，并以此来带动高校其他工作。"我校党委书记杨振斌也反复强调，在校学生是明天的校友，校友是学校昨天的学生。说的都是关心爱护学生的重要性。习近平总书记的讲话为我们爱护学生指明了方向，黄大年老师则为我们关爱学生提供了具体的标杆。黄大年老师在2015年5月2日的朋友圈中写道："每年'五一'节都和学生在一起，边走边聊，边喝边侃，这是最愉快的时刻……铁打的营盘，流水的生，进是青涩出是才。作为老师，决不能亏待了这帮孩子，决不能耽误了这拨人才。"作为管理部门和工作人员，我们首先要知道同学们在吉大学得起不起劲、好不好，吃得饱不饱、贵不贵，住得暖不暖、舒服不舒服。作为思想政治工作者，就应该熟稔每个学生的基本信息、家庭背景和性格特点，掌握每个学生的思想状态和心理问题，并能及时提供必要的辅导和关爱，帮助学生系好人生关键期的"扣子"。人们把曾经就读的学校叫作"母校"，既然是"母亲"，就有义务让自己的每个孩子吃饱、穿暖、学好、成才。**最后，从心底尊重教师**。如果每个吉大人不将"尊师重教"的种子种在心里，吉林大学就很难在世界高等教育快速发展、竞争日趋白热化的今天占有一席之地。我们说事业发展关键在党，关键在人，这里的"人"在吉大主要还是我们奋斗在教学科研一线的广大教师。作为管理部门和管理干部，我们应该了解老师们的所想所思所需，我们工作、决策的出发点和落脚点应该是教学科研环境的改善、教学科研服务的提升、教学科研保障能力的增强，而不是部门、个人利益的求取和责任的规避。

心有大我、公而忘私，将吉林大学的整体利益作为谋事决策的最高标准。

黄大年老师在采购大型实验设备时，会主动联系符合条件的单位，而不是选择主动上门的熟悉单位。这之所以会把许多"明白人"搞糊涂了，就是因为当下"心有大我"的人太少了。"大我"是一个相对的概念，在人我之间是指他人，在个人和集体之间是指集体，在本院系和学校全局之间是指学校整体。当前，学校正处在学科调整、"双一流"建设、内涵发展的关键时期，在建设世界一流大学的进程中更加需要每位教职工都能够向大年老师学习，在关键时刻牺牲小我、成就大我，最终汇聚成学校事业发展的强大力量。

一要摒弃本位主义。自利是人的本能，为自己考虑本无可厚非，但过分自利不但会影响、伤害他人和集体的利益，甚至还会伤害自己。

本位主义者或者从自身利益出发,或者从本岗位、本部门的利益出发来决策、谋事,不考虑或者较少考虑学校的整体利益和长远利益。以当前的"一流学科"建设为例,如果某些学科专业不能做出牺牲,将学校有限的教学、科研资源向少数有潜力、基础好的学科倾斜,学校就无法尽快建成相当数量的高原学科、高峰学科、一流学科,而没有相当数量的一流学科,就无法建成真正意义上的一流大学。世界大学学术排名机构ARWU于2017年10月12日发布的中国最好的91个一级学科中,我校无一上榜,应该算作一个注脚。试想,如果吉林大学这艘承载教书育人使命的航空母舰无法乘帆远航、保家卫国,那么作为航母组成部分的飞行甲板、动力装置、武器装备又如何能实现自身的发展和价值?**二要抵制圈子文化**。应该说"圈子"并不陌生,也无法回避,每个人都有同事圈、同学圈,微信的出现更是大大地拓展了朋友圈,圈子在一定程度上满足了个体对于归属、合作共赢等价值的追求,但圈子文化却要不得。在圈子文化的影响下,小集团的利益凌驾于组织和学校的利益之上,个人、部门谋事、决策的标准不再是学校事业发展和全体师生利益,而是圈内人士的特殊利益。如果圈子文化盛行,就会严重影响学校的政治生态、育人生态,动摇学校事业发展的基础。**三要做到心中有党**。黄大年老师一生信党、爱党、忠诚奉献于党。早在1988年他就在入党志愿书中写道:"人的生命相对历史的长河不过是短暂的一现,随波逐流只能是枉自一生,若能做一朵小小的浪花奔腾,呼啸加入献身者的滚滚洪流中推动历史向前发展,我觉得这才是一生中最值得骄傲和自豪的事情。"党对所有党员的一项基本要求就是"四个服从",即"党员个人服从党的组织,少数服从多数,下级组织服从上级组织,全党各个组织和全体党员服从党的全国代表大会和中央委员会。"说到底就是个人服从集体,个人利益让位于集体利益。践行黄大年精神,就要做到个人服从集体、党员服从组织、部门单位服从全校。

当前全国上下都在深入学习、践行黄大年精神，相信每个吉大人都会在黄大年精神的感召下情系吉大、胸怀家国、履职践诺，推动学校教书育人事业不断取得新的成绩。

弘扬黄大年精神，夯实"文化荣校"战略

赵鸿宇

内容摘要： 黄大年精神是习近平新时代中国特色社会主义思想的集中体现，是经济发展、社会进步的实际需求，是文化建设的内在动力和精神支撑。弘扬黄大年精神，对提升广大人民群众，尤其是高校的师生员工的爱国情怀、敬业精神和高尚情操有显著的现实意义。精神力量作为大学文化建设的核心组成部分，彰显着其不可替代的重要作用。作为文化建设工作者，要通过各种宣传手段，将黄大年精神发扬好，根植学校、辐射社会。

关键词： 新时代；黄大年；精神；大学文化；思想

作者简介： 赵鸿宇，吉林大学经济学院党委办公室主任。

心有大我 至诚报国
——黄大年精神闪耀着旗帜的光芒

回想两年来为纪念黄大年老师组织的一系列学习和宣传工作，每一项都扎扎实实、掷地有声，两年有余，怀念他的日子总觉得时间过得很快。国家、省市、高校都在用各种方式表达着对黄大年教授的纪念和敬仰，都在通过各种艺术表现形式，将黄大年教授的精神发扬光大，长久流传。

一、艺术点亮人生，黄大年精神根植吉大，辐射社会

作为我校曾经的大学文化建设工作者，我的任务是将制度文化、精神文化和物质文化三者有机融合，努力夯实"文化荣校"战略，最大化发挥文化育人功能，将学校文化建设作为师生凝心聚力，共谋发展，从而实现学校"双一流"建设宏伟目标的精神动力。弘扬黄大年精神，除了要坚持通过文字、图片、影音资料进行深入学习，以及通过黄大年先进事迹报告会在全国巡讲外，同样重要的是要将黄大年教授心有大我、至诚报国的爱国情怀，教书育人、敢为人先的敬业精神，淡泊名利、甘于奉献的高尚情操，通过多种艺术表现形式淋漓尽致地向全校师生和社会公众进行传递。文化是一个国家、一个民族的灵魂。在党的十九大报告中，"坚定文化自信，推动社会主义文化繁荣兴盛"内容占了较大篇幅。而艺术表现形式则是文化建设的一个重要组成部分，是文化建设的灵魂。所以要紧跟大政方针，顺应时代要求，以充满正能量的艺术表现形式，传递学校文化育人的磅礴力量。一年来，在国家和省市相关部门的支持和帮助下，陆续制作了多项文化作品，包括微视频《能够看见地球深处的人——黄大年》，纪念黄大年同志事迹讲述电视音乐会，地质宫的灯光——纪念黄大年教授专题晚会，电视剧《黄大年》，纪录片《黄大年》，以及反映黄大年精神内涵的大型原创话剧《黄大年》，这些作品都在诠释、弘扬并传承黄大年精神，向社会公众展示黄大年老师伟大的精神力量和高尚的人格魅力，这种文化宣传的力量是巨大的，也是长久的。

二、关注文化育人工作新载体，充分发挥载体的感染力、号召力和影响力

话剧作为极具现场感染力的艺术表现形式已成为文化育人的重要载体。话剧是一种综合性的艺术，其特点是与在舞台塑造具体艺术形象、向观众直接展现社会生活情景的需要相适应的。在策划了众多文化活动后，我发觉话剧具有最直观的感染力、号召力和影响力，可以在很短的时间内唤起观众对话剧主题思想的共鸣，将思想和精神内涵融入观众的人生观和价值观，震撼心灵，发人深思，展现文化育人功能的强大作用。在我校党委的号召下，由党委宣传部统筹安排，校团委、文学院、化学学院、艺术学院等多单位通力合作的，完全由吉大学生参演的大型原创话剧《唐敖庆》在2016年吉林大学建校70周年之际与学校师生见面。话剧聚焦于中国现代理论化学的开拓者和奠基人，"中国量子化学之父"，著名化学家、教育家，吉林大学老校长唐敖庆院士与吉林大学的深厚情缘，力求以饱满细腻的舞台表演重现唐老在吉林大学工作、生活期间的故事片段，展示唐老在学校建设发展、教学科研和学生培养等方面留给吉林大学的宝贵财富，彰显以唐老为代表的老一辈吉大人忠心爱国、刻苦钻研、无私奉献的宝贵品格和崇高情怀。话剧一经首演，便在校内外产生强烈共鸣，在学校掀起了向老一辈科研工作者奋斗精神学习的热潮，成了学校对外宣传的一张响亮名片。在党委书记杨振斌的推荐下，话剧的影响力在不断扩大，受到了中国科协的关注，在经过全面考察后，将话剧《唐敖庆》列为中国科协"共和国的脊梁——科学大师名校宣传工程"支持项目，全国仅有12所高校入围，并于2017年6月在重庆完成首次全国汇演，得到了中央和地方多家媒体的广泛报道，反响强烈。

三、时代不同，精神相通，两代科学家展现的精神力量让吉大师生终身受用

因为学校党委宣传部正在创排大型原创话剧《黄大年》，这样我校将拥有两部反映人物性格特点，彰显人物精神内涵的大型话剧。这将是学校文化建设的两颗璀璨明珠，学校快速发展的精神动力和全校师生的精神食粮。因为黄大年教授的先进事迹和卓越功勋就在我们身边，在话剧采风时，黄大年老师的同事、学生，以及其他工作人员讲述的一件又一件小事着实让人感动，因为大家都知道黄大年老师的贡献和付出，但是对一些细微小事并不是十分了解，但是恰恰通过这些细微事件可以反映出黄大年老师的完整性格和高尚品质。黄大年老师对学生的关心是所有教师学习的榜样，他给学生交学费，为学生生病的母亲拿钱找医生，关心每一位自己的研究生发展状况和生活情况。这些细节是在亲自与他身边的人谈话中了解到的，十分感人，而且令人钦佩。如果说他关心学生生活、关注学生发展是教师应该具备的优秀素质，那么他对待清扫工人和门卫工人也彬彬有礼、谈心交流、关心他们的生活，则反映了他是一位具有高尚品格、为人谦和，没有等级分化观念的新时代科学家的典范。唐敖庆先生是我们的老校长，著名物理化学家，中国量子化学之父，他的一生也书写着不朽功勋和完美人格。虽然两位科学家处在不同时期和不同年代，担负的国家交付的任务也并不相同，但是他们展现出的家国情怀、奋斗精神和高尚情操是相通的，都是我们新时代科研工作者和各行各业人员学习的榜样。

四、践行社会主义核心价值观，让精神之光更加明亮夺目

习近平总书记在参加纪念孙中山先生诞辰150周年大会开幕讲话时说："我们比历史上任何时期都更接近中华民族伟大复兴的目标，

比历史上任何时期都更有信心、有能力实现这个目标。"今天，我们站在实现中华民族伟大复兴中国梦的历史新起点上，在中国特色社会主义新时期，我们应该更加充满信心，团结一心、众志成城，继承并发扬老一辈革命工作者的优良传统，弘扬新时代全国时代楷模的精神力量，不断努力。教育强则国家强。高等教育发展水平是一个国家发展水平和发展潜力的重要标志。实现中华民族伟大复兴，教育的地位和作用不可忽视。我们对高等教育的需要比以往任何时候都更加迫切，对科学知识和卓越人才的渴求比以往任何时候都更加强烈。作为教育工作者，尤其是高校教育工作者，我们更应该感到重任在肩，要完成好这个历史使命，让我们的教育更加具有生机和活力，需要具备几项素质。首先，要有坚定的信仰，要热爱祖国和人民，关心和爱护学生，始终坚持国家培养了我们，一定要为国家效力，即使出国深造，也一定要回国奉献的信念。其次，要有高尚的品格和完整的人格。无论是做科研，还是做行政，都要心存感恩，与人为善，尊重他人，乐于助人，要在心灵上关心弱势群体，对出身普通家庭的人给予关注。再次，要有奋斗精神和创新意识。要不怕吃苦，攻坚克难，勇于创新，敢于突破，无论是科研人员还是其他岗位的人员，这一品质都是学校发展的源泉，也是国家发展的助推器。

我校从建校至今已经走过了72个年头，在这期间涌现出了无数的优秀人物，他们都是我们学习的榜样，都应该被广泛传颂。站在历史的新起点，我们生活得比以往都幸福，人的价值比以往都更容易得到体现。我们师生员工都要继续努力奋斗，为学校"双一流"建设努力工作，为实现中华民族伟大复兴的中国梦不懈奋斗。

黄大年的育人情结

于 平　高淑贞

内容摘要：大学毕业后，黄大年以优异的成绩留校任教。无论是在留学之前的10年，还是学成回国，黄大年以最大的关注培育人才。他立足培养学生国际竞争能力，注重培养拔尖创新人才，注重培养学生崇高的理想信念与责任担当，注重培养学生学术操守，注重提升学生国际视野，注重身体力行拓展教育资源，不改初心，无私忘我培育人才，为教育事业贡献出智慧和力量。

关键词：立德树人；创新能力；国际视野

作者简介：于平，吉林大学地球探测科学与技术学院教授。高淑贞，吉林大学地球探测科学与技术学院党委书记、研究员。

心有大我 至诚报国——黄大年精神闪耀着旗帜的光芒

1977年，作为高考改革后的第一批天之骄子，在广西地矿局第六地质队工作了28个月的黄大年，如愿以偿地考上了长春地质学院应用地球物理系，1982年2月大学毕业，以优异的成绩留校任教。

他第一份工作是留在长春地质学院应用地球物理系的物探方法研究室。经过穆石敏老师的严苛训练，黄大年于1987年开始独立为本科生上课，讲授"重磁数据处理"课程。黄大年生前的办公室里至今还珍藏着他第一轮授课的三本备课笔记。在备课笔记中，他认真地将授课内容、难点重点、讲课方法、作业习题等内容，都工整地写在备课笔记中，仔细到每一个公式的推导。听过他讲课、又跟他做毕业论文的应用地球物理系84级本科学生回忆，黄老师不仅推公式厉害，计算机也非常厉害。此后，黄大年一直是系里超工作量承担教学任务者之一。教学中黄老师严格要求学生，以严谨、求实的态度影响学生；同时，他还热情鼓励学生不怕学习过程中遇到的困难，以乐观的态度解决问题。

经历了英国留学、公司工作经历以后，2009年12月，黄大年满怀先进教育理念及实际科研经验与能力，回到了阔别18年的地质宫，重新走进了当年自己学习、又在此任教的教室。"我第一就要培养人"，黄大年这样定义自己回国之后的工作。在实际工作中，黄大年认真践行着自己的信念。7年间，他指导了18名博士研究生、26名硕士研究生。他对人才成长的期待与力行，体现在他日常点滴的工作中。2010年，刚回国不久的他，亲自为本科新生作入学教育，此后每学期都要为本科生作学术讲座，引导学生学习。地探学院的品牌学术报告"探知讲堂"就是他开辟的，只要有时间他就会跟学生在一起"探知地球"。他还经常邀请国际学者来中国交流，受益者中必然有本科生。他从战略的高度瞄准祖国未来几十年发展的人才需求，鼓励和引导学生将个人价值与国家前途命运紧密联系在一起，引导学生打开视野，全面学习，全面成长，全面发展。

他注重培养拔尖创新人才。2009年，吉林大学首批入选"基础学科拔尖生培养计划"，并成立了多个拔尖创新人才培养试验班。同年，吉林大学启动"名师班主任计划"，鼓励院士、"千人计划"专家等名师担任本科生班主任，黄大年第一时间进行了响应。学院党委书记黄忠民在追思中讲述："当我问黄大年老师愿不愿意担任试验班的班主任时，他说'我非常愿意'。"作为国家多个技术攻关项目的首席科学家，尽管日常科研工作异常忙碌，但黄大年从来都把为祖国、为人民培养拔尖创新人才当作自己的首要任务。基于试验班学生的优良学术潜质，黄大年立足于学生的个性发掘，尊重学生的兴趣爱好，引导学生养成积极向上的性格，积极发现并培养具有潜质的特殊人才。考虑到同学们的经济条件差异，避免造成学生们的经济负担和心理压力，他自掏腰包，给试验班里的24名同学每人买了一台笔记本电脑。他说："信息时代就要用现代化的信息手段，追求先进的理念必须从细节开始灌输。"此外，他还在电脑上为学生安装上从国外带回的一流分析和应用软件，训练他们掌握相关的学习和必要的研发技能。他所指导的2009级"李四光试验班"荣获长春市"十佳班级"荣誉称号。毕业后，班级成员全部选择继续深造，在国内外一流高校攻读研究生。

他注重培养学生的理想、责任、学术操守。他采用循循善诱的引导方式，通过班级讲座、个别沟通、频繁接触等方式，建立平等、宽松、自由的培养环境。稍有闲暇，他还走进学生宿舍，主动了解学生特点，介绍学科背景，有针对性地指导和帮助学生设计学习计划和发展方向，他尽可能创造机会和学生在一起活动，循循善诱，鼓励同学们树立奋斗理想，传承他"振兴中华，乃我辈之责"的民族责任。

他注重提升学生国际视野。基于在国外学习工作的经历，黄大年通过借鉴国外优秀高校培养优秀人才的成功经验，为学生的全面发展创造有利条件。黄大年曾用亲身经历讲述过一个故事：在他读本科时，正是通过后来成为中国科学院院士的滕吉文教授的一次讲座，拓展了他自己的国际视野，让他决定"一定要走出去看一看"。也正是因为有了这次讲座，黄大年才能在数年后踏上异国求学的旅程。他想做的，就是和滕吉文教授一样，培养学生的国际视野和追求卓越的理念。于是，新生入学时，黄大年会主动面向新生开展报告。在一次报告会后，一位地球物理学专业的新生周文月深受感动，并主动选择投身地球物理学、并在黄大年的指导下，从本科一直读到了博士。在培养过程中，他经常以剑桥大学的优秀学生作为比照对象，系统分析比较双方的培养内容和环节，以此激发学生瞄准一流、追求卓越的意志品质。黄大年在国外的专家朋友只要来到中国，除了学术报告，他都会邀请他们来跟自己的学生近距离交流。"你们一定要出去，出去了一定要回来"，这是黄大年生前对学生的教诲。这是名师的远见，更是他对国家的承诺。

他力行拓展培养资源。黄大年在日常工作中坚持为学生授课，主动参与学生"大创"课题的指导。他坚持将"全过程育人、全方位育人"贯彻始终，毫无保留地为教育事业奉献自己的力量。作为主动将科研成果转化为教学资源的典范，在吉林大学兴城实践教学基地的建设中，黄大年主动将自己最前沿的科研成果贡献出来，对兴城实践教学基地的地质地球物理条件进行了全面系统的探测，并将探测结果直接转化为实践教学资源，为吉林大学和北京大学、哈尔滨工业大学、中国海洋大学等9所高校相关专业的本科生实习实践提供了完整的地质地球物理资料。作为国际一流科研实验室的负责人，黄大年积极响应学校号召，作为首批代表，将自己在校内的科研实验室面向本科生全面开放，吸引一大批优秀学生进入实验室体验学习。在学生的毕业设计环节，黄大年会根据学生的学业表现和个人特点，设计论文方向，审定论文题目，采用英文原版资料作为论文的参考基础；利用先进的软件支持提高学生分析问题和解决问题的技能；借鉴国外优秀学者的逻辑思维框架，组织和构思研发的技术路线和实施方案。

他从严治学，培养学生崇高理想信念。黄大年说过："从国家需要和世界一流看，我们虽然努力了，但还很不够，还有距离。"这是黄大年从严教育的出发点。借用自己在海外培养学术型人才的既往经验，他整理各类教学资料，高强度、高要求、高标准地培养学生的自主研发能力，提升学生独立创新的素质，按国家高层次人才培养的标准，落实具体的人才培养方案。例如：在装备上，采用最先进的手段，包括计算机和网络硬件，高端软件（国内外高校都少见的专业软件配置）配备给学生；自主培养和引进国外高端技术人员系列培训专业技能；管理和考核训练的强度和效果，利用资质和认证书形式鼓励学生成为规范化的国际型技术人才。此外，他积极鼓励学生参与国家重大科研项目，以战代练，积累经验，建立信心，树立为国争光的使命和责任感，成为国家需要的高层级研发型人才。

他不改初心，无私忘我培育人才。黄大年教授在微信朋友圈中写道："铁打的营盘，流水的生，进是青涩出是才。作为老师，绝不能亏待了这帮孩子，绝不能耽误了这帮人才。因为他们，我们才体会到生活的意义和坚守的价值"。秉持这样的理念，黄大年教授牺牲许多个人的时间甚至身体健康来培养学生。为了一场给学生的报告会，黄大年教授饭也不吃就走上讲台。在检查出胆管癌后，他在病榻上依然坚持与学生们见面指导布置工作。不仅对学生进行学业和科研的指导，在生活上黄大年教授同样关心关怀每一名学生，只要生活有困难，他总会第一时间伸出援手，这也使每一名他指导过的学生都对他充满了感情。

"等我出院了，我们还有很多活要干。"这是学生王泰涵回忆黄老师生前在病床上与他的最后一次对话的内容。"他始终充满阳光"，与黄大年接触过的师生都这样评价他。黄大年用自己的生命书写了一名教育者所应具备的崇高品质。随着黄大年事迹的宣传影响，黄大年精神也将激励更多教育工作者更加执着忘我地投入工作，为党和国家的伟大事业继续拼搏。

坚持立德树人根本任务
——践行黄大年精神 努力提高育人质量

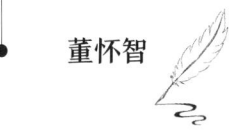

董怀智

内容摘要：文章从落实立德树人根本任务和践行黄大年精神入手，阐释了两者的内在关系，提出了二者互为因果、互为依托的观点；并以践行黄大年精神为主线，以建设农业实验基地为载体，着眼实践育人质量提高和服务学校"双一流"建设，围绕"学习黄大年精神 服务学校育人战略需要"和"践行黄大年精神 推进实践育人有所作为"两个专题展开了论述，支撑了"坚持立德树人根本任务 践行黄大年精神 努力推进实践育人质量提高"的主题。

关键词：立德树人；践行；黄大年；实践育人；质量

作者简介：董怀智，吉林大学农业实验基地党委书记，研究员。

心有大我 至诚报国——黄大年精神闪耀着旗帜的光芒

党的十八大提出，"把立德树人作为教育的根本任务，培养德智体美全面发展的社会主义建设者和接班人"。党的十九大报告进一步强调"要全面贯彻党的教育方针，落实立德树人根本任务"。2018年9月10日上午在北京召开的全国教育大会上，中共中央总书记、国家主席、中央军委主席习近平出席会议并发表重要讲话。明确提出了"培养什么人，是教育的首要问题"。要把立德树人作为育人的根本任务来抓，使之融入思想道德教育、文化知识教育、社会实践教育各环节。提出了"要在坚定理想信念上下功夫""要在厚植爱国主义情怀上下功夫""要在加强品德修养上下功夫""要在增长知识见识上下功夫""要在培养奋斗精神上下功夫""要在增强综合素质上下功夫"。目前正在开展的学习黄大年精神就是对立德树人根本任务的扎实践行。

一、弘扬黄大年精神与坚持立德树人根本任务的内在逻辑

2017年5月25日，习总书记对黄大年同志先进事迹作出重要指示："黄大年同志秉持科技报国理想，把为祖国富强、民族振兴、人民幸福贡献力量作为毕生追求，为我国教育科研事业作出了突出贡献，他的先进事迹感人肺腑。""我们要以黄大年同志为榜样，学习他心有大我、至诚报国的爱国情怀，学习他教书育人、敢为人先的敬业精神，学习他淡泊名利、甘于奉献的高尚情操，把爱国之情、报国之志融入祖国改革发展的伟大事业之中、融入人民创造历史的伟大奋斗之中，从自己做起，从本职岗位做起，为实现"两个一百年"奋斗目标、实现中华民族伟大复兴的中国梦贡献智慧和力量。"习总书记的批示已经对黄大年精神进行了集中阐释。因此，我们可以认为"心有大我、至诚报国的爱国情怀是黄大年精神的本质特征""教书育人、敢为人先的敬业精神是黄大年精神的集中体现""淡泊名利、甘于奉献的高尚情操是黄大年精神的厚重底色"，最后"把爱国之情、报国之志融

入祖国改革发展的伟大事业之中、融入人民创造历史的伟大奋斗之中"是黄大年精神的完美贡献。

立德树人,从字面上讲,立德就是树立德行;树人即为培养人才。立德树人意思是说培养人才首先要培养德行。党的十八大提出"把立德树人作为教育的根本任务,培养德智体美全面发展的社会主义建设者和接班人",说出了教育的根本任务,也指出了根本任务的内容,那就是要培养接好我们共产党人班的人才,就是要从六个"下功夫"上花力气,习近平总书记在全国教育大会重要讲话中指出"要在坚定理想信念上下功夫、要在厚植爱国主义情怀上下功夫、要在加强品德修养上下功夫、要在增长知识见识上下功夫、要在培养奋斗精神上下功夫、要在增强综合素质上下功夫"!

立德树人与学习黄大年精神有着天然的内在逻辑,是互为因果、互为依托的关系。有了立德树人的成长环境才会有黄大年的杰出行为,黄大年精神是因为黄大年在大学期间念书的时候就以"振兴中华,乃我辈之责"的豪情打下了坚实的立德树人基础,才会有了英雄的出现;立德树人的终极目标是培养社会主义建设者和接班人,教育战线上的立德树人工程又是我们培养黄大年式大国脊梁的出发地、起跑线,应当是帮助学生"系好人生第一粒扣子"的点睛之笔和固基之作。因此讲,教育战线的立德树人工作,就要以黄大年精神为坐标、为参照,来培养和塑造我们的学生,使当代学生的德行和操守符合"社会主义核心价值观"规范,使我们培养的人才达到德智体美劳全面发展的社会主义建设者和接班人的要求。立德树人是关乎我们党的教育方针落实和党的事业后继有人的大事情,必须给予高度重视。

二、学习黄大年精神 服务学校育人战略需要

习近平总书记2016年12月初在全国高校思想政治工作会议上谈到推进高校思想政治工作改革创新时,强调要重视和加强第二课堂建

设，重视实践育人等。2017年9月吉林大学在兴城教学实习基地召开了教学实习现场会，会上校长李元元在讲话中指出："如果说培养实践能力是一流大学人才培养的应有之义，那么，实践教学就是一流大学育人理念的内在要求和重要实现方式，是大学生综合能力提升的主要途径，是造就德才兼备有为人才的重要支撑。""毫无疑问，高校培养拔尖创新人才需要重视实践教学、实践育人。"由此可见农业实验基地在吉林大学育人大局中地位重要、任重道远！作为吉林大学校内实践育人的重要平台，就要主动服务学校"立德树人 育人为本"的发展战略，服务学校"双一流"建设，牢固树立"服务学生成长、服务学者科研、服务学科建设、服务学院发展"思想，担负起大学生教学实习和科学研究实践服务保障的应有责任，为新形势下提高学校育人质量做出应有贡献。

现在的吉林大学农业实验基地，位于长春市绿园区城西镇的市郊，园区与村屯为邻，远离办学主校区，地处偏远，自然条件和办公条件比较艰苦。成立至今六年来，经过两届班子和全体教职工的不懈努力，建成了以服务涉农学科大学生教学实习和涉农学科科研为主、兼顾学校工学、地学、医学等学院学科教学实习和科学研究保障的实践育人基地。因此，我们一定要响应习主席学习黄大年的号召，从提升自身素质做起，从履行好本职岗位职责做起，为完成好吉林大学实践育人职能做起，为实现"两个一百年"奋斗目标、实现中华民族伟大复兴的中国梦贡献智慧和力量。

一是要以黄大年同志为榜样，学习他心有大我、至诚报国的爱国情怀。

"家是最小国，国是千万家"，中国人尤其是知识分子都有着崇高的家国情怀。黄大年是改革开放后上的大学，留校任教并被公派出国留学，受党和国家培养教育多年。他时刻感恩党和国家的阳光雨露，时刻留意着祖国的建设信息，时刻关心着党和国家的召唤。因此面对党中组部的"万人计划"召唤时,他毫不犹豫地放弃了在海外优裕的生活和很有名望的学术地位,选择回国,并选择了培养他多年的母校吉林大学。归国7年,他自觉把人生理想与国家发展融为一体,想国家之所想、急国家之所急,勇于攀登创新高峰,为建设世界科技强国倾尽全部心力,做出了突出贡献。他说过,"只要大家努力和坚持,一定能实现强国梦"。黄大年短暂而精彩的一生启示我们,把个人梦与中国梦紧密联系在一起,个体奋斗的价值才能得到升华,人生才能具有超越小我、成就大我的非凡意义。当前,农业实验基地还处在初创阶段,但学校的需求、实践育人的需要就摆在那里,党和人民对培养高质量人才的期望和要求也摆在那里,我们一定要学习黄大年的心有大我、至诚报国精神,把个人的追求与国家的需要紧密联系在一起,把爱国之情、报国之志融入祖国改革发展的伟大事业之中、融入人民创造历史的伟大奋斗之中,个人梦想才会有方向、有着落。农业实验基地在做好未来规划的基础上,将秉持着"开放共享、合作同创"的建设方向,坚持"服务立园、质量建园、特色兴园、创新强园"建设内涵,不断深化落实学校对校内实践育人基地"整体规划、科学布局、集约共享、校内外互补、产学研结合"的建设思路,把基地园区建设成为多学科共享、全方位开放,适应学校"双一流"需要的教学科研支撑平台;我们每一位基地的教职工党员,都要学习黄大年,"做一朵小小的浪花,奔腾呼啸加入献身者的滚滚洪流中推动历史向前发展",在学校实践育人的工作队伍中,像黄大年一样燃烧自己、照亮学生们成长的未来,以报效党和国家对我们的培养和期待。

二是要以黄大年同志为榜样,学习他教书育人、敢为人先的敬业精神。

农业实验基地的建设要遵循学校"立德树人 育人为本"的发展战略,服务学校"双一流"建设,牢固树立"服务学生、服务学者、服务学科、服务学院"意识,直面遇到的各种困难,破除瓶颈制约,敢于担当，勇于突破。要在扎实调研、实践育人需求的基础上，与相关专业的学院密切合作，发展教学实习平台建设，共同设计实践育人方向，一起申报教学实习项目，配合主体学院摸索培养拔尖创新人才实践能力的育人模式；创新实践教学方式方法，推进开展现场全过程实习教学；加强园区实践教学服务环节投入，配合学院主体切实提高实践教学质量；加强基础设施建设，努力提高驻场实习的学习和生活条件，提高学生创新创业实践的服务水平。秉承"不忘育人初心，牢记时代使命"的建设宗旨，按照学校构建"基础训练、综合训练、创新训练"三个层次循序渐进的实践教学内容体系要求，努力打造多学科共享、全方位开放的适应学校"双一流"建设需要的教学科研支撑平台。

三是要以黄大年同志为榜样，学习他淡泊名利、甘于奉献的高尚情操。

基地成立以来，我们服务了校内植物种植类国家级重大项目、省部级重点科研课题共计有120多项，保障了动物科学和动物医学方向国家、省部级科研课题计27项顺利结题。我们与农学、地学、工学和医学等应用学科的主体学院开展协同创新，依托基地现有资源，主动服务于高峰、高地、集群和交叉学科的实践应用环节需要，共同提升"一流学科"的建设水平（生物与工程学院的农业装备实践教学科研中心已经进驻），全力打造面向学校乃至社会开放共享的协同创新平台。坚持服务创新，努力创建促进科学研究的高质量产出。全时空、全过程的科学研究服务，是我们走近学科、服务学者的工作实践，尽最大努力保障和支撑学院"一流学科"的创新发展，是农业实验基地努力构建多学科开放共享的大学科科研平台的应有之义。

农业实验基地远离主校区，自然条件和办公场所相对艰苦；服务教学实习和科学研究的各项工作起步较晚；所处地区与村屯接壤，社情复杂，治安综合治理压力较大。虽然条件清苦，面对新形势下高等教育实践育人的迫切需要，我们还是要以黄大年同志为榜样，学习他淡泊名利、甘于奉献的高尚情操，在园区这片处女地上书写好实践育人这篇大文章。

三、践行黄大年精神 围绕实践育人有所作为

前不久《教育部等部门关于进一步加强高校实践育人工作的若干意见》指出，"实践育人特别是实践教学依然是高校人才培养中的薄弱环节，与培养拔尖创新人才的要求还有差距。""要切实改变重理论轻实践、重知识传授轻能力培养的观念，注重学思结合，注重知行统一，注重因材施教，以强化实践教学有关要求为重点，以创新实践育人方法途径为基础，以加强实践育人基地建设为依托，以加大实践育人经费投入为保障，积极调动整合社会各方面资源，形成实践育人合力，着力构建长效机制，努力推动高校实践育人工作取得新成效、开创新局面。"《意见》为我们高校的实践育人指明了方向，我们农业实验基地将按照学校"打造一流实践教学条件平台""推进优质实践教学资源共享"和"推进专业实践教育与创新创业教育内容的深度融合"的实践育人总体设计，不断摸索基地发展新模式，提高基地实践育人质量。

首先，确立了新的发展目标。以学校2018年第15次常委会议"在管理模式方面农业实验基地作为学校非营利性直属单位，是为学校教学科研提供服务保障的支撑平台"的决定为指导，本着"解放思想、科学设计，服务中心、有所作为"的指导思想，秉持"服务教学实习践行育人使命""服务科学研究同创一流学科"的总体建设思路，紧紧围绕教学、科研这两个中心开展工作，形成了我们"努力打造多学科共享、全方位开放，适应学校'双一流'需要的教学科研支撑平台"的建设目标。服务对象已由单一服务农学专业向保障全校多学科教学科研的方向转变。

其次，树立了新的发展理念。以服务学校"双一流"建设需要为

引领，我们树立了"服务学生、服务学者、服务学科、服务学院"的大服务理念；坚持"服务立园、质量建园、科技兴园、创新强园、特色活园"的发展思想，努力建设为学校中心工作服务的和谐、平安园区。服务形式实现了由坐等上门式的被动服务向围绕学院、学科、学者、学生主动调研需求的主动服务方向转变。

再次，完善了新的发展模式。加强与学院、学科的密切联系，积极做强内涵服务。秉持"开放共享 合作同创"的建设思路，保障服务主体学科和学院发展的同时不断壮大自己。服务内容实现了由原来单一提供资源型服务向教学实习全过程、科学研究全方位服务转变。为了适应体制机制调整后的管理需要，经过学校相关部门批准，我们开始了新的运行管理模式：以教学科研服务为中心，园区物业社会化管理、内部实行二级财务核算的校园事业化单位管理模式。先后完成了4个内控制度的制定和完善，进一步规范了园区服务保障中心工作的管理工作。

未来农业实验基地将认真落实李元元提出的"将创新创业教育与专业实践教学内容深度融合，通过低年级认知实习、综合实验，到高年级创新创业实训、产学研紧密结合训练，构建起学科交叉、研究与应用结合、教学与创新创业内容相衔接的新体系，逐步强化创新创业实践能力的培养，从而提升大学生实践创新能力、就业竞争能力和持续发展潜力"要求，科学谋划、埋头苦干，积极参与到学校"质量办学、特色取胜"的育人战略中来，力争成为学校构建综合多学科共享、合作开放的与世界一流研究型大学相匹配的高水平实践教学和科学研究的服务保障支撑平台。

基于黄大年精神的食品专业人才培养体系探究

马 爽 高福和

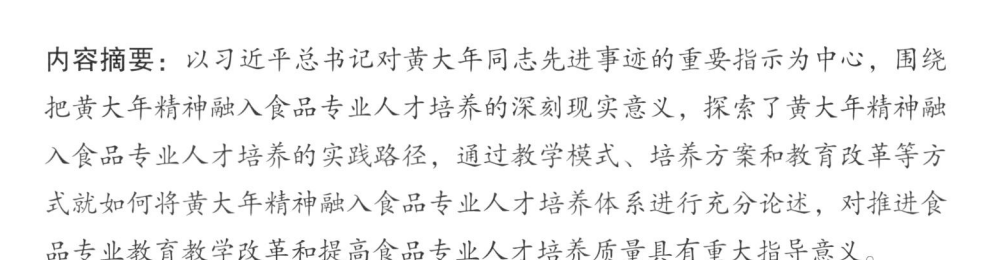

内容摘要：以习近平总书记对黄大年同志先进事迹的重要指示为中心，围绕把黄大年精神融入食品专业人才培养的深刻现实意义，探索了黄大年精神融入食品专业人才培养的实践路径，通过教学模式、培养方案和教育改革等方式就如何将黄大年精神融入食品专业人才培养体系进行充分论述，对推进食品专业教育教学改革和提高食品专业人才培养质量具有重大指导意义。

关键词：黄大年精神；食品专业；人才培养

作者简介：马爽，吉林大学食品科学与工程学院，助理研究员。高福和，吉林大学食品科学与工程学院党委书记，副研究员。

一、黄大年精神融入食品专业人才培养体系的重要意义

黄大年同志是我国著名的地球物理学家，我国"千人计划"专家，为了积极响应海外高层次人才回国的号召，他毅然放弃了国外优越的工作和生活条件，回到了母校吉林大学。他把全部精力都投入了科学研究和教学，填补了国内多项技术空白，带领科研团队取得了许多成果。2017年1月8日，黄大年同志因病不幸逝世。黄大年同志的事迹不仅深深打动了数万吉大人，而且在社会上引起广泛关注，更是荣获"感动中国"2017年度人物。就如颁奖词中所说，他在归国后7年中的每一分每一秒都在和时间做斗争，七年中他奔波在外的时间远多于陪伴家人，出差时突发身体不适的他一心只在乎身边携带的公文包中的机密文件，他走后，地质宫五楼的灯再也没灭，那是他的精神永放光彩。

2017年5月25日，习近平总书记在听完黄大年同志的先进事迹报告后作出了重要指示，指出黄大年同志坚持为国家服务的科学技术理想，把为祖国繁荣、为民族振兴、为人民幸福作出贡献作为自己的目标。习近平总书记强调，要以黄大年同志为榜样，学习黄大年同志自强不息、忠心耿耿的爱国情怀，学习黄大年同志教书育人的敬业精神，学习黄大年同志淡泊名利、乐于奉献的高尚情操。在学习黄大年精神浪潮中，如何将黄大年精神融入食品专业人才培养当中，成为当前食品专业人才培养的重要研究课题。通过探索基于黄大年精神的食品专业教育教学改革与食品专业人才培养有效融合的路径，以黄大年精神融入教育教学改革为中心探究食品专业人才培养体系构建，以食品专业人才培养质量提升为目标深化实践黄大年精神下的教育改革模式，从而实现食品专业人才培养质量显著提升。当前，对于食品专业人才培养来说，宣传学习黄大年精神，就是学习黄大年同志扎根科研的耐心、奉献母校的恒心和热忱报国的决心。学习黄大年精神贵在实

践，要将黄大年精神融入食品专业人才培养的常态化教育中，要鼓励食品专业人才在日常学习工作中自觉做黄大年精神的践行者。

二、将黄大年精神融入食品专业人才培养体系的路径创新

（一）勇于创新，将黄大年精神融入食品专业人才教学模式

1. 改变传统模式，转换课堂主体

对于食品专业人才的培养来说，学生是主体，教师是引路人，教师在人才培养中所能发挥的作用不可小觑。教师要真正融汇新课程理念，学习黄大年同志教书育人、敢为人先的精神，改变传统教学方式，优化课堂结构，提高课堂效率，树立全面的质量观。然而，教师一味地教授学生知识却不在乎学生的学习接受情况，这种现象是当前教育教学改革对象，是要被完全杜绝的现象。教师教不如学生学，转换课堂的主体，由学生对教师发问，甚至由学生来讲课，教师从旁补充，这样既提高了学生的好奇心和探索心，又使学生由被动接受变为主动获取，调动了学生学习的积极性。此外，对于在教学中新媒体的使用要适度、视情况、适应学生，不能一味追求教学速度，也要保证教学质量，要考虑学生对于教学模式中知识的接受理解程度，要做到以学生为本进行教学。

2. 融入专业特色，培养专业素养

在全面推进教书育人的进程中，教学中要将夯实基础摆在首位，重视专业基本学科的教授情况，为教师与学生间的交流沟通架起桥梁。注重建设高校黄大年式教师团队，在专业课基本学科扎实的基础上，渗透专业特色和专业实践，注重提升学生的专业素养与专业技能，从而使教师团队成为推进黄大年精神融入食品专业人才培养教育工作的主导力量。尤其在学院工程认证的背景下，抓住工程认知这一良好契机，着重培养学生的工科素养，提升学生对工科的良好兴趣，锻炼他们的动手能力，创新意识，在实际生活及学习中解决问题的能力，使

学生能够运用自己学到的或通过文献、书籍获得的知识，例如数学、自然科学、工程基础和专业知识的能力去解决实际工程问题；能够清晰表达描述复杂的工程问题，可以将复杂问题部分化，变为单元解决；能够有意识地借助文献资料或团队的力量共同解决问题，有良好的团队精神；有创新意识及多学科知识，例如法律、环境知识及人文素养。针对工程认证的相关要求，适当提升学生食品工艺实习标准，合理设计，在学生能够承受的合理范围内最大程度教授工程知识；在日常学习中提升学生的工科素养，创造良好的工科学习氛围，适当增加工厂及车间的参观学习，组织学生参观知名食品企业，培养学生的工科素养，从而提高学生的专业能力。

（二）目标导向，将黄大年精神融入食品专业人才培养方案

在学习黄大年精神的浪潮中，着眼为谁培养人、怎样培养人和培养什么人这一根本性问题，修订具有黄大年精神的食品专业人才培养方案势在必行，在现有的食品专业人才培养体系中融入黄大年精神中的爱岗敬业、刻苦钻研、扎根科研、爱校爱国等品质，依托现有的食品专业人才培养质量评价体系，依据学院现状制定对学生科研能力、创新精神、思想道德的考察标准，同时在构建食品专业人才培养体系中，积极宣传黄大年精神，组织学生充分了解黄大年同志的生平经历，感受黄大年精神中的扎根科研、无私奉献，树立向黄大年同志学习的坚定理想，营造积极向上的人才培育环境。

根据食品专业人才培养方案中提出的食品专业人才培养质量评价标准，针对理论与实践并重、品德与能力双培的质量体系，通过人才培养质量反馈体系时时掌握人才培养动态，时时调整食品专业人才培养标准，时时谨记黄大年精神，时时顺应国际化人才需求。此外，通过加强"实践—实习—实训"的校园文化宣传，对在学习黄大年精神中突出表现的个人和团队予以一定程度的宣传，争取政府和社会对食品专业人才培养的多层次支持力度，形成融入黄大年精神的食品专业人才培养体系长效机制，从而实现高校"双一流"建设中教育教学改革和人才培养的双赢模式。

（三）创新为纲，将黄大年精神融入食品专业人才教育改革

1. 加强思想政治教育

随着互联网技术的发展、科技的进步，新媒体、自媒体等蓬勃发展，信息的泛滥带来了信息质量的下降，各种低俗暴力的信息充斥在网络媒体中，大学生在网络信息的冲击下出现爱国意识淡化、信仰缺失的情况。黄大年精神中的爱国敬业对食品专业人才培养有着深刻的现实意义。大学教育不仅要注重学生的学习，还要注重学生的思想品德和爱国主义教育。运用中国传统优秀文化、社会主义核心价值观和社会杰出贡献教育学生，提高学生的思想道德素质，培养学生正确的人生观、价值观。学院可就黄大年精神举办专题展演，在学生中宣传黄大年热爱祖国、奉献母校、勇攀科学高峰的精神，提倡向黄大年同志学习，以自身微小投入祖国伟大复兴建设的洪流中，哪怕只做一朵浪花，也要掀开祖国宏伟复兴的伟大篇章；鼓励学生们克服胆怯，勇敢尝试，为建设学院，回报母校迈出坚定的第一步；进一步强调家国情怀，无国不成家，结合食品专业特色加强中国传统文化教育，培养学生爱国情操。

黄大年的一生是爱国、爱人民、爱学校的一生。他有伟大的自我，对国家的无限热忱，对人民的奉献，敢为人先，淡泊名利，乐于奉献。为党和国家服务，我们必须树立远大理想，坚持不懈，筑梦新时代，开启新征程，从个人做起，努力提升自身，建设学院，壮大母校，奋力谱写中国特色社会主义建设的壮丽篇章，为把吉林大学建设成为中国特色世界一流大学而不懈奋斗。

2. 增强社会实践能力培养

当前，我国经济社会蓬勃发展，人民生活水平普遍提高，生活质量与以前相比有了质的飞跃，但随之也暴露了许多社会问题，例如在独生子女时代成长起来的大学生奉献精神薄弱，不适应团队协作，喜欢个人主义，对此黄大年精神有着其独特的教育意义。黄大年同志的经历为学生树立了学习的榜样，我们要学习其扎根科研，不畏艰苦的毅力，学习其无私奉献的忘我精神，学习其坚定爱国的情怀。学院培养人才目的在于服务社会，建设祖国，食品学院大部分毕业生就业主要面向食品生产企业、科研、防疫等部门，用人单位重在实践，学院要培养学生活学活用的能力，要能将书本上的知识与生产实践结合起来，以解决未来在生产实践中遇到的各种问题。

现代社会科技日新月异，科学在不断发展，创新是驱动社会进步的重要力量，学院应培养学生具备良好的创新能力，能通过不断地学习，掌握和了解本行业的新技术、新趋势，创造性地进行产品研究和创新工作。在现代科研中，团队是必不可少的，一个人的能力毕竟有限，在追求效率的如今，科研中只有通过团队才能发挥出巨大的力量。学院在培养学生时，要重视团队协作能力的提升，要培养学生树立团队协作精神，能够很好地和他人合作，要学习黄大年精神，心有大我，无私贡献，努力贡献自己的力量，做好新时代的食品人。

三、结 语

当前，深化教育教学改革，深入学习黄大年精神对推进食品专业教育教学改革和提高食品专业人才培养质量具有重大意义。在吉林大学"双一流"建设进程中，完善人才培养体系才能实现教育教学改革质的飞跃。围绕黄大年精神在人才培养、教育改革中的深刻现实意义，深入学习贯彻习近平总书记重要指示精神，学习践行"黄大年精神"，传承中华优秀文化，弘扬吉大红色文化，形成推进食品专业教育教学改革的强大合力，全面推进以一流本科建设为中心的食品专业人才培养体系构建。

将黄大年精神融入新形势下高校思想政治工作的路径探析

王 希　王佳玲　田 峰

内容摘要：本文通过对黄大年精神进行研究分析，并在此基础之上浅谈新形势下黄大年精神在高校思想政治工作中的融入路径，期望能够借此为我国高校思想政治工作提供借鉴。

关键词：黄大年精神；新形势；高校思想政治工作

作者简介：王希，吉林大学党委巡察工作办公室综合科科长。王佳玲，吉林大学白求恩医学部机关党委办公室主任。田峰，吉林大学实验室与设备管理处实验室评价与质量管理科科长。

心有大我 至诚报国
——黄大年精神闪耀着旗帜的光芒

黄大年同志是我国著名战略科学家、地球物理学家，是国家"千人计划"专家，也是全国优秀教师、全国优秀共产党员、"时代楷模"荣誉称号获得者、感动中国2017年度人物。黄大年同志在祖国需要他的时候，毅然放弃了国外顶级的工作条件和优渥的生活环境，毫不犹豫地回到了祖国，为我国深地资源探测和国防安全建设做出了卓越的贡献。黄大年同志以一颗为祖国跳动的赤子之心，一颗为中国梦澎湃的奋斗之心感染了全社会，将黄大年精神融入高校的思想政治工作中，就是期望能够用他宝贵的精神力量，感染更多的高校科研工作者，鼓励他们以创新追求勇攀科研高峰；感染更多的高校学生，使他们成长为祖国需要的人才。

一、黄大年精神

（一）心有大我、至诚报国的爱国情怀

法国微生物学家、化学家巴斯德说，科学虽没有国界，但是学者却有他自己的国家。爱国主义精神是对自己祖国的一种最深厚的感情，是民族精神的核心所在，是整个民族的社会心理认同，对民众有着至关重要的引导作用。在新形势下，爱国主义精神被赋予了更多的内涵，它是公民的基本道德规范，是从个人行为层面对社会主义核心价值观基本理念的凝练。习近平总书记多次对爱国主义作出重要论述，强调要开创中华民族伟大复兴新局面，必须大力弘扬伟大的爱国主义精神。习近平总书记的爱国情怀，引领着爱国主义成为中华民族兴国之魂、强国之魄。新时期的爱国主义精神在黄大年同志的身上体现得淋漓尽致。黄大年同志是一名英国华侨，自1992年出国留学起，在国外进行学习、工作、研究的近20年时间里，他始终怀着一个坚定的信念，那就是将国外先进的技术带回祖国。当2009年我国开展"千人计划"时，黄大年同志立即放弃了英国优越的生活条件和自己多年的心血成果，回到了自己的母校——吉林大学，开始了自己的科研强国、科研

报国之路，带领我们的祖国迈入了深地时代。

（二）教书育人、敢为人先的敬业精神

回国7年，黄大年同志共培养硕博研究生44名。人才的培养，是推动科研事业不断向前的关键所在。个性化培养是黄大年一直秉承的"育人经"。回国任教的黄大年发现，国内大学倾向于灌输式的教育，虽然面面俱到，但效果不佳。对此，他另辟蹊径，根据学生们不同的情况，采取一对一、点对点的培养模式，学生喜欢什么，他就努力传授什么；学生哪方面有潜力，他就着重去挖掘，最大限度地激发学生的潜能，走上适合自己的研究道路[①]。在科研工作中，他甘做"科研疯子"，被称为"拼命黄郎"；在项目中极其注重细节，在经费管理上铁面无私，带领团队实现了多项关键技术的显著进步，突破了国外技术封锁，填补了多项技术空白，创造了多项"中国第一"，为我国深地资源探测和国防安全建设做出了突出贡献。

（三）淡泊名利、甘于奉献的高尚情操

黄大年同志曾经说过，"只要祖国需要，我就义无反顾""我什么职务也不要，只想为国家做一些事"。这些话中饱含着黄大年同志淡泊名利、甘于奉献的高尚情操。"非澹泊无以明志，非宁静无以致远。"黄大年身上充分体现了一个高级知识分子心无旁骛、潜心钻研的学术品格。他以出世的态度为人处世，不计得失、坦坦荡荡；以入世的态度做事履职，兢兢业业、恪尽职守。其所思所行，如同一股清流，让学术变得单纯，让人生更加纯粹。黄大年对个人名誉头衔毫不在意，对国家利益却看得很重。他掌握着数以亿计的项目经费，从来不搞"拉关系""请托说情"那一套。对祖国的热爱、对理想的执着、对科研的专注，让黄大年摆脱名缰利锁，自由驰骋在科技报国的广阔天地。[②]

[①] 黄大年：《做事不能"汤汤水水"》，大众网 2018.07.03。
[②] 新华社评论员：《淡泊名利 甘于奉献——学习贯彻习近平总书记对黄大年同志先进事迹重要指示之四》，新华社2017.5.28。

二、将黄大年精神融入新形势下高校思想政治工作的路径

（一）将黄大年精神融入高校思想政治教师队伍建设工作之中

高校的思想政治工作不仅是指学生的思想政治工作，也包括教师、特别是青年教师的思想政治工作。高校要有一支强大的思想政治教师队伍，能够为青年教师做好榜样，能够为各阶段学生做好精神引领。将黄大年精神融入高校思想政治教师队伍建设工作之中，能够有效加快黄大年精神融入高校思想政治工作的进程。高校的思想政治教师，应有着正确的政治方向、坚定的理想信念，对黄大年精神的本质、内涵以及精神实质能够精准地把握，将带有黄大年精神的学生思想政治教育工作贯穿于学生在校读书的全过程，将带有黄大年精神的教师的思想政治工作开始于教师来校任教的第一天。

（二）将黄大年精神融入高校思想政治课堂之中

高校思想政治课是高校学生接受思想政治教育的主要渠道，对于高校学生的道德品质以及道德实践活动的开展有着积极的促进作用。通过高校思想政治课的实践我们发现，无论是革命精神还是时代精神，如果应用单一的课堂教学模式进行教学，难免走上填鸭式的老路，教学效率和教学质量都不够理想。有鉴于此，要想在高校思想政治课教学之中充分展现黄大年精神的实质，实现将高校学生培养成思想开放、个性独立、积极进步的新时代新青年的预期目标，应当采用多样化的教学方法进行课程教学。例如开展专题讲座、组织小组讨论以及观看影片视频等多种形式，将黄大年同志生前为祖国做出的巨大贡献，以生动形象的形式展现在学生面前，感染学生，借此有效提升课堂趣味性，激发出学生的学习兴趣，将高校思想政治理论课营造成弘扬新时代黄大年精神的核心阵地[①]。

---

① 杨振斌等：《牢记习近平总书记重要指示 大力弘扬黄大年精神》，《吉林日报》，2018-05-24(005)。

(三)将黄大年精神融入高校学生社会实践活动之中

认知来源于实践,同时认知还可以在实践的过程中进行验证。黄大年精神,产生于黄大年同志将自身的个人理想和祖国复兴事业紧密结合的实践之中。通过形式多样的社会实践活动,能够让高校学生更深入地体会黄大年精神。高校可以组织学生开展以学习黄大年精神为主题的党日团日活动、志愿服务活动、支边支教活动等;也可以组织学生在寒暑假期间,到黄大年同志生前学习和工作的地方参观,实地体会黄大年同志的精神。在社会实践活动中,了解和感知黄大年同志取得的科研成果和为祖国做出的卓越贡献,在学生心中树立一个立体而鲜活的榜样,引导学生将黄大年精神内化于心,外化于行。

(四)将黄大年精神融入高校校园文化建设工作之中

加强高校校园文化建设,可以对高校思想政治教育工作进行有效的补充,更加全面地提升高校师生的综合素质,更加有效地促进我国高等教育改革的进一步发展。从本质上来说,高校校园文化之中本身就具备着思想政治教育的功能。随着我国社会经济的飞速发展,西方思想文化对我国高校校园文化产生了一定程度的影响,如不加以积极健康的引导,任由其滋生发展,将对高校教师队伍建设和学生培养形成巨大阻力。因此,将黄大年精神融入高校校园文化建设工作之中,借此营造出一个爱国爱校、积极向上、求实创新的校园氛围势在必行。将黄大年精神同加强和改进高校思想政治工作结合起来、同培育和践行社会主义核心价值观结合起来,将黄大年精神融入高校校园文化建设工作的过程之中,能够帮助高校教师坚定理想信念,端正价值观,能够培养高校学生的爱国情怀,树立正确的人生观,使得高校培养出的是祖国需要的人才,是德智体美劳全面发展的社会主义事业建设者和接班人。

三、结束语

每一个民族和国家都有着自己的精神,每一个时代都具备其独有的精神。无论是新民主主义革命时期,还是社会主义建设时期,我国都不断涌现出一个个时代的英雄和楷模,他们为祖国振兴做出了卓越贡献。他们是全国人民的骄傲,同时也是每一位高校教育工作者和高校学生学习的榜样。回顾黄大年同志的一生,他始终都将祖国的利益放在第一位,毫无保留地为祖国奉献出自己的一切,将个人理想和祖国的命运紧密结合在一起,一直拼搏奋斗到生命的最后一刻。我们应当永远铭记黄大年同志以及他所做出的杰出贡献,在实现中国梦的道路上尽己所能、奋勇前进。

弘扬黄大年精神，汲取心有大我力量

方 超

内容摘要：文章以学习黄大年精神为引导，主要从黄大年心有大我、至诚报国、献身事业、对标争先、立德树人、工匠精神、淡泊名利、求真诚实的精神进行分析，呼吁广大教工继承发扬这种精神，立足岗位多做贡献，加快推进学校各项事业的全面发展。

关键词：学习；精神；贡献

作者简介：方超，吉林大学生物与农业工程学院党委办公室主任。

心有大我至诚报国
——黄大年精神闪耀着旗帜的光芒

黄大年是我国著名地球物理学家，逝世后，先后被追授为"全国优秀共产党员""时代楷模""杰出科学家""全国优秀教师"等称号。2017年5月25日，习近平总书记对黄大年同志先进事迹作出重要指示指出：黄大年秉持科技报国理想，把为祖国富强、民族振兴、人民幸福贡献力量作为毕生追求，为我国教育科研事业作出了突出贡献，他的先进事迹感人肺腑。我们要以黄大年同志为榜样，学习他心有大我、至诚报国的爱国情怀，学习他教书育人、敢为人先的敬业精神，学习他淡泊名利、甘于奉献的高尚情操，把爱国之情、报国之志融入祖国改革发展伟大事业之中、融入人民创造历史的伟大奋斗之中，从自己做起，从本职岗位做起，为实现"两个一百年"奋斗目标、实现中华民族伟大复兴的中国梦贡献智慧和力量。习总书记的指示，深刻概括了黄大年这个榜样的强大精神力量，为我们学习黄大年精神指明了方向。

一、学习黄大年，心有大我，矢志不渝

心有大我、至诚报国的爱国情怀是黄大年精神的本质特征。和千千万万的科学家一样，黄大年心怀科技报国的志向，始终把为祖国富强、民族振兴、人民幸福贡献力量作为自己毕生的追求。在他心中，国家需要就是最高需要，服务国家就是最好归宿，作为国内国际有影响力的科学家，在国外工作和生活多年，有优越的科研条件，住着花园别墅，但始终不改自己的家国情怀，不变自己的中国心，坚守正道，追求真理。"如果祖国需要，我必全力以赴""常思奋不顾身，而殉国家之急""振兴中华，乃我辈之责""对我而言，我从未和祖国分开过，只要祖国需要，我必全力以赴"。这些铮铮话语，充分表达了黄大年的爱国情怀。他不仅这样说了，也这样做了。2009年，黄大年克服了归国之路上的坎坷和磨难，义无反顾回到了祖国，充分表现了自己的爱国主义精神品格和心怀大我、至诚报国的赤子情怀。可以

说，对祖国的大爱，是黄大年心中最炽热、最真挚的情感，报效祖国，是他最质朴、最真实的表达，黄大年为我们树立了价值标杆和光辉榜样。

心有大我是一种格局、一种境界。学习黄大年，首先应当学习黄大年的爱国情怀。当前，党员干部最大的爱国情怀，就是要牢固树立"四个意识"，坚决维护中央权威，用对党的绝对忠诚助力中国梦的实现。我们应当像黄大年那样，崇德养德重德厚德，自觉把爱国报国作为修身养性之根本和必修之大德，始终如一听党话跟党走，坚定中国特色社会主义道路自信、理论自信、制度自信、文化自信，真正做到虔诚而执着、至信而深厚、刻骨而铭心，始终把国家至上、民族至上、人民至上作为自己恒定的信条，把国家的利益作为自己最大的利益，把服务国家作为自己最大的追求，把准思想方向，摆正价值航标，不计较个人得失，让小我真正融入大我，在实现祖国富强、民族振兴、人民幸福的过程中升华自身价值。

吉林大学的师生职工应当倍加珍惜和继承发扬黄大年留下的宝贵精神资源，坚定不移地跟党走，树立正确的历史观、民族观、国家观、文化观，自觉传承中华优秀文化，弘扬吉大红色文化，牢固树立社会主义核心价值观，自觉做爱国主义的坚守者和传播者，切实把个人价值定位在爱国主义基础之上。在教书育人过程中，注重引导广大学生自觉以黄大年为榜样，"为中华之崛起而读书"，使学生自觉把报国为民作为学习动力，掌握真才实学，努力在为国家和人民奉献的过程中体现自己的人生价值。

二、学习黄大年，献身事业，对标争先

开展学习黄大年事迹活动以来，我体会最深的就是党员干部只有牢记使命，才能在全心全意为人民服务的道路上忘我工作，不负时代、不负人民，真正把毕生的精力献给党和人民的事业。回国短短 7 年时

间,黄大年用近乎"疯狂"的工作状态,只争朝夕,倾尽全部心力,带领科研团队取得了一系列重大科技成果,研制成功了固定翼无人机航磁探测系统工程样机和万米大陆科学钻探工程样机,建成首个国家"深部探测关键仪器装备野外实验与示范基地","深部探测关键仪器装备研制与实验项目"通过评审验收。他的回国,不仅如外媒所报道的,让某国当年在太平洋上进行的航母演习舰队部署后退了100海里,还使国家拿到了开启"地球之门"的钥匙,让我国科研进入"深地时代"。可以说,黄大年完美地把报国之情、报国之志融入人民实现中国梦的壮阔奋斗之中,想国家之所想、急人民之所急,践强国之行。他的名字,将永远铭刻在中华民族伟大复兴的史册之上。

黄大年回国后,尽最大努力在科研上争取一流成果,竭尽所能在教学上为国家培养人才。大力弘扬黄大年精神,就是要将个人命运与国家、民族命运相连,把爱国之情、报国之志与复兴大业相融;学习黄大年,就要踏踏实实地把自己的岗位看作实现人生价值的支点,把事业当成报效祖国的平台,潜心科研,敢为人先,勇于突破,充满激情地求索,不知疲倦地工作,"捧着一颗心来,不带半根草去"。

当前,我国正处于全面建成小康社会的收官阶段,处于实现"两个一百年"奋斗目标,实现中华民族伟大复兴中国梦的关键时期,为我们全面光大黄大年精神提供了良好的历史机遇。榜样的力量是无穷的,伟大时代需要弘扬伟大的精神。作为与黄大年同在吉林大学工作的教职员工,我们更为直接地感受了黄大年甘于奉献的崇高境界。我们要认真落实习近平总书记的指示,更加自觉地以黄大年为榜样,时刻铭记立德树人的根本使命,心装国家科技,胸怀人民期盼,只争朝夕,深入探究,自觉把自己的全部精力和满腔热情献给科研和教育事业,为学生锤炼品格、学习知识、创新思维、报效国家提供良好成长环境。在教书育人、传道解惑的过程中,全面贯彻党的教育方针,自觉增强创新意识,把握创新特点,遵循创新规律,投身创新实践,从自己做起,从当下做起，从本职岗位做起，切实承担起党和人民赋予的神圣使命，增强中国特色社会主义教育自信，做有理想信念、有道德情操、有扎实学识、有仁爱之心的好教师和好员工。

黄大年不计名利，躬身前行，无私付出，把自己的一生最绚丽的部分奉献给了国家教育和科研事业。大力弘扬黄大年精神，就是要淡泊名利、一心为公，担当道义。广大教师员工要带头践行社会主义核心价值观，树立高尚的道德情操和精神追求，不为名驱、不为利诱，辛勤耕耘、默默奉献，学为人师、行为世范，坚持教书与育人相统一，言传与身教相统一，既要以学术造诣开启学生智慧之门，更要以人格魅力引导学生道德成长。要涵养定力、克服浮躁，沉得下心、静得下气，耐得住寂寞，心无旁骛、潜心研究，精心培养具有社会责任感、创新精神和实践能力的一代又一代优秀人才。

三、学习黄大年，立德树人，久久为功

黄大年在科研上硕果累累，志存高远，在教学和工作生活中，同样是脚踏实地，苦干实干。在黄大年办公室的墙上，有一张很大的日程表，标注着他天南地北来往的轨迹，密密麻麻，这是奋斗者的生命轨迹，是心有大我更幸福的见证。"若有来生，我们还做您的学生。"在学生心里，黄大年既是一位严师又是一位慈父，他热心资助家庭困难的学生，节假日担心学生想家，他就邀请学生去自己家做客；每次出远门黄大年总是带着学生的作业在路上批改；在重症监护室期间，仍不忘叮嘱学生修改作业中的纰漏。在勤勉科研的同时，黄大年最想做的，就是带出一批像样的年轻人，让国家在这个领域的研究永远后继有人，在地球物理研究的国际舞台上，永远有中国的话语权。在他心中，自己最重要的身份是教师，他一直教育学生，"出去了要回来，出息了要报国"。黄大年在以身许国、科研攻坚和教书育人上表现出的精神境界，与其熠熠生辉的科研成果一样，感染着我们吉林大学的

教职员工，黄大年留下的精神财富，是一部生动的教科书，对提升吉林大学教育管理成效，促进吉林大学教师员工思想政治素质的提高，影响深远。

当前，国内国际形势深刻变化，不同思想文化交流交融交锋，社会思潮多元多变。改革开放和社会主义市场经济的深入推进，互联网等新的传媒渠道的迅速发展，使高校思想政治工作面临许多新情况新任务新课题，需要持续探索。中国特色社会主义理论体系进教材、进课堂、进头脑在吉林大学深入推进，广大师生对党中央治国理政新理念新思想新战略高度认同，对中国特色社会主义和中华民族伟大复兴中国梦充满信心。开展学习黄大年活动，对于我们全面贯彻党的教育方针，以立德树人为根本，以理想信念教育为核心，围绕社会主义核心价值观，把思想价值引领贯穿教育教学全过程和各个环节，切实提升思想政治工作水平，进一步牢固树立政治意识、大局意识、核心意识、看齐意识，具有十分重要的意义。

思想理论教育和价值引领工作需要久久为功，学习黄大年活动为我们推进教书育人、科研育人、实践育人、管理育人、服务育人、文化育人、组织育人长效机制建设提供了有利契机，我们应当遵循教育规律、思想政治规律、学生成长规律，把握师生的思想特点和发展需求，注重理论教育和实践活动相结合，普遍需求和分类指导相结合，推进理论思路和实践成效的创新。通过有效实施国家意识、法制意识、社会责任意识教育，利用我国改革发展的伟大成就、重大历史事件纪念活动、爱国主义教育基地、国家公祭仪式等组织开展主题教育，弘扬以爱国主义为核心的民族精神和以改革创新为核心的时代精神，引导师生以黄大年为榜样，树立正确的世界观、人生观、价值观，在面临选择时，摆正国家、集体、个人之间的利益关系，个人利益自觉服从国家利益和全局利益，不忘初心、牢记使命，正确取舍，爱岗敬业。

认真贯彻落实习近平总书记重要指示，广泛开展向黄大年同志学习活动，必须与深入学习习近平总书记系列重要讲话精神、深入推进"两学一做"学习教育常态化制度化结合起来，用黄大年的感人事迹和崇高精神引领广大党员做合格党员、当时代先锋，彰显共产党人本色；与加强和改进学校思想政治工作、培育和践行社会主义核心价值观结合起来，围绕社会主义高校的办学目标和立德树人的根本任务，把社会主义核心价值观渗透到教育教学活动中；与激发人才创新创造活力、服务国家经济社会发展结合起来，最大限度地激发广大教育、科技工作者的奋斗激情，鼓励他们锐意进取、大胆创新，积极投身到服务国家现代化发展的洪流之中，努力在吉林大学建成世界一流大学的实践中建功立业。

以黄大年精神为引导,做学生思想的引路人

吕 游

内容摘要:文章以黄大年精神为分析对象,主要从黄大年心有大我、报效祖国;敢为人先、奋力拼搏;淡泊名利、乐于奉献;勇往直前、开拓创新;严谨专注、求真务实的优秀品格进行分析,呼吁广大教师将这些优秀品格传递给学生,成为学生成长道路上的思想启明灯,推动学生健康成长。

关键词:黄大年精神;学生;老师

作者简介:吕游,吉林大学生物与农业工程学院党委副书记兼副院长。

黄大年同志生的伟大死的光荣。黄大年同志以浓厚的家国情怀和强烈的使命感，将个人梦想融入中国梦之中，为我国科技事业的发展做出了不朽的贡献。习近平总书记对黄大年同志先进事迹作出了非常重要的指示，强调需要加强黄大年同志的事迹宣传，将他的敬业精神和高尚情操传递给更多的人。习近平总书记的指示具有跨时代的意义，也是我们进一步做好教育工作，加强学生引导的重要行动指南。当前我国正处于历史发展的机遇期，中华民族伟大复兴的中国梦正在形成伟大的时代，呼吁伟大的精神，我们需要积极响应习近平总书记的号召，深刻领悟黄大年精神，将黄大年精神作为学生们的榜样，让学生们学有方向，学有楷模，使学生们可以做为人民服务的标兵，为时代的发展作出贡献。[①]

一、心有大我、报效祖国

黄大年同志的身上始终散发着爱国主义的情怀，他将科技作为自身报国的重要途径。无论是在外求学还是归国任教，黄大年同志始终将民族振兴和国家富强作为自身毕生的追求。从黄大年同志的所作所为中我们可以看出，他时刻将祖国的需求放在首位。早在1982年，黄大年就将振兴中华作为自身的追求，并在大学同学毕业录上写出了他的爱国之心。他曾经指出，虽然自己常年在国外求学，但是自己内心却始终和祖国联系在一起，时时刻刻关注祖国的科技事业发展。在2009年，黄大年同志毅然放弃了国外优厚的待遇回到祖国从事教学工作，为我国的教育事业以及科学事业做出了重要的贡献。无论是学术会议还是讲学活动，黄大年总是随叫随到，他将自己的一生都奉献于祖国的教育事业之中。广大教师需要学习黄大年这种孜孜不倦的奉献精神，将祖国的教育事业放在首位，用自己的一生去书写祖国教育事业的辉煌篇章。从这些事例中我们可以看出黄大年同志心有大我，

[①] 尹亮：《跟随好老师走好人生路》，《时代青年·视点》2017年第10期，第11页。

始终怀抱着报效祖国的爱国情怀,这是每一名学生都应当学习的地方,应当始终将报效祖国作为自己人生奋斗的目标,坚定不移地走中国特色社会主义发展道路,加强科技学习,紧密团结在党中央的周围,用自己的智慧和力量推动我国科技创新。广大教师需要承担起历史赋予教师的使命,在教育的过程中全面贯彻党的教育方针,加强学生们的中国特色社会主义自信感,使学生们成为有理想有信念的学生。广大教师需要向学生深入宣传贯彻黄大年同志的所作所为,尤其是将牢牢把握正确的政治方向和爱国情怀进行有效结合,使得广大学生可以深刻领会习近平总书记的新思想,坚定不移地走社会主义道路,加强对于社会主义道路的自信,不断增强自身的政治意识和大局意识,树立坚定的爱国情怀和理想信念,在行动上和思想上始终保持与习近平同志为核心的党中央高度一致,以自己的学习来更好地争做模范,更好地为祖国作出贡献。[①]

二、敢为人先、奋力拼搏

虽然黄大年是国内外具有影响力的科学家,但是他时常将自己的教师身份放在第一位。在黄大年的心中,他始终想为国家培养出一大批优秀人才。在黄大年回国之后,黄大年将快速移动平台高精准测量方式引入到了教学之中,这使得我国的教学质量上了一个新台阶。2010年,黄大年同志担任了"李四光试验班"的班主任,在三尺讲台上默默奉献,激励学生努力学习,将自己的理想和中国梦紧密结合在一起。在教学阶段,黄大年给全班每一名同学都配置了笔记本电脑,黄大年认为在信息环境之下需要通过现代化的手段去搜索资料,这也使得黄大年将追求先进作为教学的重点灌输给学生。许多学生反映黄大年不仅仅是自己的老师,他更是一位父亲,引领他们在地球探测科学与技术的领域之中翱翔。在对学生考核时,黄大年并不关心学生的

---

① 刘华贵:《让大美教师从"心"生长》,《今日教育》2017年第9期,第1页。

学分和论文的发表数,他强调学生学到什么样的知识就具备了什么样的能力。[①]在出差途中,黄大年的工作异常繁重,他总是提前为学生布置好各种各样的学习任务,为学生设计好各种各样的研究项目,在出差途中为学生答疑解惑,即使病重期间也不例外。在黄大年的个人电脑中,他为每一名学生都建立了学习笔记和读书文件夹,在百忙之中也为学生答疑解惑,定期检查学生的学习进度。黄大年还走进学生的宿舍,融入学生们的学习生活之中。结合学生们的学科背景,有针对性地帮助学生做好学习规划,鼓励学生立志高远为国效力,不能将目光仅仅局限在国内,应当将世界名校学生作为自己的竞争对象。每当有国外专家来中国访问之时,黄大年总是邀请他们与自己的学生进行交流,定期安排学生参加各种各样的国际学术会议,不断开拓学生的视野。黄大年常说,当前我国正在从科技大国向科技强国迈进,这是一个不平坦的进程,需要有几代人的奋斗才能够完成。他深深认识到当前国家对于顶尖人才需求的紧迫感。在他看来一门学科的发展离不开其他学科的支撑,因此黄大年除了定期对学生进行专业指导之外,还提倡学生们进行学科融合,帮助学生们做专做博。

黄大年同志作为我国资深的科学家,负责我国很多航空探测装备的研发,这也是黄大年同志科技报国理想的实践。黄大年同志带领工作团队克服了一个又一个的技术难题,突破了国外对我国的技术封锁,推动我国探测技术装备上了一个新台阶。与此同时,黄大年同志通过一系列的重大创新,还填补了当前国内多项技术的空白,为我国国防建设和资源探测做出了不可磨灭的贡献,是新时代学生们学习的重要榜样。教师在引领学生思想时,应当以黄大年精神作为标杆,要求学生们一定要以黄大年的精神作为指南,在学习的过程中争做优先。教师可以引领有助于我国科技事业发展的学生,积极进军科技创新类型的行业,这样可以为我国科技的繁荣做出更大的贡献。众所周知,科

---

① 王延飞:《学习黄大年精神 做合格科技达人》,《科协论坛》2017年第8期,第45—47页。

技发展并不是一帆风顺的,科技发展需要人们的不断拼搏。教师在教育学生时也应当教会学生拥有黄大年的拼搏精神,这样才能进一步填补我国当前科技中存在的空白,进一步突破国外对于我国的科技封锁,带动我国科技上一个新台阶。除此之外,教师还可以引导学生进行创新创业,这与当前我国的时代主题相一致。例如学生可以以黄大年同志的研究领域作为自身的兴趣方向,可以作为将来创业发展的重要切入点,紧紧围绕着当前我国开展的供给侧改革,加强科技创新企业和高端技术的研发,着手解决产业转型中存在的各种技术性的难题,使得我国科技技术岗位人员拥有具有自主知识产权的核心技术,不断推动我国的产品走向产业链的高端。在进行引领时教师也可以要求学生紧紧围绕着当前时代发展的前沿,瞄准科学前沿,立足自身实际积极探索,大胆求证,力争取得重大突破。广大学生也应当紧紧抓住科技转化的前沿,瞄准当前经济产业发展中存在的问题,围绕着如何调整产业结构,推动现代化产业体系发展,下功夫加快科技创新的转化力度,打通从实验室到生产线的最后一公里,为我国经济社会发展注入新的活力。广大学生也需要紧紧围绕着如何为社会做出贡献进行奋斗,以提高全民族的科学素养作为自身的重要职能,通过运用互联网技术让科技可以更好地普及广大民众,学生可以深入到企业生产一线和广大农村地区开展科技服务,为农民脱贫提供科技支撑,为企业发展提供科技动力,做好科技的传播者和科学精神的弘扬者,将科学书写在祖国大地之上,为祖国繁荣富强贡献微薄之力。[1]

三、淡泊名利、乐于奉献

黄大年同志经常忘我工作,在生命的最后时刻依然奋斗在工作的第一线,为国家进步奉献了自己的一生。黄大年同志经常工作到凌晨

---

[1] 赫坚:《楷模精神不朽 党的事业永继——学习黄大年同志先进事迹心得体会》,《吉林省教育学院学报》2017年第33卷第7期,第1—2页。

两三点，几乎没有任何节假日，平均每年的出差时间在100天以上，在工作岗位上累倒过三次。在生命的最后几个月中，黄大年教授吃着救心丸进入评审现场，完成了国家大型项目的评审工作，在办公室晕倒醒来之后又继续布置作业、赶火车。黄大年在被查出胆管癌的当天，依旧在为学生答疑解惑，布置学习任务，惦记着争取在两周之内可以重新返回到工作岗位之上，争取在治疗期间不落下工作。黄大年如此忘我的工作精神，和淡泊名利、乐于奉献的思想，值得广大学生学习。在黄大年的心中，他并不计较个人的得失，他只是想把自己所掌握的最先进技术全部奉献给祖国，推动我国科技发展，因此无论是在国内还是在国外他都具有非常高的声誉，受到人们的广泛爱戴，得到了组织的充分肯定。学生们学习黄大年精神就需要大力学习黄大年这种无私无畏的奉献精神，这也是认真学习习近平总书记关于科技创新精神的重要指示。学生们应当将提高自身的科学素养，把基础科学知识作为重中之重，同时需要利用寒暑假的时间到基层去锻炼，深入科学第一线，做好科技的普及工作，注重运用自身所学习到的知识服务于实践，形成社会化的科普工作格局，为社会发展做出自己的贡献。广大学生需要将科研和科普进行结合，加强自身的科学技术修养，同时需要积极传播科学精神，弘扬科学魅力，用科学的方法来更好地提升自身的综合素质，尤其是结合自身专业特长来大力开展科技，使得自身的科普理念得以不断创新。学生为了更好地奉献社会，还必须了解当前社会中所需要的科技知识，因此学生可以利用寒暑假的时间去进行探索，在探索的过程中养成严谨的科学态度，积极形成讲科学、爱科学的优良作风。

四、勇往直前、开拓创新

黄大年同志始终心系祖国的发展，以战略眼光来培养人才，因此黄大年同志经常受邀到全国各地去指导工作，同时也深入到吉林省的各地区去推动产业转型。黄大年同志经常采用因材施教的做法，鼓励学生将个人价值和国家的命运紧密结合。黄大年同志一共指导了44名研究生，获得省部级奖项的达到14人次，所带的班级也被评为长春市的十佳班级。黄大年带领学生勇往直前，开拓创新的精神值得广大教师学习。广大教师需要根据习近平总书记的要求加大工作部署，精心做好学生思想和组织的引导工作，确保在关键环节得以突破。在引领学生的过程中，教师可以联系实际，做好问题导向，着力解决在工作中存在的各种各样的问题，不断推动科技协作创新，打造良好的协作平台，帮助学生更好地成长。广大教师也应当发挥主人公的精神，积极参与到学生们的讨论之中，积极带领学生去参加各种各样的智库建设或者是学术交流，为学生的成长建言献策，努力做好教学工作的改革者和推动者。在引导学生的过程中，教师也应当加强自身的能力建设，尤其是加强信息化和网络化的建设，以便可以更好地服务学生，帮助学生更好地学习科学文化知识，使得学生拥有更强的专业能力，帮助学生真正成为科技栋梁，使学生可以做出重大的科技创新。[①]

五、严谨专注、求真诚信

黄大年同志目光高远，为学生的成长奠定了良好的基础，为学生的发展提供了最先进的设备和条件，提供了与国内外顶级专家学者交流的机会，帮助26人次参与到各种各样的国际学术研讨会议之中，培养了一批走出去回得来的优质人才。黄大年非常关注学生的成长，默默资助生活存在困难的学生，热心帮助患有严重疾病的学生家长，使他们可以放心治疗。黄大年同志是我国留学归国人员的楷模，也是当前高校教育工作者学习的重要榜样，是践行社会主义核心价值观的重要优秀代表。实践证明，黄大年同志作为科技优秀工作者，不断推动科技生产力向前发展，不断加强先进文化的传播，是国家创新的中

---

① 陈宝生：《伟大时代需要弘扬黄大年精神》，《上海教育》2017年第25期，第1页。

坚力量。广大教师应当积极学习黄大年同志严谨专注求真诚实的理想信念，在进行教育的过程中应当恪守真理，加强学生探究创新的精神，尊重学术规范，完善学术人格，维护学术尊严，强化诚信意识，弘扬高尚的求学情操，使学生们可以具备优秀的求学精神、良好的严谨态度，营造和谐的求学学习环境。广大教师需要继续弘扬黄大年专注的精神，增强自身担当感，加强学问建设，加强创新建设，将报国之情融入科研之中，使得自身的行为可以感染学生，也使得广大学生可以自觉践行社会主义核心价值，兴起求真务实的科技之风，大力弘扬良好的科学氛围，使得广大学生可以真正成长为优秀的学术继承人。

　　榜样的力量是无穷的，黄大年的精神以强大的动力照亮着每一名教师和学生，照亮着我们每一个人发展的初心。黄大年精神不是一阵风，而是应当当作一项任务落实到位，扎实推进。教师应当认真贯彻习近平总书记有关向黄大年同志学习的精神。将学习黄大年精神和学习习近平总书记讲话有机结合在一起，用黄大年的感人事迹来引领广大学生争做合格党员，不断凸显党员的本色，争做时代先锋。

让黄大年精神成为新时代师德师风建设的新指引

汤文庭

内容摘要：习近平强调，我们要以黄大年同志为榜样，为实现"两个一百年"奋斗目标、实现中华民族伟大复兴的中国梦贡献智慧和力量。当前一段时期，深入学习和践行黄大年精神已经蔚然成风。党中央高度重视教师队伍建设，明确师德建设是教师队伍建设的第一要务，师德师风是评价教师队伍的第一标准，为加强新时代教师队伍建设指明了方向，提供了根本遵循。文章从塑造新时代教育者爱国情怀、树立新时代教育者高尚情操以及培养新时代教育者敬业精神三方面着重阐述了如何让黄大年精神成为新时代师德师风建设的新指引，最大限度地激发新时代教育工作者的奋斗激情，全力推动我国由教育大国向教育强国迈进。

关键词：黄大年精神；师德师风建设

作者简介：汤文庭，吉林大学西区综合办公室，副研究员。

心有大我 至诚报国——黄大年精神闪耀着旗帜的光芒

"先生远矣，不可追矣，然先生崇高之人格，伟大之思想，革命之精神，犹足感召吾族有为之士於百世以后。"这是廖仲恺在《〈孙中山先生文集〉序》中，因孙中山的丰功伟绩和感召力而写下的一句传承世人、激人奋进的名句。一个世纪之后，有位师者，他也用鞠躬尽瘁的精神和卓越的科研成果诠释着新时代师者一流的情怀和风采，他用崇高的信念和温柔的情感书写着新时代师者"人生引路人"的精彩，他用国家利益高于一切的终极追求肩负着新时代师者胸怀天下的责任。他就是新时代的楷模黄大年，他同样用自己短暂而浓墨重彩的一生感召着后人、感召着像他一样正在为国家教育、科研事业呕心沥血的师者们。黄大年病故后，中共中央总书记、国家主席、中央军委主席习近平对黄大年同志先进事迹作出重要指示指出，黄大年同志秉持科技报国理想，把为祖国富强、民族振兴、人民幸福贡献力量作为毕生追求，为我国教育科研事业作出了突出贡献，他的先进事迹感人肺腑。习近平强调，我们要以黄大年同志为榜样，学习他心有大我、至诚报国的爱国情怀，学习他教书育人、敢为人先的敬业精神，学习他淡泊名利、甘于奉献的高尚情操，把爱国之情、报国之志融入祖国改革发展的伟大事业之中、融入人民创造历史的伟大奋斗之中，从自己做起，从本职岗位做起，为实现"两个一百年"奋斗目标、实现中华民族伟大复兴的中国梦贡献智慧和力量。这是对黄大年同志先进事迹的高度评价，深刻阐明了黄大年同志崇高精神的丰富内涵。

当前一段时期，深入学习和践行黄大年精神已经蔚然成风。2017年11月中共中央国务院《关于全面深化新时代教师队伍建设改革的意见》中指出，加强典型宣传引领是我们党思想政治工作的宝贵经验，深入挖掘、梳理黄大年精神形成的要素和高尚情操，对于高校教师的师德建设、自我提升与育人工作具有深远的意义。《意见》就大力提升教师思想政治素质、全面加强师德师风建设做出总体部署，明确提出要全面贯彻党的教育方针，坚持社会主义办学方向，遵循教育规律和教师成长发展规律，全面提升教师素质能力，深入推进教师管理体制机制改革，形成优秀人才争相从教、教师人人尽展其才、好老师不断涌现的良好局面。作为时代楷模，黄大年用短暂的生命时光，为我们塑造了一个平凡而伟大的师者形象，重新定义了新时期"师道"。他是梦想的启发人，黄大年心中始终有一个"强国梦"，他自觉地将个人梦想融入实现中国梦的伟大实践中，鞠躬尽瘁。他是价值的引领人，黄大年的头脑中始终坚守一个"公"字。只要是对国家有利的，他毫不犹豫，全力以赴；只要是对科研事业有利的，他大公无私，成就别人。习近平总书记在全国高校思想政治工作会议上强调："要加强师德师风建设，坚持教书和育人相统一，坚持言传和身教相统一，坚持潜心问道和关注社会相统一，坚持学术自由和学术规范相统一，引导广大教师以德立身、以德立学、以德施教。"这为进一步加强教师队伍建设、建立健全师德建设长效机制指明了方向。2018年1月，教育部《全面深化新时代教师队伍建设改革的意见》颁布实施。2018年9月10日全国教育大会在北京召开，中共中央总书记、国家主席、中央军委主席习近平出席会议并发表重要讲话。2018年11月，教育部印发了《新时代教师职业行为十项准则》。2018年12月14日，教育部召开全国师德师风建设工作视频会议，全面部署落实新时代教师职业行为准则和师德师风建设各项工作……这一系列的政策的颁布、重要会议的召开、十项准则的提出，都是对广大教师的警示提醒和严管厚爱，是深化师德师风建设，造就政治素质过硬、业务能力精湛、育人水平高超的高素质教师队伍的关键之举。新时代、新形势下各级各部门以及全社会对师德师风建设的重视可见一斑。加强教师师德师风建设，是全面推进素质教育，深化队伍建设的总枢纽。师德师风建设是一场持久攻坚战，以习近平同志为核心的党中央高度重视教师队伍建设，明确师德建设是教师队伍建设的第一要务，师德师风是评价教师队伍的第一标准，为加强新时代教师队伍建设指明了方向，提供了根本遵循。全力抓好新时代师德师风建设，努力建设一支政治素质过硬、业务能力精湛、育人水平高超的高素质教师队伍，就是要让黄大年精神成为新时代师德师风的新指引。

让黄大年精神成为塑造新时代教育者爱国情怀的指引。心有大我、至诚报国的爱国情怀是黄大年精神的本质特征，黄大年同志所展现的爱国之情、报国之志，是新时期以爱国主义为核心的民族精神的生动体现，是当代民族精神的有机组成部分。"振兴中华，乃我辈之责"，国家至上、民族至上、人民至上是黄大年心中不变的信条，祖国需要是最高需要，服务国家是最好归宿。让黄大年精神成为塑造新时代教育者爱国情怀的指引，就是要把准思想方向，摆正价值航标，把"修身、齐家、治国、平天下"作为人身信条，把为祖国富强、民族振兴、人民幸福贡献力量作为毕生追求。明师德、立师风，德是根本，爱国家、爱人民是教育者的职业道德之根本、必修之大德。新时代教育者要把黄大年同志所展现的爱国之情、报国之志这一新时期以爱国主义为核心的民族精神融入自身的教育事业中来，坚定中国特色社会主义道路自信、理论自信、制度自信、文化自信，真正做到以德立身、以德立学、以德施教，在传道授业的同时更要把爱国情怀广泛传递。

让黄大年精神成为树立新时代教育者高尚情操的指引。淡泊名利、甘于奉献的高尚情操是黄大年精神的厚重底色。黄大年是继刘胡兰、张思德、焦裕禄之后，优秀中华儿女的典范，是共产党人的杰出代表。黄大年同志淡泊名利、甘于奉献，将自己毕生的精力献给了实现民族伟大复兴的宏伟事业。作为一名党员，黄大年同志所体现的崇高情操和高尚品格，塑造了当代优秀共产党人的光辉形象。黄大年同志将作为又一座丰碑，载入共产党人的精神史册。让黄大年精神成为树立新时代教育者高尚情操的新指引，就是要求新时代的教育者要努力践行黄大年的淡泊名利、一心为公，担当道义、甘于奉献的高尚情操，不为名所驱、不为利所诱，带头践行社会主义核心价值观，树立高尚的道德情操和精神追求。淡泊明志、宁静致远、沉得下心、静得下气、耐得住寂寞，心无旁骛、潜心研究、用心施教。保持健康、乐观、积极向上的心态，关心、爱护学生，尊重学生人格，平等、公正对待学生。"其身正，不令而行，其身不正，虽令不从"，不断培养自己高尚道德情操的同时，努力塑造出有高尚道德情操的国之栋梁。

让黄大年精神成为培养新时代教育者敬业精神的指引。教书育人、敢为人先的敬业精神是黄大年精神的集中体现。习近平总书记在出席全国教育大会时强调，建设社会主义现代化强国，对教师队伍建设提出新的更高要求，也对全党全社会尊师重教提出新的更高要求。人民教师无上光荣，每个教师都要珍惜这份光荣，爱惜这份职业，严格要求自己，不断完善自己。做老师就要执着于教书育人，有热爱教育的定力、淡泊名利的坚守。随着办学条件不断改善，教育投入要更多向教师倾斜，不断提高教师待遇，让广大教师安心从教、热心从教。敬业是中国人民的传统美德，新时代的教育者更要学习黄大年教书育人、为国育才、潜心科研、敢为人先的求索、敬业精神，时刻保持自己的教育事业充满激情，不断登攀，让黄大年精神成为培养新时代教育者敬业精神的指引，就是要求新时代的教育者把自己的教育事业看作实现人生价值的哨位，把自己的教育事业当成报效祖国的战场，爱岗敬业、甘当人梯，不断增强创新意识，把握创新特点，遵循创新规律，力争有所突破、有所发展、有所建树。

陈宝生部长在全国师德师风建设工作视频会议上指出：以习近平同志为核心的党中央高度重视教师队伍建设，明确师德建设是教师队伍建设的第一要务，师德师风是评价教师队伍的第一标准，为加强新时代教师队伍建设指明了方向，提供了根本遵循。他强调教育系统要深入学习领会习近平总书记关于师德师风建设的重要思想，深刻认识加强师德师风建设的重要性紧迫性，把思想和行动统一到中央的要求部署上来。榜样的力量是无穷的，黄大年以其强大的凝聚力和感染力，成为照亮着新时代教育者初心的一盏明灯。黄大年精神正以其深刻的时代内涵和重大的时代意义成为新时代师德师风建设的新指引，为实现"两个一百年"奋斗目标、实现中华民族伟大复兴的中国梦贡献智慧和力量。

黄大年精神传承在通信工程学院

李东琦　唐立山　张立忠

内容摘要：习近平总书记号召全国认真学习黄大年同志先进事迹，学习他心有大我、至诚报国；教书育人、敢为人先；淡泊名利、甘于奉献的高尚精神。笔者所在的吉林大学通信工程学院开展了一系列学习黄大年精神的活动，全体师生被黄大年的先进事迹所感动。感动之余，大家也注重从实际工作中总结经验，践行黄大年精神，他的精神是学院前进路上的一盏明灯。

关键词：习近平；黄大年精神；凝练；践行

作者简介：李东琦，吉林大学通信工程学院院办公室主任，助理研究员。唐立山，吉林大学通信工程学院党委副书记，副教授。张立忠，吉林大学通信工程学院副院长，研究员。

心有大我 至诚报国——黄大年精神闪耀着旗帜的光芒

黄大年是我国著名的地球物理学家、战略科学家。2009年，他放弃了英国优越的物质生活和先进的研发平台，毅然决然地带着妻子回到祖国的怀抱，回到母校吉林大学地球探测科学与技术学院（原长春地质学院）任教。回国的7年里，作为首席科学家和学术带头人，他争分夺秒追赶国际领先科技，率领团队以服务国家战略和社会需求为目标，突破国外技术垄断与封锁，取得一系列重大科研成就，不断填补国内相关领域多项技术空白，更培养出一大批青年精英才俊。黄大年是吉林大学的骄傲，是中国的骄傲。2017年1月8日，他因患胆管癌医治无效去世，享年58岁。

笔者所在的吉林大学通信工程学院，不仅通过黄大年事迹报告会、学习研讨会、纪念文章、观看纪念片等多种形式追忆黄大年的感人事迹，缅怀他的崇高精神，更加注重在办院过程中积极总结践行"心有大我、至诚报国；教书育人、敢为人先；立德树人、追求卓越"的黄大年精神，把黄大年精神作为开展学院中心工作的精神支柱与灵魂，将其不断融入学风、教风和院风，成为"双一流"建设的精神动力。

一、积极引进拔尖人才为我所用，推动学科建设，以此践行"心有大我、至诚报国"的黄大年精神

新中国成立以来，无数优秀人才带着海外学到的先进技术和经验回国报效，但集中回国的高潮主要有两次。第一次是20世纪50年代，也就是新中国建国伊始，以钱学森、邓稼先等为代表的老一代科学家带着对祖国的美好憧憬，突破重重阻挠，历尽艰辛回到祖国，在科学技术多个领域开创了划时代的局面。第二次是自2008年以来，以黄大年、施一公等为代表的海外高层次领军人才，回到祖国助推科学事业飞速发展。从钱学森到黄大年，新老两代科学家，从"海漂"到"海归"，把个人的理想深深融入国家和民族的进步事业中，他们为实现

中国梦做出了不可磨灭的贡献[①]。

将像黄大年这样的海外知名科学家引进母校任教,充分发挥他们的作用,对于推动学科发展、推进国家高精尖领域的技术研发意义非凡。2017年,我们通信工程学院引进在美国长期从事科研工作且成绩斐然的张立华为"唐敖庆"讲座教授。张立华毕业于清华大学,曾在美国英伟达等世界知名跨国高新技术公司工作,他像黄大年一样放弃了国外优厚的职位和待遇,回到吉林大学带领团队在人工智能和智能图像处理与视频分析技术方面开展研究,部分技术已处于国内外领先水平,部分成果已达到国际先进水平,这些研究成果为振兴东北老工业基地起到了技术上的强大推动作用。张立华目前在学院开展了人工智能等方向的研究工作,申报、获批了产学研合作项目和课题经费,并从事高质量的教育教学,促进学科发展。学院还先后引进多名国外知名专家学者到学院讲学,开展密切的学术交流与合作。这些人不仅对学院的科研GDP做出贡献,更重要的是为国家新一代通信技术、机器人技术、空间海洋和地下信号处理技术、自动控制技术、人机交互技术、复杂成像和语音识别技术、虚拟现实和增强现实技术等多项前沿技术的攻关在奋力拼搏,而且对学院的学科建设等方面也起到引领性作用。我们主动走出去面向全球招聘英才来校任教,通过举办国际会议、来院讲座等形式,邀请海外留学人才进学校,加强交流沟通。

二、重视青年人才的培养,以此践行"教书育人、敢为人先"的黄大年精神

黄大年认为自己最重要、最喜欢的身份就是老师。古语有云:师者,传道授业解惑也。黄大年是一位称职的优秀老师,他为吉林大学倾尽心力培养了一大批优秀人才。通信工程学院优秀青年教师刘维就是他学生中的一位。2016年,刘维作为博士后科研人员加入黄大年的研

[①] 张育新:《从钱学森到黄大年》,《吉林日报》2017年7月14日01版,第1页。

究团队。因为是进行交叉学科的研究，她本人对自己即将从事博士后的科研方向还很迷茫。黄老师得知后，与她促膝长谈，了解科研情况和研究兴趣，并详细为她规划了科研方向，使其明晰了接下来的奋斗目标。申请项目时，黄老师在出差途中认真帮她修改申请书，令她特别感激。她问老师："您是手握上亿项目的大科学家，一个二十几万的项目，您怎么还付出这么多精力？"黄老师非常严肃地说："无论项目多大，都是国家对科研人员的信任，我们一定要做好，给国家一个交代，特别是青年基金，我知道对于青年科研工作者，更是开端，你们要有良好的开始，并且将这种严谨的科研态度贯穿整个科研生涯。"目前，刘维带着黄老师殷殷嘱托回到学院任教，她不断提升自己的科研水平，始终站在科研的最前线。通过不懈努力，近几年获得了国家青年科学基金、发表多篇高水平学术论文，是学院副教授中的佼佼者之一。

我们深知，青年人才是学院师资队伍建设的重要组成部分，只有把像刘维这样的优秀青年人才培养好，充分调动他们的工作热情，通信工程学院的学科建设、科研水平和整体核心竞争力才有质的飞越。为此，学院尝试做了以下三点：一是发挥学院党建引领作用，了解掌握青年人才的思想动态，从信念上引领树立正确的人生观、教师荣誉感，通过先进典型模范的示范，引导青年人才增强使命感，找准定位，发挥价值；二是加强人文关怀，青年教师面临的一致性问题是事业刚起步，时间不够用，教学科研压力大，家里上有老，下有小等，学院本着多支持、多鼓励、多关爱的原则，切实解决他们的实际困难和问题，使其全身心投入工作；三是努力搭建良好的教学科研平台，大力为青年人才提供发展的舞台，比如坚持多年的青年教师讲课制度，以赛促教强化青年教师的教学能力，进一步加大科研合作，为更多的老师创造交流合作机会等。这些举措，调动了全院教师特别是青年人才的工作积极性，在创新能力和教学科研水平上也有了显著的提升。

三、培育学生国际化视野，以此践行"立德树人、甘为人梯"的黄大年精神

黄大年鼓励学生一定要出去，出去了一定要回来；一定要出息，出息了一定要报国，这反映了他浓重的家国情怀和追求卓越的精神。在全球化的大背景下，学院十分重视培养具有国际化视野的学生，倡导要对人才持有"引进来"和"走出去"的理念。

通信工程学院在提高自身国际竞争力方面做出了扎扎实实的努力。首先，着重培养学生的国际化视野，引导学生成为有责任、敢担当、有眼界、有学识和创新能力的人。其次，我们认真学习和借鉴国外著名大学的办学理念，结合自己的特点和需求，邀请国际知名专家来院讲授海外优质课程如"通信系统""数字通信""计算机视觉"和"线性控制系统理论与设计"，与国外几所名校开展本科生联合培养模式，鼓励学生赴国外学习交流和参加国际大赛，开阔学生的视野。最后，青年正处于世界观和价值观逐步成型的阶段，思想最活跃也最容易受到冲击，也容易因诱惑迷失方向。我们鼓励学生走出去的深远意义是学成回来为国家所用。我们教育学生要具有家国情怀，像黄大年一样拥有一颗赤子之心。教育学生树立民族自尊心和自豪感，使他们能以一种积极的态度去国外求学，长远的目标是使其为国家、为学校、为学院做出贡献。

四、结束语

黄大年虽然离开我们两年多了，但他的精神一直在指引我们学院砥砺前行，学院的发展如同人才成长一样，同样要有远大的抱负和宏伟的气度，更要有强烈的使命感和忧患意识。我们将继续践行黄大年精神，继往开来，带领全院师生创新学科建设模式和人才培养模式，以建设世界知名、国内一流的学科为目标，努力为我国通信、自动控制、人工智能等领域的事业发展做出更大贡献。

论种子的赤子情怀

杨 光

内容摘要：深刻学习黄大年先生的感人事迹，致敬黄大年先生的高尚灵魂和赤子情怀，论种子的赤子情怀的重要意义，为报效祖国、报效吉大，实现中华民族的伟大复兴而不懈奋斗。

关键词：种子；赤子情怀；报效祖国

作者简介：杨光，吉林大学北区综合办新民离退休办公室、文体活动科科长。

心有大我 至诚报国
——黄大年精神闪耀着旗帜的光芒

还记得影片《黄大年》上映的那天,我带着8岁的儿子一起去看,并不企盼他能看懂多少,但是他屡屡看到我眼眶中的泪水,仿佛也读懂了什么。在影片落幕时,我对他说:"我也要做一颗种子,你呢?"在当代中国,向黄大年先生学习这种种子的赤子情怀是意义深远的。

一、种子的赤子情怀

种子的生长离不开泥土,泥土就像种子的母亲一样,为它提供一个萌发生长的环境,如适量的水分、充足的空气、适宜的温度、丰富的养分等,是它生命所必需的依靠。泥土孕育着种子的生命,呵护着种子的成长,滋养着种子的心灵。当种子长大,它也会牢牢地守护那片沃土,根深蒂固,用它的生命一心一意地回报这片热土的养育之情。种子的赤子情怀即是对祖国的一种热爱的情怀,是对祖国的最纯粹的感恩的情怀。

二、黄大年先生的赤子情怀

黄大年先生是我国著名地球物理学家,吉林大学新兴交叉学科部学部长,地球探测科学与技术学院教授、博士生导师。每个吉大人都为与黄大年先生身处同一个学校感到自豪。黄大年先生去世后被追授"全国优秀共产党员""时代楷模""杰出科学家""全国优秀教师"等称号,这些称号无一不是他一生兢兢业业、卓绝奉献的缩影。

黄大年先生把自己比作种子。为什么种子的眼里常含泪水,因为它对这土地爱得深沉。他曾说过:"对我而言,我从未和祖国分开过,只要祖国需要,我必全力以赴!" 黄大年出生在广西南宁市,17岁从百人之中脱颖而出,接触了航空地球物理,并深深迷恋上了这个职业。1977年恢复高考,黄大年考取了长春地质学院,并从此与地球物理结下不解之缘,完成了本科和硕士研究生学业。1982年1月15日,黄大年在给同学的毕业赠言中写道"振兴中华,乃我辈之责",

深刻诠释了他的爱国情操。1988年，黄大年加入中国共产党。他在入党志愿书中写道："若能做一朵小小的浪花奔腾，呼啸着加入献身者的滚滚洪流中，推动历史向前发展，才是一生中最值得骄傲和自豪的事情。"黄大年先生留学18年，虽然身在海外，但一颗心不忘祖国，时刻准备着回来。1992年黄大年公派被选送至英国利兹大学攻读博士学位。胸怀赤子爱国心，2009年，黄大年放弃国外优厚的待遇，毅然决然回到了祖国，为祖国的科研工作奋斗终身。一句"我没有敌人，也没有朋友，只有国家利益"表明了真正的另类，真正的纯粹，他是一个拥有一颗赤胆忠心，对祖国、对科学热爱的科学家，他的精神值得每一位党员干部学习。他离不开这片热土，离不开这孕育、滋养他的祖国。他要把自己的力量挥洒在这片热土上，把他的精神播撒在祖国的每个角落。

对于黄大年先生的感人事迹，社会各界给予了高度评价。

黄大年同志秉持科技报国理想，把为祖国富强、民族振兴、人民幸福贡献力量作为毕生追求，为我国教育科研事业作出了突出贡献，他的先进事迹感人肺腑。（中共中央总书记、国家主席、中央军委主席习近平评）[1]

很多人评价黄大年是纯粹的知识分子，因为他什么职务也不要，就想为祖国做些事。还有人评价他是另类的科学家，因为他对待科研只一句"我没有对手、也没有朋友，只有国家利益"。（新华网评）[2]

黄大年是祖国的栋梁，他争分夺秒，即使透支自己，也要让人生发光。（2017年度感动中国人物组委会评）

黄大年是新时期归侨侨眷和海外侨胞为民族振兴不惜以身许国的先进楷模，是践行社会主义核心价值观的优秀代表，在他身上，集中展现了新一代归侨心系家国、鞠躬尽瘁的赤子情怀，在侨界树立起了

---

[1] 新华社：《习近平对黄大年同志先进事迹作出重要指示》，2017.5.27。
[2] 新华社：《生命，为祖国澎湃——追记海归战略科学家黄大年》。2017.5.18。

一座矢志创新、勇攀科技高峰的精神丰碑。（中国侨联主席林军评）

黄大年先生毕生刻苦钻研学术、一心投身教育事业，为的是报效祖国、为的是振兴中华，这样的赤子情怀和高尚的灵魂是我们学习的精髓。

三、饱含种子的赤子情怀的意义

中国自古以来就有许多令人荡气回肠的英雄气节故事，像苏武牧羊的故事、陶渊明"不为五斗米折腰"、林则徐的虎门禁烟、岳飞的精忠报国……中华民族有太多太多的优秀人士不被利益所使、不怕流血牺牲，这是中国根，这是中国基因，这是我们每个中国人血液中流淌的、不灭的中国魂。

学习种子的赤子情怀是现代人的使命，是发扬中国传统的必需。正是这种情怀让黄大年先生夜以继日地工作，是这种精神让黄大年先生不计代价的为祖国付出毕生精力。这种精神是启蒙教育的第一环，是学生们最应该学习的第一课，是我们吉大同仁在教育中最应重视的部分，是每个中国人最应有的初心。

四、做好自己这颗"种子"

在现实工作中，没有那么多的丰功伟绩而言，也没有那么多的殊死拼搏，然而，每个人都是祖国的一颗种子，都具有巨大的潜力，我们在祖国的美好家园中成长，如今该如何回报祖国？那就是做好自己这颗"种子"，绽放自己的别样光彩，在自己的岗位上尽情挥洒热情。

对于我们80后一代人，没有经历过困难险阻，受过好的教育，拥有好的就业环境，现在在岗位中正是年富力强的时候。我们身处不同的岗位，有辉煌也有平淡，但是如何体现我们的赤子情怀呢？那就是在平凡的岗位上创新求变，只要在这个岗位上一天就要把自己的职责做到极致。从自己做起，从本职工作做起，为实现中国"两个一百年"

奋斗目标和实现中华民族的伟大复兴贡献智慧和力量。

就像我们所在的离退休管理与服务这个工作，就需要我们献出充分的细心和热情。关心离退休老同志的生活、精神所需、为他们的需求提供支持是我们的使命。然而如何更高效和更出色地为老同志提供服务就是我们需要面对的课题和挑战。新时代需要运用新办法、新思路去解决问题，秉承着一心一意这个服务宗旨和细致入微的工作原则的同时，不断改进方法和精化管理服务流程，这才是这个岗位对工作人员的最新要求。

作为奋斗在吉大教育事业上的每一位同仁，只要拥有种子的赤子情怀，就能在自己的岗位上绽放光彩。作为共产党员，更应拥有坚不可摧的政治信仰，淡泊名利，充分发挥党员的先锋模范作用，以实际行动为党贡献力量。作为中华儿女，理应以黄大年精神为指引，把为祖国富强、民族振兴、人民幸福贡献力量作为毕生追求。弘扬种子的赤子情怀，传承中华民族的优秀品格，在有限的生命中，用自己无悔的选择和一生的实践，展现中国共产党人爱国报国的品格和风骨。

学习贯彻黄大年精神内涵，立足本职建功立业新时代

张雷生

内容摘要：文章从如何深刻理解和认识黄大年精神，如何在日常工作岗位上学习贯彻黄大年精神，如何在高教系统弘扬黄大年精神，如何培养和培育具有黄大年精神潜质的创新人才等维度切入，重点在于准确把握黄大年同志精神本质内涵，在全面推进世界"双一流"大学建设的进程中，切实指导广大师生结合自身工作岗位实际，涌现出更多心有大我、至诚报国的楷模，不忘初心，全身心投入到教育教学、科学研究及服务社会发展各项工作中去，做到立德树人及教书育人的有机统一，通过科技强校和人才兴校，为世界"双一流"大学建设各项工作顺利开展和推进深入，为提升学校内部治理现代化水平乃至为实现全面建成小康社会和实现中华民族伟大复兴提供强有力的智力支撑和保障。

关键词：黄大年精神；爱国主义；留学报国；科技报国；新时代

作者简介：张雷生，吉林大学高等教育研究所党支部书记，副教授。

心有大我 至诚报国——黄大年精神闪耀着旗帜的光芒

近年来，在党中央的正确领导下，我国各项建设事业蓬勃向前发展，取得了举世瞩目的成就，涌现出了包括黄大年、廖俊波、张玉滚、李保国等一批批全国优秀共产党员、时代楷模、劳动模范、道德模范人物群体在内的先进人物典范。这些先进典型人物群体的共同特征之一就是具有强大的正能量磁场效应，他们的人格魅力散发出强有力的时代凝聚力、感染力和感召力。在这些先进典型人物中，吉林大学的黄大年老师被社会各界高度评价为"无私的爱国者""新时代海归科技报国的楷模"。中共中央总书记、国家主席、中央军委主席习近平同志高度评价："黄大年同志秉持科技报国理想，把为祖国富强、民族振兴、人民幸福贡献力量作为毕生追求，为我国教育科研事业作出了突出贡献，他的先进事迹感人肺腑。"

在全面建成小康社会和深化改革开放，实现中华民族伟大复兴中国梦的今天，迫切需要包括高校科研院所在内的全社会各界大力弘扬社会主义核心价值体系，大力弘扬先进模范人物的崇高精神，从而巩固全党全国各族人民团结奋斗的思想道德基础。因此，系统深入、认真扎实地学习以黄大年老师为代表的这些先进模范人物的光辉事迹，尤其是结合各单位各行业本职工作岗位特点，深刻学习领会以黄大年老师为代表的这些先进典型模范人物的精神实质内涵，对于凝聚人心、弘扬正气、团结群众、推动社会精神文明建设具有不可估量的积极感召作用。

一、结合本职工作深刻理解和认识黄大年精神实质内涵

新时代的今天，我们学习黄大年老师的精神实质，就是要学习黄大年老师至诚的爱国情怀、广阔的心胸、高瞻远瞩的战略格局以及淡泊名利的高尚情怀。

（一）学习黄大年老师甘为人梯，平易近人，心胸开阔的高尚人格

和黄大年老师的相识，充满了太多的偶然和机缘巧合。初次听闻

黄大年老师的名字，是在入职吉林大学后加入的留学人员联谊会的微信群里。至今我还清晰地记得，当时黄大年老师在群里和几位老师激情澎湃、激扬文字，对科技发展充满了无限热情和激情。初次得以结识黄大年老师，缘于一个月后，那是2014年国庆节前的一个夜晚，我刚从国外回到吉林大学工作，坐飞机去北京参加一个国际会议，偶遇邻座的一个中年男子，阳光的笑容如同长白山天池的水，清澈透明而温暖。后来我和这个男子一番交流才得知他竟然就是黄大年老师。

也就是那次偶遇，我和黄大年老师一路相谈甚欢，聊的内容宽泛得可谓漫无边际，从个人学习经历到日常爱好习惯，从教育教学谈到科学研究，从学科建设谈到创新人才培养，从学术评价谈到学校如何留住人才，从个人事业发展谈到如何报效国家。一路下来，我俩可谓相谈甚欢相见恨晚。我每每回想起当初的情形时，总觉得自己真是够幸运，竟然在入职吉林大学不足一个月时间内，就得到了学术大牛的悉心指点。

迄今为止，我依然一直牢牢地记着黄大年老师的教导："年轻人一定不能浮躁，要静心做一些有意义的事情，不能光盯着眼前，要有大的格局。"正是这些朴实无华的话语，让我几年如一日，无论寒冬还是酷暑，也无论周末还是节假日，都心无旁骛，早出晚归，心平气和地与学生们一起，坐在条件简陋的工作室里，潜心钻研如何改进教学方法，钻研学校的学科建设与内部治理，钻研如何发挥人才的应有作用，钻研国家的教育发展与改革。现在想想，我深刻地明白了榜样的力量是如此之大。

（二）学习黄大年老师真挚饱满赤诚的爱国情怀和淡泊名利、留学报国的精神

黄大年老师生前是著名地球物理学家，负责协调和组织管理中国跨部门和跨学科优势技术资源和团队，首次推动了中国快速移动平台探测技术装备的研发，攻关技术瓶颈，突破了国外技术封锁。很多人

心有大我 至诚报国——黄大年精神闪耀着旗帜的光芒

评价黄大年老师是纯粹的知识分子，因为他什么职务也不要，就想为祖国做些事。还有人评价他是另类的科学家，因为他对待科研只一句"我没有对手、也没有朋友，只有国家利益。"黄大年老师更是祖国的栋梁，他争分夺秒，即使透支自己，也要让人生发光。然而，不幸的是，由于黄大年老师长期奋斗在科研一线，夜以继日，无暇顾及个人身体健康，最终积劳成疾，英年早逝，永远告别了自己钟爱的科研事业。黄大年老师的离去，真可谓是天妒英才，是我们吉林大学和我们国家科技界的一大损失。我们不仅失去了一个学长，还失去了一个好兄长，更失去了一个好同事。

通过日常和黄大年老师的接触，再加上系统学习黄大年老师的先进事迹，我深深地体会和感悟到，原来世界上真的有一种最为真挚朴素的情感，那就是爱国。在市场经济大潮下物质财富高度发展的今天，也许有人觉得爱国主义这种情感很抽象，有人觉得它很虚无飘渺，有人觉得它太遥不可及，甚至还会有人觉得它已经落伍时代。可是在像黄大年老师这些人的内心深处，爱国这种情感，就如同每时每刻呼吸的空气，如同绵绵厚重的母爱，如同我们体内流淌的血液，更如同强劲有力的脉搏。因此，他们抛弃了海外富足的生活，丢掉了常人眼里的虚名浮利，放下了海外职位的重金高薪，甚至干脆丢掉了有人梦寐以求的绿卡，回到自己的祖国怀抱，回到生养他（她）的故乡家园，投身到建设事业的各条战线，投身到快速发展的这个新时代。

每当我擦干眼泪，一次次回想起黄大年老师对他的同事们坚定扎实做科研的深情叮嘱，想起黄大年老师在我们吉林大学海归留学人员微信群里面慷慨激昂、热血沸腾的发言，想起媒体里报道的黄大年老师团队的研究让国外的潜艇倒退一百海里，想起我们身边接触过黄大年老师的领导、朋友、老师、同学对黄大年老师的深深怀念和敬仰，想起黄大年老师对自己学生"你们一定要出去，出去了一定要回来；你们一定要出息，出息了一定要报国"的深情嘱托。

二、立足本职工作岗位学习和发扬光大黄大年精神

"轻轻的我走了,正如我轻轻的来",黄大年老师的微信个人签名,永远地定格在了徐志摩的这句诗句里。每每看到这句话,就能感觉到黄大年老师并没有走远,好像他依旧还走在校园里,工作在实验室,活跃在深海探测一线,用他那招牌式自信而阳光的爽朗微笑,鼓励着身边的所有人都要无比珍惜时间,在科学研究和教育教学的路上砥砺前行。每每浏览到和黄大年老师有关的新闻报道或者事迹报道,总感觉到黄大年老师一直都在,他并没有离我们每个人远去,就像依旧坐在地质宫办公室里热情而激昂地辅导学生,为同事和学生们指点迷津、分析现状,告诫他们静心钻研,努力推动国家和时代向前发展。

(一)学习和发扬光大黄大年精神,需要结合学校和国家建设与发展实际

"位卑未敢忘忧国。"个人只有融入波澜壮阔的社会实践,知识才产生效用,抱负才能实现,情怀才有所寄托。伟大的事业,决定了我们每个人更加需要为国家富强、民族振兴、人民幸福多做贡献。

新时代的今天,我们学习黄大年老师的时代重要意义,就是要不断继承和发扬光大黄大年老师的满腔爱国热忱,投身本职工作岗位,建功立业新时代。作为一名高校青年教师,要紧密结合国民经济"十三五"发展规划实施和教育发展目标,积极投身教育改革和创新发展实践,想国家教育发展改革之所想、急国家教育发展改革之所急,紧紧围绕教育发展改革的核心关键与制约瓶颈,不断增加知识积累,不断强化创新意识,不断提升创新能力,不断攀登创新高峰。

众所周知,建设世界一流大学和世界一流学科是党中央、国务院做出的重大战略决策。然而,"世界双一流建设"并没有现成的模式和经验可以照搬。当前吉林大学全校上下正在全面推进世界"双一流"大学建设的进程中,需要全校广大教职员工密切联系自身工作岗位和

身份实际，心有大我、至诚报国，全身心投入到教育教学、科学研究及服务社会发展各项工作中去，把在海外学到的先进知识、文化、科技以及丰富的管理经验用到学校的发展与改革各个领域，用到学校的课程设置、内部治理以及育人模式等方面，进而做到立德树人及教书育人的有机统一，为实现全面建成小康社会和实现中华民族伟大复兴提供强有力的智力支撑。

作为一名高等教育研究工作者，我能做和擅长做的就是借鉴世界上高等教育发达国家一流大学和学科建设发展经验，结合中国高等教育发展实际国情，深入探讨和研究世界一流大学和一流学科建设的内在机理和规律，指出建设过程中可能会存在的一些认识和行动误区，从而服务国家推动世界一流大学和一流学科建设战略顺利实施。这不仅是教育研究界尤其是高等教育研究界广大学者出于研究的热情和学术兴趣，更是对习近平总书记提出的"广大知识分子要以时不我待的紧迫感、舍我其谁的责任感，主动担当，积极作为，刻苦钻研，勤奋工作，为全面建成小康社会、建设世界科技强国作出更大贡献"殷切期望的最好回应。

（二）学习和发扬光大黄大年精神，需要结合自身专业学科发展实际

新时代的今天，我们纪念黄大年老师最好的形式，莫过于立足本职工作岗位，好好工作。作为一名高校青年教师，我要借助国家快速发展的大好时机，在刻苦努力学习专业文化知识和科学技术的基础上，用现有大好条件多出高水平学术研究成果，认真钻研，不断创新科学研究工作新思路，积极结合国家改革发展实际和热点难点问题，针对我国教育发展与改革事业开展深度调查研究，提出切合国情实际的高质量对策建议，做出符合国家发展和改革实际需要的优秀科研成果，服务国家各项建设事业发展与改革。

作为一名高校青年教师，在今后的各项日常工作中，我将注重结合自身本职工作，主动担当，积极作为，刻苦钻研，严谨治学，不断创新教育科学研究工作新思路。将习近平总书记的期望变为动力和行动，加强科研、教书育人，为国家培养更多具有创新创业能力的全方位人才。紧密结合国家教育改革发展实际和热点难点问题，以时不我待的紧迫感、舍我其谁的责任感，争做教育发展与改革事业的领头雁，做出一系列符合国家教育发展和改革实际需要的高水平教育科研成果，从而服务国家教育事业发展与改革，为全面建成小康社会和建设世界高等教育强国做出应有的贡献。

（三）学习和发扬光大黄大年精神，培养具有黄大年精神特质的优秀人才

习近平总书记在庆祝改革开放40周年大会上的讲话中指出："伟大梦想不是等得来、喊得来的，而是拼出来、干出来的。"在当前各种价值体系错综复杂的社会背景下，作为一高校青年教师，我要以自己的实际行动来学习和实践习近平总书记系列重要讲话精神，牢记立德树人的光荣使命，加强政治思想修养，在教育教学和科学研究的本职岗位上，正确引导学生思想，严格学生的规范养成，教育学生树立科学的人生观、世界观和价值观，培养学生社会责任意识，做青年学生成长的思想引路人。

在新时代的今天，服务学校发展，教育学生的过程其实也是高校青年老师不断培养心智的过程，努力解决好、引导好学生学习和思想健康成长，努力掌握更多的教书育人、引领学生思想进步的专业本领。作为一高校青年教师，我将遵循黄大年老师的教导努力跋涉，秉承黄大年老师的遗志而留学报国，赤诚报国、鞠躬尽瘁、死而后已；铭记黄大年老师的精神踏实向学、静心做事、奋力前进；沿着黄大年老师的足迹不忘初心、砥砺前行。建设我们的吉林大学，建设好我们共同的家园，更建设好我们伟大的祖国。

教育引导我们的学生树立崇高的人生信念追求，有浓厚的家国情怀，有正确的价值判断，更有远大的学术理想和抱负。无论将来毕业后走到哪里，都要心里牢记"有国才有家"的古训，都能像黄大年老师深情告诫的那样，"你们一定要出去，出去了一定要回来；你们一定要出息，出息了一定要报国"。教育引导我们的学生们将来都能成长为像黄大年那样，有担当、有责任心、赤诚爱国的可塑之才，遵循黄大年老师的教导，在科研道路上不忘初心，努力跋涉、砥砺前行、刻苦钻研，勇于创新，用学到的先进知识和科学技术践行科技报国、留学报国的誓言，从而不负于这个新时代。

弘扬黄大年精神，构建培养优秀体育人才体系

范丽雯　许森赫

内容摘要：黄大年精神是高校"双一流"建设发展的助推器，是吉林大学巨大无形资产和宝贵精神财富。作者在感召下对所在学院创新培养优秀体育人才体系进行全面总结研讨，积极主动思考体育学院人才培养发展的新趋势，拓展业务能力水平；以期为吉大"双一流"建设提供精湛业务和资源保障。

关键词：黄大年精神；"双一流"建设；创新；体育人才

作者简介：范丽雯，吉林大学体育学院，研究馆员。许森赫，吉林大学白求恩第二临床医院，研究生。

心有大我 至诚报国——黄大年精神闪耀着旗帜的光芒

2017年5月25日，习近平总书记对黄大年同志先进事迹作出重要指示，强调我们要以黄大年同志为榜样，学习他心有大我、至诚报国的爱国情怀，学习他教书育人、敢为人先的敬业精神，学习他淡泊名利、甘于奉献的高尚情操，把爱国之情、报国之志融入祖国改革发展的伟大事业之中，从自己做起，从本职岗位做起，为实现"两个一百年"的奋斗目标，实现中华民族伟大复兴的中国梦贡献智慧和力量。习近平总书记重要指示提出之后，即成为社会各界关注的热点，各高校纷纷响应，吉大人更是制定计划研讨学习，贯彻落实习主席讲话精神，开展了一系列"向黄大年同志学习"的重要活动，吉林大学体育学院的每位教职工也对自身进行全新的思想理论实践定位，积极主动思考体育学院人才培养发展的新趋势、新理念、新格局，创新拓展业务水平和能力，以期为吉林大学"双一流"建设添砖加瓦。

一、弘扬黄大年精神思想认识及存在的意义

（一）心怀爱国之情，笃行报国之志

黄大年教授放弃了国外优越的生活条件，始终怀着一颗赤诚的爱国之心，心系祖国，把祖国和人民的利益放在个人利益之上，将实现中华民族伟大复兴的中国梦作为自己毕生的至高理想。黄大年把爱国之情、报国之志融入祖国改革发展的伟大事业之中、融入人民创造历史的伟大奋斗之中，从自己做起，从本职工作做起，为我们树立了先进榜样，为所有高校教师标明了人生方向。

（二）心有大我至诚报国

黄大年带领团队创造了多项"中国第一"，为滩地资源探测和国防安全建设做出了突出贡献。为了使我们国家的科研水平能够达到国际领先水平，黄大年教授经常夜以继日地工作，为我们国家的科学技术能够早日赶超发达国家，他不顾重病在身，回国短短7年，黄大年带领400多名科学家创造了多项"中国第一"，为我国"巡天探地潜海"

填补了多项技术空白。其中，航空重力梯度仪的研究，更是仅用 5 年时间就完成了西方国家 20 多年走过的路程。在他的推动下，2016 年 9 月，一个辐射多学科的科研特区"交叉学部"在吉林大学初步形成。黄大年这种想国家之所想、急国家之所急，不断强化创新意识，不断提升创新能力，必将激励吉大人前赴后继不断攀登创新新高峰。

（三）爱岗敬业，开拓进取

在黄大年团队的努力下，中国的超高精密机械和电子技术、高温和低温超导原理技术、冷原子干涉原理技术、光纤技术和惯性技术等多项关键技术进步显著，快速移动平台探测技术装备研发也首次攻克瓶颈，达到世界领先水平。大家把这位惜时不惜命的科学家称为"科研疯子""拼命黄郎"。面对当前国家安全的重大挑战，我们不能漠然视之，我相信我们每个高校教师都愿意成为这样的疯子，这样的黄郎。

（四）淡泊名利，甘于奉献

黄大年教授回国后毅然放弃了一切优越生活条件，不要任何职务，国内的实验室条件比较简陋，黄大年教授也没有任何的抱怨，克服一切困难带领自己的学生和科研团队进行科研工作。他的午餐通常都是简单的玉米和面包，出差也只坐最晚的航班。黄大年作为主持"地球深部探测关键仪器装备项目"的首席科学家，掌握着五亿多元的科研经费，向他来要项目的人不少，但他从不徇私情，而是放眼全国，寻找最适合的科研单位一同攻关。对照黄大年对科研经费的严控把关，我们高校人就应该照照镜子对比一下自己过没过红线，应不应该警醒，要做到国家的钱一分一厘都不能损失，国家的利益高于一切。

（五）让报国初心铺染生命底色

黄大年导师几次昏倒在讲台前、办公室里，但为了能够多为祖国做出一点贡献，却每次都没有重视，他心里只有科研只有工作。他曾写道："振兴中华，乃我辈之责！"想国家的利益，想人民的幸福，却唯独没有想到自己，黄大年同志生前已在工作岗位上昏过去 3 次，他却从不让人知道，吃颗速效救心丸马上投入工作，他真是在和时间赛跑，在和生命抗争。有句老话"一不怕苦，二不怕死"，今天我们看到的时代楷模黄大年同志是"一不怕昏，二不怕死"。他把敬业奉献当成价值追求，他把不怕牺牲当成爱国情怀，他的这种精神必将激励一代代科技工作者畅想爱国主旋律，舞动进取新风尚。

（六）以创新追求勇攀科研高峰

黄大年导师首次推动中国快速移动平台探测技术装备的研发，负责协调组织管理中国跨部门和跨学科优势技术资源和团队。短短几年时间内攻克了一项又一项技术难关，使我国科学技术成果迅速赶超世界先进水平。学习黄大年这种忘我的科研精神，我们就能始终保持干事创业、开拓进取的精气神，我们就能在新的征程上奋力前行。

（七）用品格力量标注生命高度

黄大年导师争分夺秒，即使透支自己，也要让人生发光，他共培养44名研究生，采取一对一、点对点的个性化培养方式，针对每个学生的特点为他们辅导，甚至在病倒以后还在病床上为学生进行辅导，为国家输送高科技科研拔尖人才。当他躺在病床上进入手术室前，他还在叮嘱学生要保存好他的电脑，里面有太多的科研数据，是国家的财富。伟大的事业需要有伟大的精神，伟大的征程需要伟大的中国力量。黄大年这种崇高品格激荡人心，必将为我们砥砺奋进，振兴中华提供宝贵精神力量。

二、弘扬黄大年精神背景下的理论深入探讨

（一）"双一流"大学的解读

2014年5月，习近平总书记在北京大学师生座谈会上指出："党中央作出建设世界一流大学的战略决策，我们要朝着这个目标坚定不移地前进。"

"双一流"建设是国家继"985工程""211计划"之后的新一

轮支持高等教育发展的战略工程，也是新形势下我国高等教育飞速发展的必然要求。2015年10月，国务院印发了《统筹推进世界一流大学和一流学科建设总体方案》，确定了"双一流"建设的原则、目标和总体思路。

1. 坚持正确的政治办学方向

我国社会主义教育就是培养社会主义建设者和接班人，让学生深刻感悟马克思主义真理力量，为学生成长成才打下科学思想基础。引导广大师生做社会主义核心价值观的坚定信仰者、积极传播者、模范践行者，要把中国特色社会主义道路自信、理论自信、制度自信、文化自信转化为办好中国特色世界一流大学的自信。

2. 学习黄大年"名利观"理论，建设高素质的教师队伍

建设政治素质过硬，业务能力精湛，育人水平高超的高素质教师队伍是大学建设的基础性工作。让教师更好地担当起学生健康成长倡导者和引路人的责任，要做到以德立身、以德立学、以德施教。黄大年老师的"名利观"理论就为高校教师上了一堂生动的政治思想课，他说："什么职务也不要，就想为祖国做些事；先把事情做好，名头不重要。"从他的话语中，我们学习到黄大年同志把名利看淡，将事业看重；把职务看淡，将人民看重；把自己看淡，将责任看重。他以正确的"名利观"实现了中国的科技创新，成为当之无愧的学术带头人，闻名全国的吉大骄傲人。

3. 学习黄大年"取舍"理论，建设高水平人才培养体系

人才培养体系涉及学科体系、教学体系、管理体系等，而贯通其中的是思想政治工作体系。要坚持党对高校的领导，坚持社会主义办学方向，要培养造就一大批具有国际水平的战略科技人才、科技领军人才、青年科技人才和高水平创新团队，力争实现前瞻性的基础研究，引领性原创成果的重大突破。黄大年同志正是国家战略科技人才，既是科技领军人才，又是高水平团队的创建者，他始终听从国家的召唤，

他身上具备的"取舍"理念表明了他的人生注定是平凡而伟大的一生。面对得与失的考量,进与退的抉择,他选择放弃小我心有大我,名利之间放弃私利,做到局部利益服从全局利益,个人利益服从国家利益,正确处理公事和私事关系,扛起"振兴中华"的责任和使命,以高尚的情怀、高超的学术、崇高的品质,就铸就了一段感人至深的生命历程,留下了一座弥足珍贵的丰碑。他用生命践行了"只要祖国需要,我必全力以赴"的誓言,为我们树立了价值标杆和光辉表率。

(二)国家一流,学术才能一流

高校要牢牢抓住培养社会主义建设者和接班人这个根本任务,坚持正确的政治办学方向,建设高素质教师队伍,形成高水平人才培养体系,努力建设中国特色世界一流大学。当今世界,科技竞争是一个国家、一支军队核心能力的竞争,一旦落后可就是国家能力、军队实力的落后。科学无国界,科学家有祖国。黄大年说:"做一个中国人,国外的事业再成功,也代表不了祖国的强大,只有在祖国把同样的事业做成了,才是最大的满足。"正是拥有一颗"祖国高于一切"的初心,才有他科技创新多项"世界第一"。

(三)学习黄大年"疯魔"理论,自力更生、自主创新,抢占科技创新制高点

高校是科技创新体系的重要组成部分,大学发展同国家发展相辅相成,高校科研人员是我国科技创新体系的重要队伍,重大科技成果是国之重器、国之利器,必须牢牢掌握在自己手上,加强学科之间协同创新,培养造就更多具有国际水平的科技人才和创新团队。在国家安全遇到挑战的今天,黄大年的一句话让我们动容:"要由大国变成强国,需要有一批科研疯子,这其中能有我,余愿足矣。"这就是黄大年的"疯魔理论",正是凭着这股"疯魔劲"成就了祖国在科学技术上的多处"弯道超车",创造了多项"中国第一",为我国"巡天探地潜海"填补多项技术空白。

三、弘扬黄大年精神的创新实践

(一) 只有创新才能发展

创新是破局开路的利器；创新是点燃未来的希望。习近平总书记在庆祝改革开放40周年大会上讲话提出"创新是改革开放的生命"。学习黄大年精神让吉林大学涌现出更多的黄大年式教职工，只有在工作中改革创新，才是对楷模的敬仰和传颂。

1. 体育学院本科生创新培养

在黄大年精神的感召下，结合习近平主席的重要讲话精神，建设双一流高校，体育学院在图书资料订阅方面作出重大创新调整，在对本硕博课程设置和培养方案高度重视的同时，加大对学生思想政治教育方面图书资料的选用，并在本科生中开展了爱国主题教育、专题教育、日常思想政治教育。在爱国主题教育方面结合重大节日、纪念日开展了清明祭扫烈士陵园、"五四运动"爱国教育。在专题教育方面通过送温暖献爱心等一系列公益活动感染教育着每位学生的社会责任感和国家使命感。在专业基础课教学上，田径教研室开展了特色"拓展训练"教学，拓展训练就是训练学生组织群体活动的一种训练，一节课当中以游戏为主，锻炼学生组织能力，管理技巧，协调沟通，既加强了团队凝聚力又促进了团队建设，培养学生认识自身潜能，增强自信心，改善自身形象，克服心理惰性，磨炼战胜困难的毅力，启发想象力与创造力，更大地提高了学生解决问题的能力，增进体育生对集体的参与意识与责任心，改善人际关系，学会关心融洽地与群体合作，为今后融入社会承担国家重任打下了坚实的基础。

2. 体育学院研究生创新培养

研究生培养工作是一个单位科研能力的重要体现，体育学院导师团队认真学习黄大年老师无私奉献的精神，扎实做好本职科研工作，着重提升研究生的业务能力、科研能力和创新探索能力。在业务能力方面，多次举行专业技能比赛，多次参与裁判、赛事组织管理工作，积极举办阳光体育系列活动，以此大大提高了研究生教学业务能力和实践能力，通过这些实践活动使研究生对专业知识有了更深层次的理解，对毕业择业有了更宽的选择和自信。

在科研能力方面，加强体育科学研究，创造良好科研氛围。在导师倡导下，定期开展名师讲座，认真学习科研方法，进行科研研究，撰写学术论文。此外，学生积极参与科研项目，著作撰写。在毕业之前已有研究生论文登上体育类国家级核心期刊。

在知识拓展方面，既注重对研究生专项技能的培养又注重对体育理论的学习。学院积极举办高水平学术报告、开展学科前沿讲座、开设文献阅读课、接待国外大学访谈；既开阔了学生视野，提高了学生科研能力，又锻炼了学生的进取心。

3.体育学院高水平运动队创新培养优秀体育人才体系

（1）学科之间协同创新

体育学院专业课有理论教研室，学科方向有四个，分别是运动人体科学、体育人文社会学、民族传统体育学、教育训练学，所学课程是人体解剖、运动生物力学、营养保健学、运动生理学、体育社会学、体育保健学。其中，运动生物力学为高水平运动队各项运动成绩进行指标测定和统计，为教练员制定训练计划提供科学指南和参考数据。通过对运动员生理生化指标测定来制定针对性教学训练计划，运动员在科学的训练中提高各个项目的比赛成绩，为我校"双一流"建设贡献力量。

（2）专项体能训练创新

高水平运动员赛场上拼的就是体力和耐力，体能训练是创造佳绩的关键，是竞技体育的重要构成因素。体育学院高水平运动队根据各个项目的不同特点，有针对性地配备专项体能培训教练，他们能吃苦勇拼搏，为吉林大学获得诸多佳绩。

（3）全媒体创新教学

为了更好地提高运动员成绩，高水平运动队全方位合理利用新媒体进行教学，反复观看比赛视频，观摩国外先进技战术，队员之间协同配合新战术，找出短板，总结差距，成为拼搏、团结、奋斗、创造、坚持、传承的高水平运动员，为吉林大学打造一支能吃苦、能战斗、能攻关、能奉献的高素质优秀体育人才队伍。

四、结语

"双一流"高校建设，需要黄大年精神，吉大人会承前启后，继往开来，不断探索课程设置培养方案新标准，尝试教学新方法，不断探索科学管理新趋势，不断将新思想、新技术、新方法和新模式应用于创新培养体育优秀人才工作中，为吉大"双一流"高校建设提供坚实基础和必要保障。惟改革者进，惟创新者强，惟改革创新者胜。弘扬黄大年精神、汇聚创新力量、推动"双一流"吉大建设，为吉林大学各项事业创造新的更大奇迹！

弘扬黄大年精神 勇担民族复兴大任

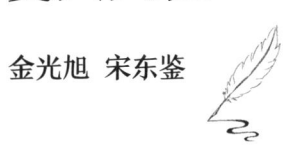

金光旭 宋东鉴

内容摘要： 当前，我国已进入中国特色社会主义新时代，我们要大力弘扬以"心有大我、至诚报国""教书育人、敢为人先""淡泊名利、甘于奉献"的黄大年精神为代表的伟大精神，坚定不移地秉持爱国之情、报国之志投身于这个时代，勇担民族复兴大任。

关键词： 黄大年精神；新时代；民族复兴

作者简介： 金光旭，吉林大学党委宣传部大学文化建设科科长。宋东鉴，吉林大学汽车工程学院。

在习近平总书记对黄大年同志先进事迹作出的重要指示中，总书记强调："黄大年同志秉持科技报国理想，把为祖国富强、民族振兴、人民幸福贡献力量作为毕生追求，为我国教育科研事业作出了突出贡献，他的先进事迹感人肺腑。""时代楷模"黄大年同志作为新时代教育工作者的杰出榜样，是我们坚持弘扬和学习的新时代先进典范。

一、黄大年精神是伟大民族精神的时代标识

1. 爱国情怀铸就鲜亮底色

习近平总书记对黄大年同志先进事迹的重要指示，深刻揭示了新时代以爱国主义为核心的民族精神，要求我们在生活、工作中，必须饱含爱国之情、报国之志。"黄大年同志秉持科技报国理想，把为祖国富强、民族振兴、人民幸福贡献力量作为毕生追求，为我国教育科研事业作出了突出贡献。"科学没有国界，但科学家有祖国。"国家在召唤我们，我应该回去！"无论身在何处，在黄大年同志心里，他始终心系祖国，怀揣国家至上、民族至上、人民至上的人生信条，科技报国是他由始至终的毕生理想，把炽热的爱国之情完全融入血液，当祖国需要他的时候，他义无反顾地回到了祖国和母校，他用百分百的情感力量，生动践行了"只要祖国需要，我必全力以赴"的誓言，为我们阐释了最纯真的爱国之情，树立了新时代价值典范。"位卑未敢忘忧国，事定犹须待阖棺"，作为共产党员，黄大年同志用实际行动，彻彻底底地展现了对实现中华民族伟大复兴中国梦的实践力量。

2. 敬业精神彰显责任担当

"学习他教书育人、敢为人先的敬业精神"，习近平总书记对黄大年同志先进事迹的重要指示，为我们在中国特色社会主义进入新时代弘扬敬业精神、共筑伟大梦想，注入了强大思想和行动力量。

敬业精神是黄大年精神的重要体现，黄大年同志以追求弯道超车，但步伐稳健扎实的职业态度，以团结协作、力争一流的职业理想，以

追求完美、精益求精的职业信念，以全力以赴、锐意进取的严谨作风，在短短的几年时间里，为我国航空物探领域，甚至是教育科研事业的蓬勃发展付出了所有。不仅如此，黄大年同志在日常教学上，也无处不体现崇高的敬业精神。回国伊始，就主动申请承担起吉林大学"李四光试验班"的班主任工作。工作中，他细致入微，始终默默付出，因材施教、循循善诱，为每一名学生设计成长路径，资助家庭困难的学生，时刻关心每一名学生的思想动态和生活状况，在有限的时间内为国家培养和凝聚了一大批可塑的科技创新人才。

3. 高尚情操蕴含道德品质

习近平总书记号召以黄大年同志为榜样，"学习他淡泊名利、甘于奉献的高尚情操"。这是对黄大年崇高精神的高度评价，也是对广大知识分子的勉励和要求。

恩格斯说过，"每一个时代的理论思维，从而我们时代的理论思维，都是一种历史的产物，在不同的时代具有完全不同的形式，同时具有完全不同的内容"。黄大年精神既是中华民族优秀传统文化的体现，又把现代学术基因发扬光大；既是不图虚名、潜心钻研之治学精神的体现，又把科学大师风骨加深夯实。黄大年同志充分展现了"以出世的态度做人，以入世的态度做事"的人生态度。在出色完成了世界尖端工作、积累了丰富的先进管理经验后回国，立即号召多学科学者组成团队付诸全部精力投身科技创新的竞技赛场。从白手起家，到弯道超车，黄大年同志始终凭着"科研疯子"的风骨带领众人携手并进、攻坚克难，创造了一系列历史性的非凡业绩。

一灯如豆，万点星光。当前，我国正处于社会大发展大变革的新时代，召唤着更多的"黄大年"回到祖国，回到真正需要他们的地方发光发热、耕耘奉献。弘扬黄大年精神，铸就蕴含黄大年精神等伟大精神的民族精神，以人民为中心，不断凝聚实现中华民族伟大复兴的磅礴力量。

二、实现中华民族伟大复兴要求青年弘扬伟大精神

1. 伟大精神是理想信念的基石

没有理想信念,就会导致精神上"缺钙"。崇高的理想信念是一种强大的精神力量,坚定的理想信念是当代青年最重要的价值属性。伟大的事业需要伟大精神,马克思在青年时代就树立了"为人类而工作"的理想信念,一生坚定而执着,并为之奋斗终生。事实上几千年以来,我们涌现出的一大批为民族和国家自强不息、舍生取义、开拓进取的英雄都具有坚定的理想信念和持之以恒的伟大实践。中国特色社会主义进入新时代,在迈向伟大复兴的征程中,青年要胸怀理想信念,要在马克思主义经典著作中,在中国共产党98年来凝聚的伟大精神中,在为中国人民谋幸福、为中华民族谋复兴的伟大实践中不断积淀。而学习我党的伟大精神,追寻革命先烈的足迹,研习历史轨迹,探究其深刻内涵,阐释其时代价值是新时代青年培育理想信念的宝贵精神财富和丰富的实践路径。广大青年有责任、有义务首当其冲,以黄大年同志为榜样,高扬爱国主义主旋律,牢固树立理想信念,补足精神上的"钙",汇聚起实现中华民族伟大复兴中国梦的强大动力。

2. 伟大精神是励志奋斗的动力

中国共产党建党98年以来凝聚的伟大精神,始终焕发着奋斗精神的光芒,我们取得的一切伟大成就都是由中国人民奋斗出来的,一切伟大事业都是在继往开来中奋力推进的。从井冈山革命根据地建立到红军长征,从两弹一星研制到改革开放奋起直追,在不同的年代伟大精神就会迸发新的内涵,一个关键原因就是一代一代的中国人民始终坚持着顽强拼搏、脚踏实地、自强不息的奋斗精神。黄大年精神,产生在祖国改革发展的伟大事业之中,体现了青春理想、青春奋斗的价值属性,蕴含着以改革创新为核心的时代精神,黄大年同志以崇高的责任感、卓越的拼搏奉献,将毕生精力都融入为人民创造历史的伟

大奋斗之中，谱写了一首动人的赞歌，为我们树立了光辉的学习榜样。中华民族的奋斗精神，既是一种精神的坚定状态，也是一种行动上的积极进取，当代中国青年要有所作为，必须弘扬伟大精神，必须践行奋斗精神，在伟大精神中吸取营养、凝聚动力，担当作为！我们要以黄大年为标杆，树立奋斗志向、提升奋斗本领、保持奋斗姿态，主动担当起新时代青年应该负起的责任，发扬不畏艰难、锐意进取的奋斗精神，用创造、用奋斗，书写新时代的壮丽篇章。

3.伟大精神是求真务实的指引

自强不息、求真务实是中华民族最宝贵的民族性格之一，象征着中华民族不屈不挠、自立自强的奋斗精神。习近平总书记2013年在同各界优秀青年代表座谈时强调："广大青年要牢记'空谈误国、实干兴邦'，立足本职、埋头苦干，从自身做起，从点滴做起，用勤劳的双手、一流的业绩成就属于自己的人生精彩。"鲁迅先生也曾说过："我们从古以来，就有埋头苦干的人，有拼命硬干的人……这就是中国的脊梁。"中华民族在五千年历史底蕴的支撑下，能够实现从站起来、富起来到强起来的历史飞跃，一步一脚印走到今天的发展繁荣，靠的就是一代又一代人持之以恒的顽强拼搏和脚踏实地、求真务实的艰苦奋斗。宋代诗人陆游曾说，"纸上得来终觉浅，绝知此事要躬行"，伟大的事业都是干出来的，伟大的成就都是脚踏实地一点一点积累来的，中华民族伟大复兴是需要青年扎实工作才能实现的，黄大年精神蕴含的求真务实精神更是中国青年迫切需要补充的精神元素。亿万当代青年只有立足岗位、脚踏实地、顽强拼搏，弘扬实干精神，担当时代使命，用扎实的工作、突出的业绩实现中国梦的美好前景。

三、以黄大年精神锻造担当民族复兴大任的时代新人

1.锻造"心有大我"的爱国精神

爱国主义是流淌在中华民族血脉中的不竭力量之源，孙中山先生

曾说："做人最大的事情，就是要知道怎样爱国。"黄大年同志"心有大我"的爱国精神，是我们每个人都应时刻谨记并加以学习的。黄大年同志在国外潜心研究18载，时刻牵挂祖国，终于2009年，回到了培养自己的祖国和母校。在丰厚待遇和祖国召唤的面前，黄大年同志坚定不移地选择了后者，义无反顾地踏上祖国热土。他父亲离世前一再告诫他："儿子，你可以不孝，但不可不忠，你是有祖国的人！"父亲的家国情怀更加坚定了黄大年心中的答案——祖国和人民的需求即是最高的需要。他曾教诲学生说："能够越洋求取他山之石仅是偶然，回归故里报效祖国定是必然，绝非毅然。"他用实际行动诠释了心中"祖国高于一切"的信念，完全将自己的人生价值寄托于实现民族复兴、国家富强的历史使命中。以黄大年同志为榜样，在新时代的建设中，我们要大力弘扬黄大年爱国主义精神，胸怀祖国，小我融入大我，小我奉献于大我，把爱国主义作为人生追求之魂、人生必修之德。时代新人要锻造心有大我的爱国主义精神，以爱国主义为人生的最高追求，胸怀爱国之情、报国之志，真情实意践行爱国主义情怀。

2. 锻造"崇德修身"的明德精神

"人之立身，所贵者在德。"品德是为人之本，崇德修身要求我们要崇尚和奉行德的教育和言行举止，以德来锻炼和培养自身。黄大年同志崇德修身的明德精神，是每一位时代新人应有的修养。他曾在入党志愿书中这样写道："人的生命相对历史的长河不过是短暂的一现，若能做一朵小小的浪花奔腾，呼啸加入献身者的滚滚洪流中，推动历史向前发展，我觉得这才是人生中最值得骄傲和自豪的事。"就在那一刻他成了一朵骄傲的浪花。回国后作为教师，他进入学校的讲堂，专心为国家培育人才，甘守三尺讲台，那一刻他是严肃的教育家；作为学科带头人，他为赶超世界先进技术，惜时不惜命，超负荷地消耗自己的生命，最后倒在了一生所追求的事业上，那一刻他是科研工作的铁人。人生的厚度在于思想的高度，没有道德的人是社会的耻辱，是茫茫海洋上的一叶孤舟。而新时代的中国，为何又能重回世界强国之列？这正是五千年文明所孕育的高尚品德激励着一代代怀揣赤子之心的中华儿女砥砺奋斗的结果。我们要学习黄大年同志"崇德修身"的明德精神，把正确的道德认知、自觉的道德养成和积极的道德实践紧密结合起来，以奉献之行助国家之兴，以爱国之心振中华之梦。

3. 锻造"格物致知"的求真精神

求真是黄大年同志作为科学家的态度与境界，更是人类文明得以传承和发展的精神动力。黄大年同志"格物致知"的求真精神，为新时代祖国事业的工作者和奋斗者树立了楷模。黄大年同志在海外从事科研工作多年，积累了丰富的经验，回国后凭着锲而不舍的精神，带领团队取得了多项"世界第一"，为我国国防安全建设和深地资源探测做出巨大贡献，追赶了发达国家20年的进度。从白手起家到"世界第一"，黄大年同志对真理真知的不断求索和对科技进步的不懈追求，在白山黑水之间铸就了座座时代的丰碑。习近平总书记说，"奋斗是青春最亮丽的底色"，在这样一个飞速发展的时代，作为社会的新生力量，时代新人要时刻牢记时代赋予的伟大使命，以"格物致知"的求真精神砥砺奋斗、锤炼本领，开拓前进、开辟天地，实现中华民族伟大复兴中国梦。

4. 锻造"知行合一"的务实精神

务实是中华民族自农耕文明起孕育出的民族精神，创造了中华民族几千年的灿烂文明。黄大年同志"知行合一"的务实精神，是每一位科研工作者作为"大国工匠"应有的基本素养和必需的人生追求。在黄大年同志回国后，面对我国在航空重力梯度测试技术及相关领域研究的缺乏和西方国家的技术封锁，义无反顾地扛起自己作为中国科学家的重任。他经常告诫同事："要想叩开地球之门，必须靠我们中国人自己。"他精心挑选组建了全国最优秀的科研团队，亲临科研一线，五年间不断往返于各大科研团队之间，倾注了大量精力指导科研工作和技术突破，从而使中国在这项技术上仅仅用了五年时间就追赶上了其他的发达国家，成为世界一流，为我国在能源勘探和军事探测等领域取得了巨大技术突破。黄大年同志这颗时代的"定心丸"，是国之大将，是民族脊梁，是时代楷模。在社会大发展大变革的当下，时代新人既拥有施展才华的广阔平台，也面临社会对其更高更新的要求和更加激烈的竞争。不论是成就自己的人生理想，还是担当时代的神圣使命，都要努力学习掌握知识，学深一些，多学一些，多干一些，将学务实于行，提高内在素质，锤炼过硬本领。作为新时代的建设者和奋斗者，时代新人要学习黄大年同志"知行合一"的务实精神，在学习中增长知识、锤炼品格，在工作中增长才干、练就本领。

　　习近平总书记强调，为实现中华民族伟大复兴的中国梦而奋斗，是中国青年运动的时代主题。伟大的梦想，需要伟大的精神作支撑。"士不可以不弘毅，任重而道远。"现在，我们比任何时候更加接近实现我们的梦想，在这个阶段，作为青年必须勇担历史使命，主动肩负起国家前途、民族命运、人民幸福之重任，主动迎接时代赋予我们的历史际遇，主动学习弘扬黄大年精神等伟大精神，强化于思想、付诸于实践，投身人民的伟大奋斗，实现民族复兴的伟大梦想。

浅谈黄大年精神在高等教育中的实践意义

周 靓 王 刚 王彦清

内容摘要：黄大年一生秉持报国理想，淡泊名利，心有大我，甘于奉献，为我国教育科研事业做出了突出贡献。高校积极学习践行黄大年精神，教育引导广大教师及青年学生爱国奉献，志诚报国，主动把个人理想融入中华民族伟大复兴的中国梦，潜心治学，奋发有为，对加快高校教育事业全面发展、大学生思想政治教育具有重要推进作用。

关键词：黄大年精神；高等教育；实践

作者简介：周靓，吉林大学动物医学学院党委办公室主任。王刚，吉林大学动物医学学院本科生。王彦清，吉林大学动物医学学院党委书记。

心有大我 至诚报国——黄大年精神闪耀着旗帜的光芒

黄大年同志是我国著名的地球物理学者，国家"千人计划"专家，国际知名战略科学家。黄大年的一生，始终把爱国之情、报国之志融入祖国改革发展的伟大事业之中，融入人民创造历史的伟大奋斗之中。为了祖国的科学事业发展，他毅然放弃国外高薪豪宅回到祖国，为了科研创新夜以继日，奉献聪明才智，直到生命的最后一刻仍不停息，他的事迹感人肺腑。他去世后，习近平总书记作出重要批示："我们要以黄大年同志为榜样，学习他心有大我、至诚报国的爱国情怀，学习他教书育人、敢为人先的敬业精神，学习他淡泊名利、甘于奉献的高尚情操，为实现'两个一百年'奋斗目标、实现中华民族伟大复兴的中国梦贡献智慧和力量。"

一、黄大年精神的价值追溯及理解

黄大年是中国"强国梦"的践行者，是立德树人的先行者，他为当代教育工作者和科技工作者、青少年树立了一座精神丰碑。他以大我为人生境界，以至诚报国为毕生追求，他用自己的一生诠释了时代精神的内涵。

（一）爱国情怀是中华民族精神的核心

爱国，是人世间最深层、最持久的情感，是一个人立德之源、立功之本。黄大年同志的爱国情怀是伟大而高尚的。他热爱祖国，放弃国外优厚的条件和待遇，毅然回到祖国的怀抱，投身社会主义现代化的伟大事业，不计个人得失，矢志国家富强兴盛，这是中华儿女的优秀品质，也是兴国之魂，强国之魂。习主席强调"发展是第一要务，人才是第一资源，创新是第一动力"。当国家需要的人才，把祖国富强、民族振兴、人民幸福作为自己毕生的信念和追求时，当他们把"只有在祖国把同样的事做成了，才是最大的满足"作为心灵的慰藉时，信念就更加坚定，力量就更加强大，创新就更加恒久。也正是有了这样的崇高理想与伟大爱国情怀，黄大年同志才会毅然放弃国外丰厚条件，坚定不移地回到祖国生根发芽，不懈奋斗，为国家的富强与崛起奉献自己的一生。

"科学无国界，科学家有祖国。"也正是一批又一批像黄大年一样的爱国科学家投身我国现代化建设，才使得我们一次又一次地战胜无数困难，抢抓历史机遇，勇立时代潮头，才使得我国逐渐走向世界舞台的中心。他们是祖国的"脊梁"，是国家的功臣。

今天，我们正处在中华民族实现伟大复兴的中国梦的关键点，正处在实现"两个一百年"奋斗目标的关键点。越是在这种关键时期，越要投身于祖国，建设祖国，发展祖国，拿出自己的担当，在振兴中华的道路上留下自己的脚印。

（二）科学创新是推动社会进步的力量源泉

136年前，恩格斯在马克思墓前的讲话中指出："在马克思看来，科学是一种在历史上起推动作用的、革命的力量。"邓小平同志也讲："科学是第一生产力。"在新的历史时期，习近平总书记也提出要建设科技强国的奋斗目标。

时代越发展，越依赖科学技术的进步，而科学技术进步的背后，是一批又一批能人志士投入其中。呕心沥血，上下求索，千百个日夜的坚守，无数个结果的论证分析，是像黄大年同志这样的科学家始终坚守的生活常态。"把科研当作'情人'""每年出差130多天""经常吃了速效救心丸搞工作"……对黄大年同志的评价往往如此令人动容。建设科技强国在很久以前或许还是个梦，但到了今天，这个目标已经是看得见、摸得着的了。这个目标的达成，也决不是轻轻松松、一蹴而就的，必须要有一大批像黄大年那样的"科研疯子"只争朝夕，付出一生，甚至几代人接续奋斗，方得始终。

科技发展越进步，新旧技术的更迭周期越短。科技强国的实现，必须要依靠广大科技工作者潜心治学、敢为人先，凭真正的实力和业绩赢得尊严，推动发展，领跑世界。国际竞争中"差距"是令人恐慌的东西，一方面为了缩小与世界前沿的差距，我们必须不断发展，另一方面为了拉大与追赶者的差距，我们必须持续创新。这种坚持与追求，是黄大年精神的核心要义。他带领400多名科学家创造了多项"中国第一"，为我国"巡天探地潜海"填补多项技术空白，不少处于国际领先地位。他用一生谱写了一首矢志创新的奋斗之歌，树起了一座勇攀高峰的精神丰碑。这种投身祖国科技创新，为建设世界科技强国而砥砺奋斗的精神应当是高校科技工作者的使命担当和最高价值追求。

（三）崇高品格是干事兴业的基本保证

伟大时代呼唤伟大精神，崇高事业需要榜样引领。习近平主席高度评价为祖国事业在各行各业默默坚守的人。黄大年最看重的身份不是"千人计划"，也不是"科技精英"，而是说起来可能有些普通的教师。"学为人师，行为世范"这句话是他一生极为贴切的写照。他热爱教书育人、传道授业的工作，为了培育下一代亲力亲为。每一篇论文，每一夜办公室长亮的灯都是他崇高品德的佐证。他不需要外界的赞誉，甚至并不在意自己的名利，或许对黄大年来说，只求问心无愧。

甘于奉献，或许是烙刻在黄大年精神上的不可取代的印记，我们永远无法把这个特质从他身上剥离开来。他用高超的学术、高尚的品德，筑就一段感人至深的生命历程，留下一座弥足珍贵的精神富矿。他用58载的短暂人生，书写了什么是奉献，回答了什么叫担当。他不图虚名、潜心钻研的科学精神，诲人不倦、爱才育才的大师风骨孕育着无数"黄大年"的诞生和成长，托起一个又一个"成才梦"。崇高的品质，伟大的人格，是中华民族屹立于世界之林的强大力量，也是我们干事兴业的基本保障和指路明灯。

二、黄大年精神的重要实践意义

黄大年同志为国献身后，习近平总书记对其先进事迹作出了重要指示，号召全党和全国各族人民学习和践行黄大年精神。这对于推进高等教育改革发展、加强和改进大学生思想政治教育、全面提高大学生综合素质，具有十分重要的意义。

（一）时代需要黄大年精神

这是一个经济社会高速发展的时代，这是一个科技日新月异进步，人才是第一资源的时代。处在这样一个时代需要伟大精神的指引。我国正处于社会主义现代化决胜期，正处在全面实现小康社会的攻坚决胜期，更需要这种伟大精神的指引。时代的差异性往往在它的时代理想上有所体现，什么样的时代往往取决于什么样的引领理想。崇高的理想造就伟大的时代，有理想的人才可能成就崇高理想。

黄大年报国为民，努力在为祖国为人民的奉献过程中实现人生价值；黄大年敢为人先，努力为建设创新型国家贡献智慧和力量；黄大年行为世范，努力用高尚情操引领学生的价值追求。黄大年精神是伟大精神。它以其强大的穿透力、凝聚力和感染力，照亮了我们每一个人的初心。它以其楷模、标杆和示范引领着我们立足岗位，扎实工作，学有方向，行有动力。这种将伟大精神融入时代发展，融入社会主义核心价值观，融入具体的工作生活中，是社会发展所需，国家进步所需，民族复兴所需，更是个人成长所需。

（二）高校需要黄大年精神

立德树人是高校的第一使命。而教书育人、敢为人先的敬业精神是黄大年精神的集中体现。他教书育人、为国育才，潜心科研、敢为人先，不知疲倦地求索，充满激情地登攀，成了人们心目中的"拼命黄郎"，培养出了一大批一流的学子，获得了一系列一流的科研成果。

高校学习和践行黄大年精神，可以激励广大教师时刻铭记立德树人的根本使命，甘守三尺讲台，甘当人梯，甘当铺路石，把全部精力和满腔热情献给教育事业，努力做学生锤炼品格、学习知识、创新思维、奉献祖国的引路人。高校学习和践行黄大年精神，可以去除浮华，坚守教育初心，聚焦教学科研中心工作，积极创新实践，勇攀科技高峰，不断为创新型国家建设贡献智慧和力量。高校学习和践行黄大年精神，就可以教育引导同学们心无旁骛、只争朝夕、刻苦学习，心有大我，志诚报国，把个人的人生理想同国家发展、民族的兴盛紧密相连，努力成为具有社会责任感、创新精神和实践能力的优秀人才。高校学习和践行黄大年精神，就可以牢牢把握时代发展和国家重大战略需求，激发"双一流"建设活力和动力，做出无愧于国家和民族的业绩。

三、黄大年精神传播的载体和形式

榜样的力量是巨大的，无穷的。新中国建立以来，邓稼先、钱学森、李四光等老一辈科学家不懈努力，甘于奉献，在坚守的岗位上发出了耀眼的光芒。黄大年、南仁东等新一代知识分子为国为民，勇于担当，乐于奉献，在时代洪流中也留下浓墨重彩的一笔。这些先进人物的事迹是后人的指路明灯，长久不熄。

（一）组织宣传活动，见证精神力量

黄大年同志去世后，由于大家认识还不够深刻，宣传形式单一，活动频次和强度不够，大多数高校师生对黄大年精神理解还较肤浅，故而无法感受伟大精神的强大力量。

习近平总书记作出重要批示后，全国掀起了学习黄大年精神的热潮，电视剧《黄大年》黄金时间开播，电影《黄大年》如期上映，话剧《黄大年》全国巡演，黄大年事迹报告会应接不暇，各类报纸、图片展、互联网新媒介更是接踵而至。应当说，通过一系列黄大年精神的宣传，黄大年的事迹已家喻户晓，黄大年精神已潜移默化地融入了人民心中，黄大年式的教师和教育科研团队已成为广大教师和高校的至高荣誉和追求目标。

（二）研讨相关问题，加深内容了解

黄大年精神是生动的，是具有丰富内涵的。

深入开展黄大年精神的研讨，有助于引导师生对黄大年精神路径的思考，加深对黄大年精神内涵的理解。精神建设是高校大学生政治教育的内在需求，而研讨会的方式可以引发自主思考与创新思维碰撞，是深入理解的有效途径。通过研讨，可以从不同方面、不同角度、不同视野领悟黄大年精神，感悟黄大年精神的魅力，从而激发高校和广大教育工作者回归教育初心，增强内心自觉、行动自觉。同时，也能激励广大师生主动将个人的价值追求、理想实现与国家的前途命运、社会的和谐发展、人民的幸福安康同步共轨，协同发展。

（三）融入日常工作，加强实践指导

在教学中，教师应言传身教，以身作则，积极践行黄大年精神，立足国家需求，勇攀科学高峰，把论文写在中华大地上，把聪明才智用于国家科技发展，争做黄大年式的教师。在工作中，各级德育工作者要深刻把握黄大年精神的内涵实质，通过喜闻乐见的形式，增强黄大年精神的凝聚力和吸引力，引导同学们争做黄大年式的模范人物。在日常社会实践中，要善于把中国实际、地域实际、时空实际、具体事项与黄大年精神结合起来，要潜移默化，进心入脑，固化品行，培育大批爱党爱国、意志坚定、品格高尚、奋发有为的社会主义可靠接班人。

尽管黄大年的生命已终结，但黄大年精神将永续而光芒！

黄大年精神在高校师生教育中的作用

郝琳琳　娄德利

内容摘要： 本文主要阐述黄大年精神在高校师生教育中的作用，结合当下黄大年精神对高校师生教育的作用和黄大年精神对高校师生教育有效促进的主要方法，从怀揣爱国主义情怀、教书育人的敬业精神、勇于奉献的高尚品质、在思想上进行黄大年精神学习、在理论上进行黄大年精神教育、在实践上倡导黄大年精神这几方面进行深入研究和探讨，其目的在于加强黄大年精神在高校师生教育中的影响，为相关研究提供参考资料。

关键词： 黄大年精神；高校师生；敬业精神；爱国主义情怀；教书育人

作者简介： 郝琳琳，吉林大学计算机科学与技术学院，副研究员。娄德利，吉林大学计算机科学与技术学院，副研究员。

习总书记倡导的黄大年精神对民族富强、人民发展等方面具有重大的意义、价值和作用。黄大年为我国做出了杰出的贡献，其先进事迹对我国人民具有一定影响。要求在新时期发展中以黄大年精神为基础，坚持党对教育事业的全面领导，坚持社会主义办学方向，坚持把立德树人作为根本任务，全面贯彻黄大年精神体系发展，为社会培养更多爱国主义人员，提升人民全面发展的意识，加快推进学校各项事业的全面发展。

一、黄大年精神对高校师生教育的作用

（一）怀揣爱国主义情怀

黄大年的爱国主义精神不仅是情感体现，更是自身应该承担的责任的践行。黄大年放弃国外优越的生活条件，毅然回到祖国为国家的发展贡献力量，鼓舞人们爱国情怀的抒发，唤醒人们的爱国意识，以行动带动所有人员进行思想转化，感动千万中国人民。他一心想着为祖国的发展建设做贡献，全身心的爱国，履行自身的义务，是我国社会发展中值得学习的榜样。

（二）教书育人的敬业精神

黄大年是我国可歌可泣的教育者，是科学发展的继承者，以为祖国培养更多人才为任务和目标，不贪图名利和钱财，一心帮助学生学习，经常自己出资为学生提供学费和购买学习用品，他经常说比较注重的是教师这个身份。在国内7年，他艰苦奋斗，勤奋钻研，最终在科学领域中取得了丰硕成果。所以在师生教育中更应该注重学习黄大年精神，以此为基础工作，推动教育事业更好发展。

（三）勇于奉献的高尚品质

黄大年经常说国家出钱让他出国不是为了赋予他更好的生活条件，而是去学习和借鉴技术和思想，努力为祖国做贡献，为中华发展贡献力量，为社会发展做出了很多贡献。黄大年回国并不是为了利益

和前途，在 7 年里他一直艰苦奋斗和拼搏，为社会培养更多人才。在科学方面取得成功后，他不以利益为目的，在实际工作中经常自掏腰包为事业奉献。淡泊名利，不计较得失，甘愿奉献，在岗位上兢兢业业[1]。

二、学习黄大年精神，有效促进高校师生教育的主要方法

（一）在思想上进行黄大年精神学习

习总书记要求以党的建设为基本方向，以"双一流"建设为发展目标，为社会不断培养更多优秀人才，以德育为关键，全面提升社会主体建设工作。要求高校教师能够把握住工作中心，强化自身基本素养和道德精神，以黄大年精神为奋斗方向，做好教师的基本工作，甘愿为学生付出时间，提升学生综合能力。在思想上针对教师进行培养和意识贯彻，使得所有高校教师都能够具备积极进取甘于奉献的精神，努力为社会培养更多全能型的人才。学习黄大年爱国情怀，将其落实到实际生活中，在思想上真正意识到黄大年精神的重要性，积极鼓励所有高校教师学习其精神，掌握其内涵，具有为教育事业奉献终生的思想和理念，借助黄大年高尚的品质感染高校师生，努力推动高校教育事业发展，使得教师言行保持一致，促进教育事业的有效发展[2]。

（二）在理论上进行黄大年精神教育

要结合黄大年精神为社会培养更多甘愿献身教育事业的人才，政府和教育局要积极倡导教师学习，为社会培养更多优秀教育人才，教师也要在教学中倡导黄大年精神，将其贯彻到实际教学中，努力为社会培养出更多全能型的优秀人才。将黄大年精神积极融入理论知识教育中，结合中国特色社会主义精神，将立德树人作为教育发展的根本

---

[1] 尹逸柔,潘晨聪:《心有大我 至诚报国 生命虽逝 精神长存 黄大年同志先进事迹感动复旦师生》，《上海教育》2017(21):6—7。
[2] 张祖武:《用黄大年先进事迹教育高校师生》，《社会主义论坛》2017(7):46—46。

任务，以自身作为示范，积极倡导高校师生学习。坚持为祖国培养更多人才，为未来奋斗的精神和任务，将其作为发展目标。在教学中要尊重学生，因材施教，结合学生特点和兴趣设计教学内容，为学生创造能够和世界沟通的空间和机会，努力为社会提供一批批优秀的人才，使得人们能够走出去，引进来。在教学中积极倡导黄大年精神，将其不断渗透到教育中，加强高校教师对黄大年精神的认识和理解，深入学习黄大年精神的基本内涵。使得教师能够在思想和理念上形成不追求名利的精神，以国家利益为出发点进行教育，提升高校教育质量和效率[1]。黄大年同志手中掌握着上亿元资金，不断努力为国家做出奉献，而且对拉关系的行为断然拒绝，为教育事业引入了很多人才。黄大年在技术上取得了一定进步，打开了我国的技术市场，是科学技术的勇敢尝试。黄大年在生命的最后时间依然在为社会做贡献，坚持为中国的科技发展努力和奋斗，是值得高校师生学习的伟大人物。教师要注重将其精神引入到教学中，将党的需要铭记于心，在行动上不断实现，强化教师的道德素养，为祖国打造一支团结的师资队伍，坚守岗位，从基本工作做起，教师努力将所有学生作为自己的孩子进行教育，在教学中注重人文精神的体现，提升自身社会价值观理念，为学生付出和服务，为中华民族的复兴做出贡献[2]。

（三）在实践上倡导黄大年精神

习总书记对黄大年精神给予高度评价和鼓励，黄大年以爱国报国为基础，将复兴国家和民族作为发展方向，坚持为教育事业做出贡献。以黄大年为教育榜样，激励更多人学习，高校师生不仅要在思想上进行学习，而且还要将其落实到行动上，将教育事业落实到实际生活中，在岗位上坚守道德思想，体现爱国主义情怀。黄大年精神不是口号，

---

[1] 张东航：《传承楷模报国情怀，践行科教兴国之志——学习黄大年同志先进事迹的心得体会》，《吉林省教育学院学报》2017（7）。
[2] 梁芷铭：《学习先进典型 汲取榜样力量——我区教育系统深入开展学习黄大年先进事迹活动》，《广西教育》2017:11。

要将其落实到实践上。高校要为全体教师开展黄大年精神学习培训和讲座，使得教师在培训和讲座中感受精神的伟大，在思想上得到熏陶和感染[1]。教师在听取和学习后，在班级内组织主题班会，不断将黄大年精神渗透到学生心中，积极倡导学生在学习上做到艰苦奋斗，努力学习，组织学生到校外进行黄大年精神宣传工作，并在社会上践行黄大年精神，为社会做出更多奉献。教师要带领学生参加社会活动，慰问敬老院老人、关心孤儿院孤儿，清扫大街活动等。教师要充分展现自身的作用和价值，引导学生学习黄大年不怕吃苦，不贪图名利，为国家奉献的精神。总之要在习总书记的倡导下，努力学习黄大年精神，不断将其渗透到教育事业中，为社会培养更多人才。

三、结束语

黄大年精神是习总书记倡导的，要求教师们积极倡导和学习，以我国特色社会主义为基础，以立德树人为基础，建设一支优秀的教师团队，提升我国教育事业的成果。黄大年精神是我国素质教育倡导的内容，教师要认真学习艰苦奋斗、不贪图名利等精神，为国家做出贡献，为社会努力培养更多优秀人才，在思想上进行转变，进而落实到实际行动上，使得我国社会更加稳定，教育事业可持续发展。

---

[1] 张旺：《学习黄大年精神：心系祖国勇于担当甘于奉献》，《吉林省教育学院学报》2017(7)。

黄大年：我是一颗种子
——黄大年精神的引领与传承

姜 玮

内容摘要：黄大年先生是我国著名地球物理学家。本文从为人师者、为科研者、为人子者三个角度阐述黄大年先生心有大我、至诚报国的爱国情怀，教书育人、敢为人先的敬业精神，淡泊名利、甘于奉献的高尚情操。他的精神和行为就像种子一样根植于大众之心，引领着学生、同行不断创新、前进，号召众人传承和践行。

关键词：黄大年精神；引领；传承

作者简介：姜玮，吉林大学科学技术处助理研究员。

心有大我 至诚报国——黄大年精神闪耀着旗帜的光芒

黄大年先生是我国著名地球物理学家，吉林大学新兴交叉学科学部学部长，地球探测科学与技术学院教授、博士生导师。2008年，他已于英国求学、工作18年，51岁的他响应国家和母校的号召，抛下英国优越的工作和生活条件，毅然全职回归，作为国家第二批"千人计划"入选专家、东北第一位"千人计划"专家，全职回到学校任教，承担起国家"地球深部探测关键仪器装备研制与实验项目"的首席科学家之责任。别人说他是"落叶归根"，他说："不，我不是落叶！我是种子！"

对于一般人而言，51岁已开始规划着安享晚年和子孙绕膝的天伦之乐。然而，对于黄大年先生来说，这次的归来，只是一个新的开始，宛如一颗成熟已久的种子等待播种、发芽、壮大和绿树成荫……

从他归国之日到他离世之日，短短七年时间，他急切地想要把所学、所拥有的倾囊而出。作为老师，他指导了18名博士研究生、26名硕士研究生，还担任了1个24名本科生的"李四光试验班"班主任。作为科研人员，他陆续获得5亿元科研经费、取得一系列重大成果，用5年的时间使中国航空探测技术从起步达到西方发达国家20多年来的发展水平。作为儿子，他先为事业后尽孝道。每一种角色于他人都是榜样和标杆，于己则是牺牲和奉献。

一、为人师者，因材施教，教学生学

古人云，为师者，当知其所思，明其所需，予其所求，扬其优，补其弱，不抛弃，不放弃，沐浴以爱，长见识，勤习之，常反思，继而传其道，授其业，解其惑，智育英才，润泽天下！黄大年先生在微信朋友圈写道："在国内当老师和国外不一样，你不仅要指导好学生的学习和专业成才，还要引导好他们的为人和做事。"

黄大年先生尤其注重培养学生科学思维、独立思考的学习方法。在他看来，教师不应该是教学的中心，而应该鼓励学生自主寻求帮助

和答案，力促学生的深入理解以及思维和学习习惯的养成，把学生培养成独立的学习者和思考者[①]。

2017年1月，黄大年先生在离世之前，还在病床上为学生挥毫答疑，记录的照片成了他与时间赛跑和与学生亦师亦友关系的印证。去世后，学生不仅仅感恩于老师的授业解惑，更有感于老师的敬业、奉献、爱国精神，这让很多学生汲取正能量，立下新志向。黄大年先生用实际行动践行了古人先贤的为师之道，这在当下教育改革的大环境下，为所有师者做了表率，也让很多师者陷入思考：应该如何为人师！或许也应像播种一样，播下希望，种下梦想！

二、为科研者，勇于开拓、引领同行不断创新

1988年，黄大年曾写下这样一句话："若能做一朵小小的浪花奔腾，呼啸加入献身者的滚滚洪流中，推动历史向前发展，我觉得这才是一生中最值得骄傲和自豪的事情。"可见，年轻时的黄大年就有了全身心投入事业、立志奉献的精神。

马克思说："科学绝不是一种自私自利的享乐，有幸能够致力于科学研究的人，首先应该拿自己的学识为人类服务。"黄大年先生就是这句话的践行者。2009年回国后，他率先在国内组建了"移动平台探测技术研发中心"和"海洋油气资源研究中心"，把航空重力梯度仪作为一个重要的科研方向。作为首席科学家，他被同事们誉为"科研疯子""拼命黄郎"，带领400多名优秀科技人员组成的团队，在"863"计划项目"高精度航空重力测量技术"和国土资源部（现为自然资源部）项目"深部探测关键仪器装备研制"等方面做出了卓越贡献，填补了我国高空、深地、深海探测方面的多项技术空白，一些项目的成果打破了西方国家的技术封锁和垄断，如有名的"地壳一号"，就让中国跻身为继俄罗斯、德国后世界上第三个掌握地下万米钻探技

---

① 于平：《黄大年：用生命诠释教师本色》，《中国教师》2017.09：46—48。

术的国家。

作为学校科管工作的一员，犹记得与先生相关的一件小事，2016年的某一天，当时正值"十三五"科技计划改革"国家重点研发计划"全面启动的第一年，黄大年教授以项目负责人的身份申报一个项目，涉及经费近亿元，项目的重要意义不言而明。当我们接收到申报书纸质件时，他需要我们出具确认收到的签字回执单，顿时被震撼了！这或许就是他科研工作的习惯，在重要事情方面，能担当、够认真、够严谨！也正是因为这种习惯，才能引领同行不断创新、不断开拓、不断进取！

当下，国家正进行科技改革，科技工作者正迎来一个难得的好时代，国家实行以增加知识价值为导向的分配政策，支持科技人员"名利双收"[①]。科技强国，对于当代中国科技人，责无旁贷！黄大年先生不计得失、埋头苦干、无私奉献，敢为人先、能担当、善创新，他的做法为每一位科技工作者做了表率，在每一位科技工作者的内心播下了爱国、创新、担当的种子，让众多科技工作者明确自己从事的事业是造福人类、造福社会的事业，需要对自己有超出一般的要求，在追求学术声望的同时，更要注重无私奉献。

三、为人子者，心有大我，先为国之子

2009年，黄大年先生回国之后写过一句话："只要祖国需要，我必全力以赴。"这是他一生的追求，也是他生命的意义。黄大年先生能有如此的决心，这或许是家庭教育使然。据说当黄大年的父亲病重时，黄大年在英国不能及时回国与父亲共度除夕之际，他父亲在电话里告诉黄大年："你虽然不能回家尽孝，但你将来一定要回国尽忠！"这像一粒种子种植于心，先大国、后小家，一旦有机会，理想和信念

---

① 中共中央办公厅 国务院办公厅印发《关于实行以增加知识价值为导向分配政策的若干意见》，http://www.most.gov.cn/yw/201611/t20161108_128744.htm。

就会破土而出变成实际行动,这也就不难理解他为何会决绝放弃英国优越的生活条件,毅然全职归国。

"回国尽忠"这颗小小的种子,黄大年先生用耐心和坚韧孕育成了大树,而且还开花结果,也播散在更多的海外游子中。他百忙之中担任吉林大学欧美同学会会长,号召更多的海外留学人才归国奉献才华。随着国家"海外高层次人才引进计划"的开展,数千数万海外有志之士掀起了归国潮,甚至引起了部分国家的阻挠,但对祖国的忠诚、对事业的热爱,推动着大家回来报效祖国。

2017年1月8日,黄大年先生因病不幸逝世。中共中央宣传部等部门先后追授黄大年"全国优秀共产党员""时代楷模""杰出科学家""全国优秀教师"等称号。习近平总书记对黄大年同志先进事迹作出重要指示[1]。作为普通大众,学习、传承好黄大年精神,我们就要践行习近平总书记的重要指示,将黄大年精神根植于心,学习他心有大我、至诚报国的爱国情怀,学习他教书育人、敢为人先的敬业精神,学习他淡泊名利、甘于奉献的高尚情操,以黄大年同志为榜样,从自己做起,从本职岗位做起,为实现"两个一百年"奋斗目标,实现中华民族伟大复兴的中国梦贡献智慧和力量,为实现学校"双一流"建设添砖加瓦!

---

[1] 习近平:《以黄大年同志为榜样 学习他心有大我、至诚报国的爱国情怀》,新华社,2018-05-25(01)。

论学习黄大年的时代意义

娄德利　郝琳琳

内容摘要：黄大年同志是这个时代的楷模，他心怀"心有大我，至诚报国"的爱国情怀，发扬"教书育人，敢为人先"的敬业精神，有着"淡泊名利，甘于奉献"的高尚情操。他给我们留下的不止丰厚的科研成果，更有宝贵的精神财富。伟大的时代在呼唤伟大精神，崇高的事业更需要榜样引领，黄大年同志无疑是我们每个人学习的标杆。

关键词：黄大年精神；时代楷模；教书育人；敬业精神；爱国主义情怀

作者简介：娄德利，吉林大学计算机科学与技术学院，副研究员。郝琳琳，吉林大学计算机科学与技术学院，副研究员。

心有大我 至诚报国
——黄大年精神闪耀着旗帜的光芒

黄大年，男，汉族，1958年8月生，中共党员，生前系国家"千人计划"入选专家，国家"千人计划"专家联谊会第三届执委会副会长，吉林大学新兴交叉学科学部学部长、地球探测科学与技术学院教授、博士生导师。2017年1月8日，因病不幸去世，年仅58岁。他获得众多荣誉：全国优秀共产党员、时代楷模、全国优秀教师、杰出科学家、归侨楷模、侨届楷模、全国五一劳动奖章、吉林省特等劳动模范等。中组部、中宣部、教育部联合发布通知，吉林省委也通知开展向黄大年学习的活动。吉林大学出现黄大年这个时代楷模，是我们学校的骄傲。

2017年5月25日，习近平总书记对黄大年同志先进事迹作出重要指示指出，黄大年秉持科技报国理想，把为祖国富强、民族振兴、人民幸福贡献力量作为毕生追求，为我国教育科研事业作出了突出贡献，他的先进事迹感人肺腑。习近平总书记强调，我们要以黄大年同志为榜样，学习他心有大我、至诚报国的爱国情怀，学习他教书育人、敢为人先的敬业精神，学习他淡泊名利、甘于奉献的高尚情操，把爱国之情、报国之志融入祖国改革发展的伟大事业之中、融入人民创造历史的伟大奋斗之中，从自己做起，从本职岗位做起，为实现"两个一百年"奋斗目标、实现中华民族伟大复兴的中国梦贡献智慧和力量。

习近平总书记对黄大年同志先进事迹作出的重要指示，思想深刻、内涵丰富，具有时代意义。他高度评价了黄大年同志的高尚品格、奉献精神和卓越贡献，是对黄大年同志先进事迹的充分肯定，对全国教育、科技工作者寄予的殷切期望；对新时代弘扬社会主义核心价值观，加强社会主义精神文明建设和党风廉政建设必将起到积极作用。

为深入学习贯彻习近平总书记重要指示精神，我们应该学习践行黄大年精神，传承中华优秀文化，弘扬吉大红色文化，牢固树立社会主义核心价值观，为把吉林大学建设成为中国特色的一流大学而努力奋斗。我们钦佩黄大年的至诚报国精神，看他的电视、电影、读他的报道文章和书籍、听他的事迹报告，无不感心动魄。这次撰写论文，又是一次向"时代楷模"学习的机会。

一、我们这个时代需要楷模

我国近代小说家、散文家、诗人郁达夫曾经在《纪念鲁迅大会上》说过："一个没有英雄人物的民族是悲哀的民族；而一个拥有英雄人物而不知道爱戴他拥护他的民族则更为可悲。"中国共产党领导的中国革命、建设时期，是英雄辈出的时代。多少伟人、革命志士、英雄人物、优秀共产党员、先锋模范人物层出不穷，为我们的伟大民族增光添彩，成为我们亿万人民面前一面面高扬的旗帜、一座座永恒屹立的丰碑。远的不说，建国以来的钱学森、邓稼先、雷锋、焦裕禄、王进喜、郭明义、孔繁森、杨善洲、袁隆平等以及2018年党和国家表彰的改革开放先锋人物100名各行各业的精英，他们都是我们这个民族英雄、时代楷模，而黄大年是教育、科技工作者中的又一个杰出代表。

英雄模范人物成长需要社会的大环境。新中国成立以后，特别是改革开放40年中，为英雄模范人物的成长创造了良好的客观环境，他们在这样的广阔天地中大有作为。黄大年从发奋学习，出国学成，到毅然归来，为中国的科技、教育事业施展才干，大显身手，做出了卓越的贡献，最终成为我们这个时代的楷模，成为教育、科技战线学习的光辉榜样。

黄大年同志留下的不只是丰厚的科研成果，还有宝贵的精神财富。这些英雄模范人物，使人们前行有旗帜、奋斗有目标、做人有标杆、工作有激励。在黄大年的感召下，人工智能专家王献昌、汽车工程专家马芳武、智慧海洋专家崔红军等一大批在海外享有较高知名度的科学家纷纷回国，进入国家的"千人计划"行列。7年间，黄大年带领400多名科学家创造了多项"中国第一"。

35年前，"知识分子优秀的代表"蒋筑英的事迹感动了无数人，如今,"把为祖国富强、民族振兴、人民幸福贡献力量作为毕生追求的"的黄大年,再次震撼了我们的心灵。两位教育科技楷模的工作地点都是吉林这块热土,他们的爱国之情和报国之志已化为吉林教育科学工作者心目中的丰碑。一辈辈在吉林这块热土上勇攀高峰的科技人,一代代人的接力传承,是为了让祖国富强得更快!黄大年走了,而他的团队没有散去,更加凝聚和团结,把黄老师未竟事业完成。英雄的后面是前赴后继的人们,这就是时代楷模的作用、榜样的力量!

中国正在走向世界舞台中心,我们实现"两个一百年"奋斗目标、实现中华民族伟大复兴的中国梦,最重要最核心的恰恰是我们这个民族所应该具备的像黄大年这样的崇高精神,这是时代的一个标志,是一股中华民族生生不息的力量!

二、至诚报国的时代楷模

"科学无国界,但科学家有祖国。"(巴斯德名言)黄大年常说:"国家在我心中是最高的……我只有国家利益,国家的强大是我的梦想;""我是国家培养出来的,我的归宿在中国"。他公派出国时对送行的同学说:"等着我,我一定会把国外的先进技术带回来。"1996年他荣获英国利兹大学地球物理学博士学位后,第一时间就返回祖国,兑现"学成归国"的承诺。他本科毕业时在学生的纪念册上写道:"振兴中华,乃我辈之志。"他秉承"祖国的需要就是最高需要"的人生信条;他喜欢唱歌,而唱的和听的是《我爱你,中国》《我的祖国》《我和我的祖国》《祖国,我慈祥的母亲》……在他的心灵和血液中,"祖国"已经完全融入其中。他用毕生努力实现了爱国之情、强国之志、报国之行的统一,把个人梦想融入实现中华民族伟大复兴中国梦的宏伟大业上。

黄大年的最高信仰就是"国家利益至上"。他在英国一直很努力,"我是中国人,一定要争气,让他们看得起我、仰慕我"。他为祖国走向科学强国着急,总是忘我地工作和不顾身体健康地拼搏。团队所有的人都为他的身体状况捏一把汗,劝他休息。他说:"我的休息可以等一等,但是国家当前迫切需要攻克的项目,一刻也不能等!"他是"拼命黄郎""科研疯子"。他常说:"中国要由大国变成强国,能让中国立足于世界民族之林,需要有一批'科研疯子',这其中能有我,余愿足矣!"他累倒过3次,他在飞机上晕倒,下机被送往医院,他醒来对医生说的第一句话是:"我要是不行了,请把我的电脑交给国家,里面的研究资料很重要。"这和郭永怀有惊人的相似:1968年12月,郭永怀在青海两弹基地发现一个重要数据,急于赶回北京研究,搭乘的飞机在北京坠毁,他和警卫员紧紧地抱在一起,躯体烧焦了,却保住了装有绝密文件的公文包。

这些爱国者、拼搏者身上都有正能量。黄大年上大学期间,家里没掏一分钱,都是国家资助,出国也是公派。所以他把感恩铭记在心。他说:"报答国家是我的初衷,最关键的还是,我知道国家需要我。"

"不要问国家为我们做了什么,而要问你为国家做了什么。"这是前些年提出、并让人思考的人生课题。黄大年用行动完美地做出了答案。

三、教书育人需要楷模

习近平总书记2018年在北京大学师生座谈会上的讲话指出,我们的教育要培养德智体美全面发展的社会主义建设者和接班人。

而"德"是教育培养目标的重要标准,不仅是品德,同时包括政治素质和思想素质。有句名言,大意是太阳底下最光荣的是教师,因为它是人类灵魂的工程师。黄大年是教书育人方面的优秀教师、知名科学家,他实践了中国优秀知识分子"为天地立心、为生民立命、为往圣继绝学、为万世开太平"的人生品质和精神境界,是我们教书育人、树德育人的榜样。黄大年教学生,带研究生,带科研团队,既是文化知识的传播者、科技领域的探索者、又是为人处世的垂范者。他主动担任班主任，教育学生为国家崛起和强大而发奋努力；教育学生"振兴中华，乃我辈之志！"他对学生一再叮嘱："你们一定要出去，出去一定要回来；你们一定要出息，出息了一定要报国。"他关心、爱护学生，付诸自己的行动之中：他用工资贴补学生，自掏腰包给班级24名学生每人配备一台笔记本电脑；为学生母亲手术捐出20万元；病床上仍然辅导学生功课。他为人师表、言传身教，为国家培养德、智、体、美、劳全面发展的高端人才。

一个民族需要英雄，更需要崇尚和学习英雄。黄大年谈到人生中关键的几次选择，都出于他父母的影响。小时候，父母一直教育他向钱学森这样的大科学家学习，向英雄学习；他曾说，他的偶像就是"两弹元勋"邓稼先，看到他，就会知道怎样才能一生无悔，什么才能称之为中国脊梁。

中央对加强和改进高校的思想政治工作早有明确规定，要牢牢抓住社会主义高校的办学目标和立德树人的根本任务，把社会主义核心价值观渗透到教育教学中去、体现在育人育才过程中，全面推进教书育人、实践育人、科研育人、管理育人、服务育人的教育理念。黄大年为人师表、行为世范、传道解惑、化育英才，坚持师德底线，维护师道尊严，坚持教书与育人相统一，言传与身教相统一，当好学术之师、品行之师。回国7年间，他指导了18名博士研究生、26名硕士研究生，带领的科研团队创造多项"中国第一"。他言传身教，是教书育人的榜样。

正像习总书记批示所说的，黄大年秉持科技报国理想，把为祖国富强、民族振兴、人民幸福贡献力量作为毕生追求，为我国教育科研事业作出了突出贡献，他的先进事迹感人肺腑。

作为黄大年母校的学子、员工，我们理所应当要学好我们身边的、眼前的楷模和榜样，用他的事迹和精神激励我们教育育人、科研育人的热情和行动。

四、学习黄大年从我做起

我们学习黄大年就要像习近平总书记指示的那样，以黄大年同志为榜样，学习他心有大我、至诚报国的爱国情怀，学习他教书育人、敢为人先的敬业精神，学习他淡泊名利、甘于奉献的高尚情操，把爱国之情、报国之志融入祖国改革发展的伟大事业之中、融入人民创造历史的伟大奋斗之中，为实现"两个一百年"奋斗目标、实现中华民族伟大复兴的中国梦贡献智慧和力量。

"青年无愧，中年无怨，老年无憾"是黄大年的座右铭。学习黄大年重要的是不尚空谈，从自己做起，从本职工作做起，学习他的精神实质。首先要解决"做人"的这个根本性问题，树立正确的人生观和世界观。现在有些人，特别是年轻人物欲强，私欲严重，拜金主义、享乐主义普遍，所以开展学习黄大年活动有特殊意义。

我们的老师，都有教育学生的义务和责任。我们的大学生，在人生观、世界观树立过程中需要有老师的启蒙、开导和教诲，让学生树立报效祖国、服务人民的宏愿大志。黄大年在科研和教学中废寝忘食、夜以继日、抱病奔波和坚守工作岗位，繁忙中不忘教育学生立志、给予学生辅导，是教学、科研、做人的表率，其报效国家之志和敬业精神可歌可泣！

黄大年教授只争朝夕、刻苦钻研；夜以继日、忘我工作和拼命精神，是新时期归国留学人员爱国报国的楷模，是高校教育工作者教书育人的榜样，是知识分子践行社会主义核心价值观的优秀代表。

"常思奋不顾身，而殉国家之急"是黄大年教授一生最好的诠释，激励着我们砥砺前行。"振兴中华，乃我辈之责"是黄大年对祖国的承诺，他做到了。他记住朱光潜说过的话，"以出世的态度做人，以入世的态度做事"，以出世的精神做入世的事业，做学问、搞研究、超然物外；爱国家、爱科学，殚精竭虑。

时代需要榜样，榜样就在身边。学习黄大年，就是在心中树立起黄大年这个榜样，把他的精神品质和价值追求内化于心、外化于行，不断增强爱国、敬业、担当的思想自觉和行动自觉；把他当作一面"镜子"，在学习生活中、在工作事业中不断完善自己，做完美自己。

黄大年精神与学生工作团队建设

贾晓辉 徐斯琦

内容摘要：以党的十九大的胜利召开为契机，以党的十九大报告为研究范本，以黄大年精神为模范引领，积极响应习近平关于黄大年同志先进事迹报告的重要指示，将黄大年精神引入学生工作团队建设，进一步完善高校学生工作团队建设，提升团队工作综合素养，解决高校青年日益增长的美好校园生活需要和高校学生工作团队建设不平衡不充分的现状矛盾。

关键词：黄大年精神；十九大；学生工作；团队建设

作者简介：贾晓辉，吉林大学北区综合办公室学生办公室主任。徐斯琦，吉林大学北区综合办公室学生办公室副科长。

心有大我 至诚报国——黄大年精神闪耀着旗帜的光芒

中共中央总书记、国家主席、中央军委主席习近平对黄大年同志先进事迹作出重要指示强调，我们要以黄大年同志为榜样，学习他心有大我、至诚报国的爱国情怀，学习他教书育人、敢为人先的敬业精神，学习他淡泊名利、甘于奉献的高尚情操，把爱国之情、报国之志融入祖国改革发展的伟大事业中、融入人民创造历史的伟大奋斗之中[①]。

身为高校一线的学生工作者，从自身做起，以本职岗位为出发点，本文将黄大年精神引入学生工作团队建设，加强学生工作队伍建设，结合高校学生工作情况和新时期发展战略，构建当代高校学生工作团队，对推进高校思想政治工作及发挥高校育人功能具有时代意义与实践价值。

一、高校学生工作团队建设问题及原因

近年来，随着中国高等教育的飞速发展和在世界高教格局中发生的深刻变化，中国高等教育已从过去的"跟跑"逐渐转向"跟跑、并跑、领跑"并存的态势。对肩负"立德树人"，培养德才兼备、全面发展的社会主义事业的建设者和接班人责任的高校学生工作团队也有了新时期新格局的新要求。

新时期高校学生工作团队建设，结合团队协作内涵以及高校辅导员队伍普适定义，可以从广义上将其概括为：在高校一线学生工作中，秉着自愿自觉的原则，以"立德树人"为宗旨，以更好地发展自身、锤炼育人本领、提升工作能力、提高工作效率、提高育人质量、促进学生成长成才为共同目标，由兴趣相投、知识技能互补、相互团结协作的学生工作者个体组成的群体[②]。新时代高校青年日益增长的美好校园生活需要和高校学生工作团队建设不平衡不充分的现状矛盾有待探索调和途径，各大高校普遍存在需要寻求突破的现状与问题。

---

① 新华社：《习近平对黄大年同志先进事迹作出重要指示》，2017.5.27。
② 吴亚娟：《高校辅导员如何发挥在立德树人中的作用及其途径》，《当代教育实践与教学研究》2016年第1期，第162页。

(一)团队成员结构限制,缺乏爱校爱岗家国情怀

目前高校一线学生工作团队结构设置远远无法满足新一代大学生们日益增长的美好校园生活愿景需要。一方面,团队教师男女比例分配不均,普遍呈现队伍建制年轻化趋势,党性政治宣传、国家政策贯彻、校院文化传承、职位规划建制等各方面,都无法得到有效、合理、系统化的学习与落实,爱岗爱校家国情怀培养不到位等;另一方面,1∶200的教育部师生配比规定根本没有在实践中得到落实,师生比例严重失调,尤其在少数民族师生配比方面问题尤为显著。一线学生工作庞杂繁冗,让教师团队无暇思考如何培植家国情怀,校、院文化与情怀得不到有效传承与沿袭。

(二)团队执行墨守成规,缺乏创新育人敬业精神

高校学生工作团队构成上呈年轻化趋势,但执行上却往往遵循既有工作模式,墨守成规,缺乏思考型工作者,缺乏创新育人敬业精神。在处理日常工作中,作为肩负"立德树人",培养德才兼备、全面发展的社会主义事业的建设者和接班人责任的一线学生工作团队,需要其以身作则,凡事身先士卒,敢于开拓、敢于创新、敢于实践,遇事避重就轻地一味墨守成规、遵从不合理的建构履行,只会造成工作开展的繁冗与艰难推进的后果。

(三)团队构建梯次模糊,缺乏职称机制工作效应

传统学生工作团队鼓励机制是按照"双重身份"认定规则,执行绩效考核与职称评定,然而目前高校工作岗位职称实际情况呈现竞争激烈趋势。从岗位招聘环节开始,就忽略团队构建梯次问题,造成同一批就业者集中、评定竞争尤为激烈,工作热情换来的往往是漫长的等待与失望,一线工作评定优势弱化,鼓励机制效应已日益不明显。职称机制工作效应在当前工作现状中得不到有效解决和实现,唯有转换思维,弘扬黄大年精神,才能不断坚定一线工作者的热情与信念。

二、以黄大年精神推动学生工作队伍建设

（一）构建"心有大我、至诚报国"情怀团队

黄大年精神的首要体现是"心有大我，至诚报国"的爱国主义情怀。要求承担一线学生工作的教师们，要校准思想航向、摆正自身价值观、心有大我，心系工作、小我融入大我、树立"爱校爱岗"、学生工作无小事的工作理念，进一步构建具有"心有大我、至诚报国"家国情怀的优秀凝聚力团队。

以十九大的胜利召开为契机，以党的十九大报告为研究范本，以黄大年精神为模范引领，深入开展爱国主义和党性相关理论学习与实践，人人从自身做起，从爱校爱岗团队精神出发，坚决听党话、跟党走，坚定中国特色社会主义道路自信、理论自信、制度自信、文化自信，自觉夯实"为人师者，传道、授业、解惑矣"工作信条，扎根崇德养德的精神面貌，树立"立德树人"的育人工作理念，由己及人、由此及彼，完成新时期新政策下高校学生工作团队建设。

（二）提升"教书育人、敢为人先"敬业精神

为人师者的黄大年先生敬业精神的核心概括是"教书育人、敢为人先"。贯彻党的教育方针，落实立德树人根本任务，发展素质教育，推进教育公平，培养德智体美劳全面发展的社会主义建设者和接班人，是高校学生工作团队义不容辞的责任与担当。"种树者必培其根，种德者必养其心"，高校学生工作教师团队的育人水平和敬业精神，关乎国家未来人才战略根本任务的落实和成效。

教书育人，是教师的本职工作，说易行难，心如止水、爱岗敬业、夯实自身业务的教师难能可贵；进一步做到"敢为人先"则少之又少。以深化改革思想政治教育体制机制为抓手，以"围绕学生、关照学生、服务学生"为原则，遵循思想政治工作规律、教书育人规律、学生成长规律，学生工作的性质要求一线工作团队必须事必躬亲、用心思考、

紧跟时代、与时俱进，加强理论学习的同时要进一步思考与实际工作的切合点与突破口，勇于创新、勇于实践、敢为人先，真正做到万事将学生利益摆在首位，服务校、院，不断完善为人师者的综合素养与职能。

（三）弘扬"淡泊名利、甘于奉献"工作情操

黄大年先生"淡泊名利、甘于奉献"的高尚情操在当代物质社会是一份难能可贵的精神信仰。他毅然放弃优渥的海外工作与生活，决然返回祖国母校，克服大环境限制与小环境困难，学为人师、行为世范，以这份高尚的工作情操谱写了动人的教书育人篇章。师者，国之重器。当代高校学生工作者们为世俗所困，追名逐利、急功近利、骄傲浮躁，不能心无旁骛、潜心工作，深造自我，追求工作情操。高校相关政策的支持将更加有利于加速解决追名逐利的高效工作氛围现状。

1. 联合组织"修身学习行"去各大高校走访活动

将传统的专业职称奖惩转化为更符合高校学生工作环境、更具有教育意义、更符合年轻高校学生工作团队实际的"修身学习行"实践活动，淡化名利诱惑。与国内、国外高校进行沟通交流，联合组织开展优秀一线学生工作青年教师开拓视野，走访学习，不断提升团队素质，学习黄大年先生勇于走出去、坚定走回来，坚定爱国主义情怀和高尚情操信仰。高校间要充分交流学习，避免固步自封、井底之蛙的负面现象，切身走入优质高校实地展开学习，完成修身提升自身质的飞跃。

2. 定期开展"榜样的力量"优秀工作者宣讲学习

组织开展"榜样的力量"优秀教师工作者感人事迹宣讲报告会，向黄大年、薛其坤、任小兵等一批优秀海外归国人才学习，造就黄大年式高校学生工作团队优秀教师，用发生在身边的真人真事讲述中华儿女教书育人的满腔热血与无私奉献。师者，国之重器。教师是立教之本、兴教之源；是立德树人的一线楷模。只有让高校学生工作团队的教师们感同身受，切身体会优秀教师工作者们的付出与艰辛，才能打造出拥有奉献情怀、高尚情操与爱国情怀的优秀团队。

3. 创新开设"师恩在我心"师生互动网页留言板

赠人玫瑰，手有余香。替代奖惩机制最好的是感恩鼓励机制。人性本善，对高校一线学生工作团队而言，最大的心灵满足是学生们充满感激、洋溢幸福的笑脸。因此，在高校论坛创建"师恩在我心"师生互动网页留言板，可匿名可公开地向高校一线学生团队教师传递学生们的感激之情，用情感互动鼓励团队甘于奉献，坚守道德规矩和精神信仰，用师德人格魅力，言传身教引领学生成长，不断为社会培育新的一批有理想、有本领、有担当的新时代青年。

黄大年精神具有深刻的时代内涵和重大的时代意义，是指导高校学生工作团队建设的思想引领、行动指南与工作准则。要求高校一线学生工作团队要以"心有大我、至诚报国"精神为思想引领航向标，不断提高党性素养、明确教师责任；要以"教书育人、敢为人先"为行动指南，回答好"培养什么样的人、如何培养人以及为谁培养人"这个根本问题；要以"淡泊名利、甘于奉献"为工作准则，全面增强学习本领、创新本领、学生工作本领，用新时代中国特色社会主义思想武装自己，追求进步，努力为培育国家发展需要的有理想、有本领、有担当的青年一代而奋斗前行。

黄大年先进事迹宛如一部有血有肉的教科书
——协助拍摄电视剧《黄大年》有感

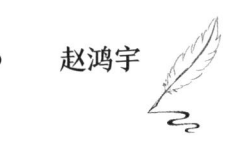

赵鸿宇

内容摘要：电视剧《黄大年》是以"时代楷模"的崇高形象，用人民群众耳熟能详的艺术表现形式，较为完整地对黄大年精神进行诠释，更加细致全面的向人民群众展现黄大年的生平事迹以及黄大年是一个怎样的心有大我、至诚报国，教书育人、敢为人先，淡泊名利、甘于奉献的人。

关键词：时代楷模；黄大年；精神；文化；思想

作者简介：赵鸿宇，吉林大学经济学院党委办公室主任。

备受关注的电视剧《黄大年》已于 2017 年 10 月 12 日在央视一套黄金时段播出。这部电视剧是以"时代楷模"的崭新艺术形象与广大观众见面,以著名地球物理学家、国家"千人计划"专家、吉林大学教授黄大年同志为原型,展现了他心有大我、至诚报国,教书育人、敢为人先,淡泊名利、甘于奉献的爱国情怀和高尚情操,用短暂的一生书写新时代知识分子的爱国情怀,用拼搏的精神,为国家科学技术发展做出卓越贡献,把个人奋斗融入实现中华民族伟大复兴中国梦的感人故事。

用来源于生活又高于生活的艺术表现形式集中展示黄大年的精神内涵

电视剧《黄大年》的多个场景在吉林大学中心校区和朝阳校区实地拍摄,作为当时学校党委宣传部大学文化建设科科长,我有幸与直属领导共同负责拍摄协调工作,确保电视剧校内拍摄顺利推进。

由于参与过纪录片《黄大年》的拍摄协调工作,以及纪念黄大年同志事迹讲述电视音乐会和黄大年雕像捐赠暨纪念室揭牌仪式等纪念活动的组织协调工作,让我对黄大年老师的先进事迹有了比较深入的了解,所以对电视剧在拍摄过程中出现的一些场景有大致的心理预期。但是在实景拍摄过程中,再次近距离接触黄大年老师的先进事迹时,还是抵挡不住黄大年老师伟大的精神力量对自己心灵上的震撼和感染。

在拍摄过程中,因为需要协调很多老师和学生作为群众演员参与其中,很多次要陪着拍摄组工作到凌晨,有时累得晕头转向,不想说话。每每这个时候支撑我的是一种信念,身为一名党员和学校建设的参与者、践行者,有责任和义务把学校的文化建设工作做好,为学校的"双一流"建设奠定更为扎实的文化基础。拍摄中,看着演员丁勇岱老师用自己的人生阅历和表演经验在诠释着黄大年这样一个伟大人物的时候，我也不止一次将自己想象成剧中的人物，试想如果自己是黄大年老师或是黄大年老师的团队成员，是否会做到舍小家为大家，是否能够做到为了祖国和人民的利益，抵挡住来自国外优惠待遇的驱使和诱惑？是否能做到与时间赛跑，在明知身体透支的情况下依然在奋力拼搏，早日实现国家的重托？这些问题在拍摄过程中始终在我脑海中萦绕，而我给出的答案是虽然我不是黄大年老师，但是我会向黄大年老师学习；虽然我的工作只是没有太多科技含量的行政服务工作，但是我认为可以在自己的岗位上发挥应有的贡献，也可以为学校、为教师、为学生奉献自己的热忱和精力。

梦想照亮现实，精神指引方向，用黄大年精神对标自己，实现自我价值

小的时候在书本中学到过，在电视上看到过雷锋、孔繁森、焦裕禄等先进人物的光荣事迹，被他们的精神力量深深感染。孩童时代的想法比较单纯，总觉得这样楷模式的人物很了不起，但在现实生活中离自己比较遥远，自己能做的就是好好学习、本分做人、助人为乐。

4年的大学求学路，学习的是知识，成熟的是思想。在大学期间担任班长、学生会主要学生干部，而后发展为中共党员，让我从一个普通县城出来的孩子逐步拥有了相对成熟的人生观和价值观，大局意识、服务意识显著增强。毕业后，我顺利通过学校考核，留在生命科学学院从事辅导员工作，6年的工作让我体会到身为思政工作者的责任与担当。因为心中始终有衡量优秀教师的一杆秤，所以我在工作中，也一直用这杆秤在严格要求自己，历练自己、关心学生。后因工作调整到学校机关工作，虽然工作内容和工作方法有了很大变化，但是那颗始终坚持党性、坚持原则、坚持为师生服务的心没有变。如今继续从事党务工作，又曾近距离接受过黄大年精神的熏陶，我决心成为黄大年精神的拥护者和传承者。

对标黄大年精神，将爱国之情融入血脉涌流不息。黄大年老师作为国家"千人计划"专家，能够拥有一颗对党和国家绝对忠诚的心，在党和国家需要他的时候，毅然决然放弃国外先进的科研平台和丰厚的薪酬待遇，回到祖国，报效国家，为党和人民的事业奉献毕生所学，不计回报。这样的爱国情怀应该是每一名共产党员学习的精神力量。

对标黄大年精神，始终秉持敢为人先的敬业精神。黄大年老师是一名战略科学家，经常奔波在各类项目审批和协调各地专家商议项目的劳顿当中，尽职尽责，有时因为忙过了吃饭时间，就随便吃点玉米充饥。尽管科研压力很大，但是他依然要求承担本科学生的培养工作，在他看来，学生要从低年级培养，这是一名教师的本职工作，也是崇高使命。在其担任本科生班级的班主任期间，亲自指导学生的学业，承担其学生思想政治指导工作，关注着每个学生的心理健康和未来发展。不仅如此，他还动用个人工资，为每位学生购买笔记本电脑，给困难学生发放补助。

对标黄大年精神，让甘于奉献的高尚情操长久传颂。黄大年老师是伟大的科学家，对于这样一位备受师生敬仰的人才，无论是学校，还是省市，乃至国家，都希望将其树立为典型人物让所有人学习，但是黄大年老师面对评奖评优、推优争先等工作都婉言拒绝了，他认为工作不是做给别人看的，而是要踏踏实实的做好实际工作，让成果说话。正因为黄大年老师不计名利、甘于奉献的高尚品德，才使得身边人对他特别敬仰，在他去世后对他无比地怀念。在电视剧《黄大年》剧本创作采风过程中，黄大年老师的同事和他的学生多次在采访过程中落泪，大家讲述的动人故事让笔者听后无不佩服赞叹。黄大年就是这样一位低调做人、高调做事的教师，普普通通，但又让人赞叹不已。黄大年老师对事业尽职尽责、无私奉献，对学生悉心培养、关怀备至，淡泊名利、不计回报，这样的高尚品行正是现在国家始终推崇的立德树人的最好诠释，是高校教师队伍中最需要的，也是最宝贵的财富。

作为培养人才的摇篮，高校教师担负着国家的使命和人民的重托，所谓名师出高徒，名师除了业务能力出色之外，他的人生观、价值观在培养学生过程中同样对学生起到耳濡目染的作用，所以我们要将黄大年精神在师生中广为传颂，成为教师成长发展的原动力。

将黄大年精神融入血脉，用伟大的精神力量书写新时代的华丽篇章

有人说黄大年的先进事迹宛若一部有血有肉的教科书，每一页都写满了爱国之情，每一篇都抒发了强国之志。这句话一点都不为过，一种精神的凝练和传承，是需要通过人物赋予其灵魂进行表达，是需要通过一件件身边事将其精神进行践行。而黄大年精神是一种具备了我们这个时代心有大我、至诚报国、艰苦奋斗、甘于奉献、服务社会、关爱人民的人都应该具备的高尚品德和伟大情怀。所以无论作为共产党员，民主党派人士、还是普通群众，也无论是科学家，政治工作者，企业员工，或是私营企业主，都可以也应该具备黄大年老师的这种精神，要知道黄大年精神并不是科学工作者的专属，也不是高不可及，这是一种情怀，是一种身为中华人民共和国公民应该具备的无上荣耀。人分工有不同，贡献有大小，但是拥有爱国情怀和报国之志，具备高尚品德和奉献精神则是我们应该至死不渝的精神追求和道德理想。

吉林大学是中国共产党在东北建立的第一所综合性大学，学校秉承"求实创新、励志图强"校训，以"学术立校、人才强校、创新兴校、开放活校、文化荣校"为发展战略，拼搏进取、砥砺前行，涌现出了多位具有国际影响力的知名学者和杰出科学家。70多年来，学校在各岗位上的杰出人才将吉大精神具体化为红白黄三种精神，即：继承并发扬中国共产党优秀红色基因的革命精神；毫不利己、专门利人的白求恩精神；心有大我、至诚报国的黄大年精神。这三种精神力量将是学校建成国内一流、国际知名的高水平研究型大学，尽早跻身世界一流大学行列的精神食粮和内在保障。身为吉大人，我们这一代要始终以立德树人为根本，以关爱学生、服务学生、培养学生为宗旨，以加快学校战略发展和服务社会为奋斗目标，以学校早日实现"双一流"建设为不竭动力，兢兢业业做好本职工作，履行职责操守。当回顾自己的职业生涯时，能够为自己的努力付出感到骄傲和自豪，这就值得称道。

高校要将发展教育事业作为践行黄大年精神的根本遵循

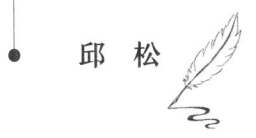

邱 松

内容摘要：党的十九大指出，要推动高等教育的内涵式发展，其中一条很重要的途径就是"坚持以立德树人为本，加强师德师风建设，培养高素质教师队伍，倡导全社会尊师重教"。黄大年老师是新时代教育事业的典型代表，他漂洋过海，学为真理；他学有所成，情系国家；他功于教育，利泽后人。本文旨在就教育工作者的立场，以新时代"双一流"教育建设为背景，以黄大年精神为参照，说明教师在自己的工作岗位上，要明确自身角色、培养对象、培养环境和培养方向，从而为"双一流"教育建设，实现高等教育内涵式发展贡献自己的力量。

关键词：新时代；黄大年；精神；"双一流"；践行

作者简介：邱松，吉林大学东北亚研究院党委书记。

心有大我 至诚报国——黄大年精神闪耀着旗帜的光芒

黄大年是国际知名战略科学家、中国著名的地球物理学家、国家"千人计划"专家。他先后在英国学习、工作，积累和掌握了丰富的地球物理的知识，很快成为这个行业的精英。学成之后，依然不忘记哺育他成长的祖国，2009年底，放弃优越的工作和生活条件，依然选择了回国。黄大年同志回国后曾任教于吉林大学地球探测科学与技术学院，桃李不言，下自成蹊，培养了一批精于地球物理研究方面的学生；7年多的呕心沥血，废寝忘食，使我国地球物理科学技术在世界上保持领先水平；7年多的筚路蓝缕，风雨兼程，为我国深地资源探测和国防安全建设做出了突出贡献。他用他的一生，践行着"振兴中华，乃我辈之责"的誓言。

一、高校大力发展教育事业，是践行黄大年精神的最好诠释

黄大年老师殚精竭虑，辛勤工作，最终因病而离开了我们，但他的精神却永远留在我们每一个人的心中。之后不久，习近平总书记对黄大年同志先进事迹作出重要指示，强调要以黄大年为榜样，学习他的爱国情怀、敬业精神和高尚情操。在新时代推动"双一流"高等教育建设，传承中华优秀传统文化，弘扬吉大红色文化，牢固树立社会主义核心价值观，在"双一流"教育建设中，大力弘扬黄大年精神，具有重要意义。

党的十九大强调提高保障和改善民生水平，要优先发展教育事业。强调教育是民族复兴的基础工程，必须把教育事业放在优先位置。其中，高等教育在教育事业中有举足轻重的地位，"加快一流大学和一流学科建设，实现高等教育内涵式发展"。①

---

① 习近平：《决胜全面建成小康社会 夺取新时代中国特色社会主义伟大胜利》，人民出版社，2017.10，第46页。

二、推动高等教育事业快速发展，黄大年精神为我们树立了学习的榜样

对高等教育内涵式发展的理解可能仁者见仁，智者见智，但不变的是教师在教育中的重要动力地位。现代高等教育对教师自身有怎样的要求，怎样培养学生，为学生提供怎样的环境，向着什么方向培养等问题上，黄大年老师为我们提供了答案。

（一）明确"双一流"高等教育对教师自身的要求

著名的清华校长梅贻琦先生曾说："所谓大学者，非谓有大楼之谓也，有大师之谓也。"所谓大师应该是怎样的？一方面是有卓越的学识，非凡的智慧，但同等重要的另一方面就是要有超乎常人的德性。唐代韩愈说："师者，所以传道授业解惑也。"传道就是揭示和传递绵延不绝的人性的真善美。千百年来，传道一直是中华民族教育的最重要目标，我们常说"教师是人类灵魂的工程师"，教师的学识、行为直接影响和塑造着学生。因此，高等教育的内涵式发展强调要以立德树人为根本，对教师提出更高、更严的要求，教师要俭以养德，严于律己，做到为人师表。

黄大年淡泊名利、甘于奉献的高尚情操，就是真实写照。就如何做到为人师表，我国传统文化中有精辟的说明。孟子说"人之患在好为人师"，这并不是说反对我们去做别人的老师，相反，正是说明做一个合格的教育者的标准之高。中国传统教育重视言传身教，讲究"己欲立而立人，己欲达而达人"，就是在传道中重视自身的品德修养，这样在潜移默化中去感染和熏陶学生，才能做到润物无声，桃李不言而自成蹊的效果。这些论证虽说不是金科玉律，但在新时代"双一流"高等教育建设中有重要的指导意义。"加强师德师风建设，培养高素

质教师队伍，倡导全社会尊师重教。"①师德师风是"工程师"无形的感召力，"打铁还需自身硬"，良好的师德师风和高素质的教师队伍无形中推动教育的内涵式发展，是高等教育改革的重要参与者和推动者，是建设"双一流"教育事业的保障。

（二）明确"双一流"高等教育的对象是学生

一切工作都要以学生为中心来开展。教育要激发学生的积极性和创造性，促进学生的全面发展。但同时，学生之间都有巨大的差别，不管是学习能力、学习方式，还是学习兴趣，用千篇一律的教育方式去教育是不可取的。"黄老师针对每个学生展开个性化培养，他让学生自由发挥，他来把关。"②要学习黄大年老师的教书育人、敢为人先的精神，因材施教的教育方式，根据具体学生的具体差异，从不同方向予以点拨式的指导，后续的部分由学生自主探索，这样既能增强学生的自主性，也能更加深刻地理解问题。此外，黄大年老师还自掏腰包给学生买学习和科研器材，像科学研究时必需的电脑等，以保障学生的学习能顺利进行，这样他同学生之间形成一种亦师亦友的关系。黄大年曾在微信朋友圈写道："在国内当老师和国外不一样，你不仅要指导好学生的学习和专业成才，还要引导好他们的为人和做事。"③在这种亦师亦友的关系中，言传科学文化知识，身教如何为人处世，最后做到知行合一，促进学生的全面成长。

（三）明确"双一流"高等教育中教育环境的重要作用

人创造环境，同时环境也塑造着人。教育不是强制的灌输，而是要因势利导，教育只是提供方向的辅助因素，提供一个开放、包容、自由、独立的学习生活环境。"食不饱，力不足，才美不外现。"千里马不是没有，只是由于环境限制，千里马之美才不能表现出来。这

---

① 习近平：《决胜全面建成小康社会 夺取新时代中国特色社会主义伟大胜利》，人民出版社，2017.10，第46页。
② 黄正亮：《学习黄大年先进事迹之浅谈高校教师职业道德规范》，《教育教学论坛》2018年30期。
③ 于平：《黄大年用生命诠释教师本色》，《中国教师》2017年288期。

就要求教育工作者在学生课程设置、教学管理、信息反馈等各方面最大化地适应学生的需求，因学生而设定具体的课程以及管理方式，而不是单向的约束和限制学生去适应这些。教育的本质就是培养、诱导学生去发现真善美，去促进德智体美劳的全面发展，去塑造完善的人格，从而兼济天下，培养家国情怀。

（四）明确"双一流"高等教育的教育根本方向。

坚持以中国特色、世界一流为核心，以立德树人为根本，以支撑创新驱动发展战略、服务经济社会发展为导向。各行各业，最终是殊途同归，要回归于时代的需要，人民的需要。个人的自我价值最终要融入时代和人民中去。黄大年老师"振兴中华，乃我辈之责"的誓言，是将个人的自我价值融入国家社会的需要中去，实现"小我"的"大我"价值。新时代发展高等教育，绝不是单纯的实现和成就"小我"意义的个体价值，而是要培养具有担当意识的建设者和接班人，去实现中华民族伟大复兴的"中国梦"。

"大力弘扬黄大年精神，就是要把准思想方向，摆正价值航标，心有大我、胸怀祖国、以身许国，让小我融入大我，让生命为祖国而澎湃，把为祖国富强、民族振兴、人民幸福贡献力量作为毕生追求，'修身、齐家、治国、平天下'。"[1] 为建设"双一流"高等教育培养人才，教师应当树立培养为现代化、为人民服务的人才意识，在这个方向和基础上，积极参与高等教育的改革，学习黄大年老师"心有大我，至诚报国"的爱国情怀。一方面要重视中国优秀传统文化，守住我们发展的根，在此基础上去创造性转化和创新性发展，赋予我们的优秀传统文化以新时代的内涵，焕发出新时代的新气象；另一方面，要重视现代科学技术的发展，培育我们发展的动力，科学技术是第一生产力，以新技术推动"根"的生长。所以，推动高等教育的内涵式发展，要以为现代化建设服务和为人民服务为方向，以将"小我"价值转向"大

---

[1] 陈宝生：《伟大时代需要弘扬黄大年精神》，《人民日报》2017年8月12日。

我"价值的观念为指引，为实现中华民族伟大复兴的"中国梦"提供人才保障和智力支持。

积涓涓细流方能成江海，累层层细沙乃能成高塔。只有奋斗在一线的教育工作者充分学习黄大年精神，同时积极践行，在推动新时代"双一流"建设的道路上砥砺前行，才能完成黄大年老师未竟的事业。

黄大年精神，风中的蜡烛

马国庆　李丽丽

内容摘要：黄大年心中有国家，心中有人民，心中有科研，独独忘了自己。他以无我的信念，为民的信仰，坚定的追求，追逐一个优秀共产党员的强国梦。

关键词：国家；人民；学生；攻关；育人

作者简介：马国庆，吉林大学地球探测科学与技术学院教授。李丽丽，吉林大学地球探测科学与技术学院副教授。

心有大我 至诚报国——黄大年精神闪耀着旗帜的光芒

1958年8月28日，2017年1月8日，两个时间点记录了黄大年短暂的一生。

2009年12月25日，2017年1月8日，两个时间点记录着他归国的日日夜夜……一次次夜里航班，一次次不眠的地质宫，一次次对家人的爽约，直至生命的最后一息，仍旧前行不愿停歇，只因为他是一名党员，他是一名教师，他是一位地球物理学家，他是一名中国人……

黄大年精神，深入血液的循环。从来不会有一个人会在我的人生里留有这样的痕迹，两年来，不论做什么，都会不经意地想起他，都会拷问自己，如果他还在，会怎样做……他那么浓烈、近乎炙热的爱着自己的祖国，像风中的蜡烛近乎疯狂地燃烧着自己。直到他走后，我和先生带着孩子去异国做访问学者，当我踏上异国土地，不，应该说当我飞离祖国的领空时，我就开始思念我的祖国。那种感觉是什么，如果一定要形容出来，就是疼，很疼；就是空，很空的。如在绳索上走路，如离巢的怕和没有依靠，但却不能不离开……当我结束访问，准备回来的那一刻，血管里的血液兴奋的叫嚣着，那种归心似箭的迫切，那种期待真正的让我控制不了自己。所以，我理解恩师了，真真切切的感受到他的感受了。离开有多痛，坚持有多难，思念有多苦，爱就有多炽热，他不顾一切归来和绽放，只因为十八年的相思终于有了倾诉的地方，十八年的苦练终于有了展拳脚的舞台，那么热，那么烫的心捧给祖国，因为只有这样，他才会舒服，他才会满足，他不知道该给深爱的这片土地什么，那唯有他自己了！

黄大年是恢复高考的第一批大学生。经历了动荡的年代，祖国百业待兴，那个年代的人深知知识兴国，科技兴邦的重要性，每个人都肩负着振兴中华的历史使命。每个人都怀揣着梦想，都在不断地努力前行……走出去是为了更好的回来，归来是为了更精彩的演绎梦想！回忆起这七年的接触，我总觉得他不是现代社会的人，他的言行还停留在二十世纪七十年代,"思想单纯,做法老套",就像他提出的红蓝军路线有着那个年代浓重的色彩!他执着于他的誓言——"振兴中华,乃我辈之责",执着于他的梦想,不忘青年时热血沸腾的壮志雄心,心有大我,至诚报国!

心中有国家,心中有人民,心中有科研,独独忘了自己。这是一种无我的信念,一种为民的信仰,一种坚定的追求!作为一个地球物理工作者,他所从事的工作和研究是大格局的,他走过的地方是山是水,是人赖以生存的地球。"科学无国界,科学家有祖国",每每《我爱你,中国》这首歌响起的时候,他的眼里都盈满泪水。因为他对祖国母亲爱得深沉,他需要在他的领域给祖国给人民一个交代,需要目光长远,可持续发展。见过高山巍峨,见过碧水清波的人,胸怀如何不宽广!只有爱,才能有真正意义的付出,才能全身心地投入。所以,一个个日日夜夜,他带领我们奋战在科研一线,咖啡玉米是他的兴奋剂和夜宵;所以,一个个沉睡的深夜,他往返于长春和全国各地的飞机上,电脑笔记本伴他一路;所以,一个个日日夜夜,他伏案长书,一个个研究计划应运而生,一本本文件、一篇篇论文妙笔生花;所以打开他的柜子,除了满满的文件书籍,还会有日用的棉被、衣服、鞋等,书案沙发是他短暂的休息榻。"五分钟之后叫醒我"是他常说的话……他像一只展翅的雄鹰,渴望更高更远的天地,纵有狂风暴雨电闪雷鸣也依旧执着于飞翔;他像一支风中的蜡烛,不惜一切,不怕牺牲,炙热的燃烧,疯狂地释放自己;他像一弯宁静的月,皎洁明亮,温和而又清凉地抚摸着大地,给黑夜以光亮。他是孤独的雁,高处不胜寒,飞得有多高远就有多寂寞,一个个无眠的夜晚,唯有清冷的灯陪着他;他是遗憾的笔,没有绘完那张蓝图,时间就戛然而止,不为他留一点余地……

教师是黄老师最看重的身份。他常说:"民族的希望在教育。三尺讲台是战场,教书育人是本职,因材施教是方法,授业解惑是目的,德才兼备是栋梁。"他常说："你们就是我的孩子，你们是祖国的希望，我能做的就是给你们打好基础、引领新路，希望你们能够站在巨人的肩膀上，从而超越巨人！"黄老师言行合一，视学生如己出，倾心培养，提供一切学习机会。对于我们的训练，他剑走偏锋，中西合璧，学习专业技能的同时加强各项技能：文献整理、项目管理、英语交流、汽车驾驶、无人机操控、编程语言、可视化技术、软件操作及升级、体能训练、礼仪培训……他说："我们虽是搞地球物理的，现代的地球物理研究工作不是满面尘土、拎着锤子罗盘满山跑，而是喝着咖啡就能决胜千里；我希望我的学生，要有正确的人生价值观定位，要有良好的修养，要有辨识能力、学习能力、实干能力和领导才能，像钱学森先生希望的那样：理论与实践的结合；科学与技术的结合；知识、思想、智慧与情感的结合。要有'计利当计天下利'的胸怀，'修身、齐家、治国、平天下'的抱负。"钱学森先生和黄大年老师，都是走出去又回来的科学家，他们血液里流淌着东方坚韧的文化精髓，头脑里有着西方冒险的创新意识。他们均认为教育兴则国家兴，少年强则国强。好的教育是不摒弃，不排斥；是既要弘扬先进传统文化精神，也要融入外来先进思想和技术，择其善者而从之，其不善者而改之，中西合璧才是人才培养的精髓！教师的三尺讲台，传播知识，更是传播爱和正确人生观、价值观、学习观、处世观的平台。教师教书育人，从基层做起，打好基础，大厦才能稳固！

非淡泊无以明志，如果说黄老师是一个重名利的人也不为过，只是他重的是国家之名，人民之利。青年时期的热血沸腾，中年回归的争分夺秒，"只要祖国需要，我必全力以赴"！舍弃十八年的所有，带着一腔赤诚，只为回归自己的根。一直以来，他出世也入世，专注于做好一名老师，做好一名地球物理科研工作者，背负起自身的责任勇往直前。他如蜡烛般燃烧自己，只想为国为民照亮更远的路，制心一处，无欲无求。他是一个站在精神高处的人，心胸宽广，专注责任，淡泊名利，把目标看远了，把世事看透了，把人生看淡了，平和坦然地面对一切，为自己心中的远大理想锐意进取。

2017年5月25日，习近平总书记对黄大年老师的事迹作出了重要指示，高度评价他的突出贡献和崇高精神。他心有大我、至诚报国，他教书育人、敢为人先，他淡泊名利、甘于奉献。当全国人民都在学习他的爱国情怀、学习他的敬业精神、学习他的高尚情操的时候，作为他的学生，沐浴师德师恩七年，所能做的不仅仅是继续深入学习，而是将黄老师大我无我的精神融入科研、融入教学、融入日常、融入血液，并要广为传播，这也是恩师的希望，希望千千万万个"黄大年"得到认同，希望更多的人全身心地投入到改革开放伟大事业中。正如他的入党誓言："若能做一朵小小的浪花奔腾，呼啸着加入献身者的滚滚洪流中，推动历史向前发展，才是一生中最值得骄傲和自豪的事情。"

习近平主席在2019年3月22日回应意大利众议长菲科的话中说道："我将无我，不负人民。"习近平主席的话铿锵有力，掷地有声，一腔赤诚，感人肺腑，彰显了心中大爱！有这样许党许国、忠心为民的伟大领袖，有一批批像黄大年老师这样爱岗敬业、甘于奉献的人，前赴后继，无私无畏，锐意进取，民族复兴指日可待！

将黄大年精神融入高校教育

姜宇欧　姜宇航

内容摘要：黄大年精神蕴含着矢志不渝的爱国精神、敢为人先的敬业精神、无私奉献的高尚情操。把黄大年精神贯彻到高校课堂，不仅有利于指引青年大学生确立奋斗目标、践行社会主义核心价值观，而且还有利于引导当代大学生树立正确的人生观和价值观。将黄大年精神融入高校课堂，既需要将其爱国精神融入高校文化建设当中，又需要将其敬业精神融入高校思想理论教学当中，还需要将其奉献精神融入高校社会实践活动当中。只有这样，才能更好地发挥黄大年精神对于高校青年大学生的积极引领作用。

关键词：黄大年精神；高校教育；必要性；路径探析

作者简介：姜宇欧，吉林大学通信工程学院党委办公室主任。姜宇航，吉林大学学生工作部资助管理科科长。

心有大我 至诚报国——黄大年精神闪耀着旗帜的光芒

一、黄大年精神的内涵要义

黄大年同志是著名的地球物理学家、从海外归国的科技领军人才、吉林大学教授。他原本在英国享有丰厚的待遇，过着悠闲的生活。但在我国科技事业急需人才之时，他欣然接受了祖国邀请，怀着一腔热血毅然决然地回到母校。在此期间，他推掉了一切行政头衔，带领团队全身心地投入科研事业，通过不懈努力攻克了一个又一个难关。但由于长期高强度工作，黄大年于2017年1月不幸病逝。

虽然斯人已逝，但其留下的精神财富却在时刻滋养着我们。习近平总书记对黄大年同志的先进事迹作出重要指示："我们要以黄大年同志为榜样，学习他心有大我、至诚报国的爱国情怀，学习他教书育人、敢为人先的敬业精神，学习他淡泊名利、甘于奉献的高尚情操，把爱国之情、报国之志融入祖国改革发展的伟大事业之中，融入人民创造历史的伟大奋斗之中，从自己做起，从本职岗位做起，为实现'两个一百年'奋斗目标、实现中华民族伟大复兴的中国梦贡献智慧和力量。"[1] 由此可以看出，黄大年精神的核心要义在于：矢志不渝的爱国情怀、敢为人先的敬业精神、甘于奉献的高尚情操。

具体来讲，黄大年精神的核心要义之一就是矢志不渝的爱国精神。巴斯德曾说："科学虽没有国界，但科学家却有自己的祖国。"黄大年作为科研精英，无论身在何处，都始终心系祖国，始终把国家利益放在首要位置。他曾讲："只要祖国需要，我就义无反顾。"归国后他争分夺秒地搞科研，创造了多个"中国第一"。"若能做一朵小小的浪花奔腾，呼啸着加入献身者的滚滚洪流中，推动历史向前发展，我觉得这才是一生中最值得骄傲和自豪的事情。"[2] 他的一生犹如波

---

[1] 习近平：《以黄大年同志为榜样 学习他心有大我、至诚报国的爱国情怀》，《新华社》2015年5月25日第1版。
[2] 中共吉林省委宣传部：《时代楷模黄大年》，吉林出版集团股份有限公司，2017年第1版，第27页。

涛里的浪花，尽自己所能推动着历史前进。可以说，黄大年心怀爱国之情，又身体力地行践行着自己的报国之志。

黄大年精神的核心要义之二就是敢为人先的敬业精神。黄大年既是科学家，又是一名教师。作为科学家，他坚守理想、敢为人先。在归国的7年时间里，他平均每年出差130余天，经常工作到凌晨两三点，也因此被别人称为"科研疯子"。归国后他担任吉林大学教授，在此期间因材施教，在培养的44名研究生中有14人获得省部级以上奖项。除在学术科研上悉心指导学生外，他还在生活上默默资助困难学生，热心帮助学生患重症的母亲进行治疗。作为教师，他这种不计得失、甘为人梯的精神，已成为教书育人者的榜样。

黄大年精神的核心要义之三就是甘于奉献的高尚情操。他以身许国，叩开地球之门。萧伯纳曾说："人生不是一支短短的蜡烛，而是一支由我们暂时拿着的火炬，我们一定要把它燃得十分光明灿烂，然后交给下一代的人们。"黄大年用他58岁的生命高度留下了永恒的财富，即淡泊名利、甘于奉献。他不被名利所累，把自己的本职工作做到极致甚至是完美，并且始终都把国家和人民的利益放在首位，工作中勤奋敬业、敢于担当，遇事又不推诿，认认真真做事，这正是习近平同志倡导的党员干部的行事风格。正如习近平总书记所言："黄大年同志始终将祖国富强、民族振兴、人民幸福作为自己的毕生追求，并为之奋斗终生，直到生命的最后一刻。"黄大年同志淡泊名利、甘于奉献的优良品质是新时代实现中华民族伟大复兴的精神指导。

二、将黄大年精神融入高校教育的必要性

在青年成长历程中，高校教育发挥着重要作用。而把黄大年的爱国、敬业、奉献精神贯彻到高校教育当中去，对于青年成长具有重大意义。

首先，将爱国精神融入高校教育有利于指引大学生确立奋斗目标。黄大年放弃国外优渥的生活回到国内进行科研攻关，为祖国建设贡献

力量，这是其爱国的生动表现，也反映出他明确的奋斗目标：报效祖国。国家要想发展、要想建成社会主义现代化强国，则必须依靠青年。这就要求青年必须树立明确的奋斗目标，自觉把个人的发展与国家的未来相结合。在和平年代，青年大学生的爱国并非要像革命年代那样抛头颅、洒热血，而是需要努力拼搏、刻苦学习，牢固掌握科学文化知识，不断提高自身技能及综合素质，树立正确的世界观、人生观、价值观，将爱国热情转化成报国之志并落实为爱国之行。

其次，将敬业精神融入高校，有利于指引大学生践行社会主义核心价值观。黄大年回国后夜以继日地工作、孜孜不倦地教诲学生，这是他敬业的表现。敬业是社会主义核心价值观的重要内容，假如每个公民都具备敬业精神，那么汇集十几亿中国人口的磅礴伟力，我国的综合国力就会显著增强。而青年大学生是社会发展的主力军，更需要具备敬业精神，在校学生要刻苦学习，走向工作岗位后要兢兢业业的工作，在努力学习与工作中认识到自身的主人翁地位，从而体会到自身承担的责任和使命。

再次，将奉献精神融入高校有利于树立大学生正确的人生观和价值观。黄大年以身许国，为祖国奉献了自己的所有精力，这种无私奉献的精神值得每一个青年学习。奉献是对自己所从事职业的热爱和付出，这种付出是不求回报的。努力做好本职工作，从中寻求乐趣，并努力感染身边的人，青年大学生正需要这种精神的滋养，培育青年大学生的奉献精神，有利于其树立正确的人生观和价值观，实现自己的人生价值。

三、将黄大年精神融入高校教育的路径选择

首先，要将黄大年的爱国精神融入高校文化建设当中。高校校园文化建设是具有隐性教育功能的课堂，对大学生思想道德观念的形成具有重要意义。黄大年精神作为新时代领跑者的楷模，对于高校文化

氛围建设至关重要。要弘扬黄大年至诚报国精神的主旋律，就要充分发挥班级、社团组织的作用，开展学术报告、劳模报告、专题讲座、文艺表演、歌咏会、摄影展等丰富多彩的活动，借助校报、广播、多媒体等载体，形成多层次、多格局、蓬勃向上的文化氛围。良好校园环境的耳濡目染对于增强大学生的爱国情怀具有积极的推动作用。

其次，要将黄大年的敬业精神融入高校大学生的思想理论课堂教育当中。高校思想政治理论课是对高校大学生进行思想政治教育的主渠道，对大学生道德情操的形成和道德实践活动的开展具有十分重要的作用。一方面，高校教师自身要认识到：敬业精神不仅仅适用于工作岗位，更应在学生就读期间树立这样的意识，只有现阶段认真对待学习，以后才会认真对待工作，从而实现由敬学到敬业的转变；另一方面，在教学形式上，高校教师应不拘于现有模式，灵活采用课堂辩论、学生讲解、社会调研、情景模拟和游戏体验等多种教学形式，将黄大年的敬业精神融入其中，积极引导学生自主学习和主动探求，从而充分发挥大学生学习的主体作用，唤起其学习兴趣，进一步激发大学生探究敬业精神的动力。

最后，要将黄大年的奉献精神融入高校社会实践活动当中。社会实践活动是推进大学生了解黄大年精神的重要方式。大学生奉献精神培育要求做到知行统一，俗话说，行胜于言，要培育青年大学生的奉献精神，就必须注重实践。学校要多组织与此相关的社会活动，号召学生积极参与，使学生在实践中不仅能提升表达、社交等能力，而且还能将奉献精神真正内化于心、外化于行。

总之，黄大年作为时代楷模，他身上的爱国、敬业、奉献精神值得每一个人，尤其是青年大学生学习，而高校也应该将这种精神融入到校园文化建设、课堂理论教育、社会实践活动当中。只有这样，黄大年精神才会得以焕发出更大的魅力。